Azra Erhat (1915-1982, İstanbul), ilk ve ortaöğrenimini Belçika'da tamamladı. 1939'da Ankara Üniversitesi Dil ve Tarih-Coğrafya Fakültesi'ni bitirdi. 1946'da doçent oldu. 1948'de sol eğilimli oldukları gerekçesiyle aynı fakülteden Pertev Naili Boratav, Behice Boran, Adnan Cemgil, Niyazi ve Mediha Berkes'le birlikte görevine son verildi. 1949-56 yılları arasında *Yeni İstanbul* ve *Vatan* gazetelerinde yazılar yazdı. Uzun yıllar Uluslararası Çalışma Örgütü'nde (ILO) kütüphanecilik yaptı. 12 Mart döneminde Vedat Günyol ve Sabahattin Eyüboğlu ile birlikte tutuklandı.

Fransızca, Almanca, İngilizce, Latince ve Eski Yunancadan çeviriler yaptı. İlk çevirileri *Tercüme* dergisinde çıktı. Sophokles'ten *Elektra*'yı, Aristophanes'ten *Barış*'ı, Exupéry'den *Küçük Prens*'i çevirdi. Sabahattin Eyüboğlu ile birlikte çevirdiği *Hesiodos, Eseri ve Kaynakları* 1977'de basıldı. A. Kadir ile birlikte *İlyada* destanından yaptığı çevirinin birinci cildi 1959'da Habip Edip Törehan Ödülü'nü, üçüncü cildi 1961'de Türk Dil Kurumu Çeviri Ödülü'nü aldı.

Eserleri

Mavi Anadolu (1960); *Mavi Yolculuk* (1962); *İşte İnsan-Ecce Homo* (1969); *Mitoloji Sözlüğü* (1972); *Mektuplarıyla Halikarnas Balıkçısı* (1976); *Sevgi Yönetimi* (1978); *Karya'dan Pamfilya'ya Mavi Yolculuk* (1979); *Troya Masalları* (1981); *Osmanlı Münevverinden Türk Aydınına* (2002); *En Hakiki Mürşit-Gülleylâ'ya Anılar* (1996).

AZRA ERHAT
MAVİ ANADOLU

Sertifika No: 40077

EDİTÖR
PINAR GÜVEN

GÖRSEL YÖNETMEN
BİROL BAYRAM

DÜZELTMEN
NECATİ BALBAY

DİZİNİ HAZIRLAYAN
MERYEM BULUŞ

GRAFİK TASARIM UYGULAMA
TÜRKİYE İŞ BANKASI KÜLTÜR YAYINLARI

1. BASIM: İSTANBUL MATBAASI, 1960

TÜRKİYE İŞ BANKASI KÜLTÜR YAYINLARI'NDA
1. BASIM: KASIM 2018, İSTANBUL
8. BASIM: KASIM 2024, İSTANBUL

ISBN 978-605-295-653-3

BASKI
UMUT KAĞITÇILIK SAN. VE TİC. LTD. ŞTİ.
KERESTECİLER SİTESİ FATİH CADDESİ YÜKSEK SOKAK NO:11/1
MERTER GÜNGÖREN İSTANBUL
Tel: (0212) 637 04 11 Faks: (0212) 637 37 03
Sertifika No: 45162

TÜRKİYE İŞ BANKASI KÜLTÜR YAYINLARI
İSTİKLAL CADDESİ, MEŞELİK SOKAK NO: 2/4 BEYOĞLU 34433 İSTANBUL
Tel. (0212) 252 39 91 Faks (0212) 252 39 95
e-posta: info@iskultur.com.tr
www.iskultur.com.tr

Gezi Notları

mavi anadolu

AZRA ERHAT

TÜRKİYE İŞ BANKASI
Kültür Yayınları

Mavi Anadolu'yu bize açan
Halikarnas Balıkçısı'nın anısına...

İçindekiler

Üçüncü Basıma Önsöz

Mavi Anadolu'yu üçüncü basıma vermek için bir daha okudum. Kimi yerde sevinerek, kimi yerde üzülerek okudum. "Anadolu'yu Dile Getirmek" başlığı altında, ilkin 1956'da yazdığım yazı yirmi yılı aşkın bir süreyi doldurduğu halde, güncelliğini yitirmemiş. Bu alanda kaç arpa boyu yol aldığımız, neler yapıp, neler yapmadığımız bugün de tartışma konusu olabilir ve olmaktadır. Hemen söyleyeyim, görünen şudur ki, kimi çevrelerde dev adımlarla ilerlenmesine karşın, kimileri de çağa ayak uydurmak ve özellikle bilim ve kültürde geri kalmışlığımızı gidermeye çalışmak şöyle dursun, tam tersine, çağdışı karanlığa dönmek için akıl almaz bir direnişe saplanmışlardır. Daha düne kadar bu görüşteki çevreler devletin yönetici kadrolarını ellerinde tutmaktaydılar. Bilim ve kültür alanında Atatürk'ün çizdiği yolda yürümeyi sürdürmek yerine, Cumhuriyet Türkiye'sinde benimsenen, benimsenmesi gereken ilkeleri yıkmaya uğraşmakta, bilim ve kültür kurumlarımızın ilericilik yolundan değil de, tam tersine kavramları altüst ederek geriye gidilmesi için çaba harcamaktaydılar. Bu tutumun sonucu olarak geçen yirmi yıl içinde devletten beklenen etkinlik gerçekleşememiş ve Milli Eğitim Bakanlığı çalkantılara kurban giderek doğru dürüst bir eğitim politikası sürdürememiş, yazboz tahtası olmaktan kurtulamamıştır. Aynı acıklı durum yeni kurulan Kültür Bakanlığı'nda da görülmüştür. Bugün her iki devlet kurumunda benimsenen düzeltme ve onarım çabaları ne denli içten olursa olsun, güven bir kez sarsılmış, devlet kapısından bir iş çıkmayacağı kanısı egemen olmuştur. Yirmi yıl içinde devletin eğitici kültür alanında bıraktığı boşlukları doldurmak özel girişime kalmıştır. Uzun süreç içinde kamu kuruluşlarının etkinliği bürokrasi derdinden kurtularak bir sonuç alınmasını sağlayabilir. Böyle olmasını dileriz, ne var ki görünen başıboşluk ve almış yürümüş olan keşmekeş içinde bu etkinliğin rayına oturtulması kolay olmayacaktır, bu da apaçık bir gerçek.

Bu çevrelerin dışında sevinilecek ileri adımlar atılmıştır gene de. Yirmi yıl içinde, sözü geçen yazımızda etkinliğe çağırdığımız arkeoloji ve bilim kurumları bir yandan araştırmalarını ilerletirken, öte yandan da bilimin kültür olması yolunda yararlı çabaları başlatmış bulunmaktadırlar. Bu süre içinde arkeoloji nice nice yeni alanlar açmış ve kuşak kuşak arkeologlarımız yurdun her dönem tarihini aydınlatmak konusunda Atatürk'ün bekleyişini karşılamışlardır. Topraktan çıkarılan yapıtlar, anıtlar birbirini kovalarken, bunların korunması için onarım, açık hava müzeleri ve kapalı müzeler en yeni yapım ve sergileme yöntemlerine göre düzenlenmiştir. Artık Troya, Efes, Bergama, Aphrodisias, Side, Perge, Termessos, Kaunos, Arykanda, Limyra ve daha nice nice örenlerimiz, kazı yerlerimiz turistlerin gemilerle, otomobillerle ve otokarlarla akın ettikleri, vızır vızır işleyen kalabalık yerler olmuştur. Karayollarında görülen yararlı ilerleme bu canlılığın başlıca etkenidir. Buralarda vurguladığımız bazı gereksinmelere önem verilmedi denemez.

Örneğin tuvaletlerin temiz tutulması gereğine kimi yerlerde uyulmuş, ama geri kalmışlığın başlıca simgesi olan pislik bugüne dek turistik diye geçinen yerlerde ortadan kaldırılmamıştır. Turizmin ilkelerini saptamakta ve daha önemlisi, onları uygulamakta ne yazık ki tam bir bocalama içindeyiz bugün de. Özel girişimler devletin yapmadığını, yapamadığını büyük kazançlar sağlayarak yapıyorlar: Turizm işletmeleri gün geçtikçe çoğalıyor, turizme açılan yerler, yöreler giderek artıyor. Bunların birisi de Mavi Yolculuk alanıdır. Yirmi yıl geçti ama Halikarnas Balıkçısı'nın istemi de düşleyemediği biçimde gerçekleşti: Bodrum Türkiye'nin bir numaralı turistik merkezi oldu, Mavi Yolculuk da birkaç sanatçı ya da sanatseverin tekelinden çıktı. Bu gelişmenin elbette ki iyi ve kötü yanları vardır, tartışılır: Bodrum'a akın bembeyaz Ege kentini epey bozdu, çevreye ve tüm kıyılarımıza dikilen tatil köyleri çevre kirlenmesine, kıyı yağmacılığına, daha bir sürü sorun ve dertlere neden olmaktadır. Mavi Yolculuk da bu kitabın ilk yazıldığı günlerdeki Mavi Yolculuk değildir artık. Issız koylar kalabalıklaştı, her bükte birkaç yat veya tekne bulmak olağan karşılanır oldu. Bu yörelere her yıl karadan ve denizden gelen gezginlerin sayısı artmaktadır. Bu artışla birlikte o yöreleri gereğince gezmek, görmek için kılavuza da gereksinim duyulmakta. Bir ya da birkaç yolculuğun anlatımı ile sınırlı *Mavi Yolculuk* gibi gezi yapıtları yetersiz olmakta, herkesin her zaman kullanabileceği güncel, nesnel bilgiler veren, çizimli, haritalı elkitapları aranır olmaktadır. Türk arkeologlarının bu yirmi yıl içindeki çalışmalarını övmek gerekirse de, araştırma ve buluntularını dışa vurmak, geniş çevrelere tanıtmak için yayım yapmak yönünden pek başarılı olmadıklarını vurgulamalı.

Ege kıyıları üstüne yayınlar yabancıların elinden Türk yazarlarının eline geçmemiştir daha. Bugüne bugün okunan ve satılan kitaplar çoğunlukla İngilizce yazılmış Freya Stark'ın, Lord Kinross'un, George Bean'in, Denham'ın kitaplarıdır. Türk arkeologlarının bile yapıtlarını yabancı dilde, özellikle İngilizce olarak piyasaya sürdükleri dikkati çekmektedir. Turistler için hazırlanan ve çokluk ören, kazı yeri ve müze girişlerinde satılan resimli kılavuzlar Türk yazarlarının kaleminden çıkmış olsalar bile, yabancı dildeki çoğu zaman yetersiz ya da yanlış çevirileri ile sergilenmektedir. Türk gezgininin arkeolojik varlığımıza ilgi göstermediği, bu konuda yazılmış kitapların satılmadığı yanlış kanısı Türkçe kılavuzların basılmasına engel olmaktadır. İç turizmin yayıldığı bu yıllarda Türkçe yazılmış yeterli ve değerli kılavuzların okuyucu ve alıcı bulacağını kanıtlamak ve yayınevlerimizi bu konuya özendirmek Türk yazarlarının çabasına bağlıdır.

Mavi Anadolu'nun ilk baskısında dile getirilen başka bir istek de en başarılı biçimde gerçekleştirilmiştir: Yurdumuzun zenginlikleri radyo ile halkımıza tanıtılsın, sevdirilsin, benimsetilsin diyordum. Radyo bu görevi umduğumuzdan daha başarılı bir biçimde haftalık programlarla yapmaktadır. Televizyona gelince, belgesel film yapımına ne kadar yer verirse o kadar başarılı ve ilgi çekici olmaktadır. Türk filmcileri arasında bilincine varılmaya başlanan bu gereksinimden bugüne dek birkaç değerli belgesel doğmuşsa da, daha başarılı ve kapsamlılarının bunları izleyeceğine hiç kuşkum yok. Kültür zenginliklerimizi hem içeride, hem dışarıda tanıtma, tanıma ve geniş halk yığınlarınca benimseme yolunda sağlam adımlarla ilerlemekteyiz. Devletin bugüne dek gösterdiği ilgisizlik, duyarsızlık son yıllarda turizmin epey gerilemesine neden olmuştur. Bu yoldan dönüleceği ve hatta eğitim programlarına turizm ve tanıtma konusunda dersler konacağını sevinerek öğrendik.

Yirmi yıl önce *Mavi Anadolu*'yu yazmakla iyi etmişim, kültür kalkınmamızda bir doğruya parmak basmışım. Kitapçığın bugün üçüncü kez basılmasına şu yönden de seviniyorum ki, okurlarım 1956 yılından bu yana olup bitenler arasında bir karşılaştırma, bir kıyaslama fırsatını bulacaklar. Bu amaçla yirmi yıl içinde gazete ve dergilerde bu konuda yazdığım bazı yazıları da bu üçüncü baskıya almayı uygun gördüm. Sonuçta Atatürk devrimleriyle açılan Anadolu'nun eski kültürlerini özümseme yolunda bunca olumsuz engelleme, ters tepki ve çağdışı anlayışa karşın duraklamadığımız çıkacaktır ortaya. Bundan sonrası daha ileriye gitmek olsun. Ülkemizin bilime de, kültüre de açılacak alanları sonsuzdur.

Azra Erhat
Kasım 1978

ANADOLU'YU DİLE GETİRMEK

Çanakkale'den Antakya'ya, İstanbul'dan Hopa'ya, Akdeniz veya Karadeniz kıyılarınca gidelim, Anadolu topraklarını, düzlük, yayla, dağ, ırmak veya göl olsun, karış karış dolaşalım, binlerce yıllık bir tarihin izlerini taşımayan bir karış toprağa rastlamayız. Ne mutlu Anadoluluyum diyene, yazasım geliyor. Öyle ya, uygarlıkların dolup kaynaştığı bu toprak üstünde dünyaya gelmek, onların beşiğinde çeşitli kültürlerin seslerinden bir ninni ile sallanmak az mutluluk mu? Ama bu uygarlıkların izlerini görüyor, bu kültürlerin seslerini duyuyor muyuz bizler? Zaman hepsini bir yığın toprakla örttü; yıkılmış beldelerin yerleri, yüksekliği, çevredeki toprak sathını biraz aşan tepeciklerden, höyüklerden belli. Bu geçmiş, göçmüş uygarlıklar ne diyor bugünkü Türk insanına?

Troya'da, Bergama'da, Efes'te otlarla örtülmüş taşlar arasında yürürken, bu taşlar bize şair Homeros'tan, Kral Attolos'tan, filozof Herakleitos'tan ve buralarda yaşamış nice nice insanın maceralarından bir şeyler anlatıyor mu? Bu taşların, yüzyıllar boyunca üzerlerinde yaşayan Anadolu köylüsüne bir şeyler söylediklerine ben inanıyorum. İlkçağın bu topraklarla yoğrulmuş, üst üste tabakalaşmış uygarlıkları bugün orada yaşayan insanların geleneklerini, göreneklerini kuşkusuz etkilemiştir. Ama izler silinmiş. Biz bu etkileri onları akıl yoluyla incelemedikçe göremez, anlayamayız.

Bir Batılı aydın Troya, Efes veya Bergama'yı gezince, çocukluğunda duyduğu birçok efsaneleri, okuduğu birçok kitapları, müzelerde gördüğü birçok sanat eserlerini hatırlar. Bizim müzelerimiz ilkçağın en seçkin sanat eserleri ile dolup taşar, ama biz bu eserleri konuşturmak yolunu bulamamışız daha.

Batı kültürüne yöneldiğimiz zaman, Fransız, İngiliz veya Alman felsefesini, edebiyatını, sanatını incelerken, bunların hep bir temele, Yunan-Latin ilkçağına dayandığını gördük. Bu temele kök salmış Batı düşüncesini, temele inmedikçe, iyice kavrayamayacağımızı da anladık. Önümüzde yüzyıllarca gelişmiş bir uygarlık ve kültürün çağdaş ürünlerini toplamak, incelemek varken ve bu iş de geri kalmış bizlerin bütün vaktimizi, gücümüzü alacak genişlikte iken, Avrupa kültürünün temellerine nasıl inelim diye düşündük. Fransızca, İngilizce, Almanca öğrenelim dedik, bu dillerin aracılığıyla Batı'nın kültür temellerini anlarız. Anladık mı, anlamadık mı, o başka mesele. Okullara Latince, Yunanca öğretiminin konması için yıllarca savaşanlar oldu. Bu dava geniş bir hümanizmanın kurulması için atılan bir adımdı, Türkiye'de kurulacak bir hümanizma yalnız Yunan-Latin ilkçağına dönmekle de meydana gelmezdi. Anadolu, Hitit uygarlığının da merkezidir. Lydia, Phrygia, Karia gibi Küçük Asyalı denilen uygarlıkların arasında Yunan; ancak Anadolu'nun konukları arasında bir konuktur. Her gün Anadolu topraklarının altından bu tabakalaşmış uygarlıkların kalıntıları meydana çıkıyor. Bilimadamları kazılarla gün geçtikçe artan kültür malzemelerini ortaya çıkarıyorlar. Atatürk bu malzemeyi kültür olarak benimsememiz için bir çığır açtı: "Anadolu'ya gelmiş geçmiş bütün kültürler bizimdir" dedi. Hitit'ten Latin'e kadar Anadolu'nun bütün ilkçağını aydınlatmak yolunda girişilen araştırmalara geniş olanaklar sağladı. İstanbul ve Ankara üniversitelerinde eski dil ve arkeoloji bölümleri bu amaçla kuruldu. Türk Tarih Kurumu bu hizmet için açıldı. Bir yandan da çeviri işine girişildi.

Bu iş bir kültür işi olarak başarılabildi mi?

Önümüzdeki engeller büyüktü. Klasik kültür içinde yetişmiş Türk unsurları yoktu. Yunan öncesi uygarlıkların dillerini öğrenip bu çağların incelenmesini sağlamak bir bakıma kolaydı, çünkü Yunan öncesi çağlardan elimize geçen yazı malzemesi eninde sonunda çeşitli çiviyazılarını öğrenmekle çözülebilir. Oysa Yunan-Latin ilkçağı dal budak salmış bir edebiyatın kaynağıdır. Yunan-Latin uygarlıkları bugün tarihten silinmiş iseler de, Batı kültürünün temelinde filiz verdikleri için ölü sayılamazlar. Yalnız Eski Yunancayı veya Latinceyi birer ölü dil olarak öğrenmekle bu kültürü kavrayamayız. Onu bütün yazı anıtlarıyla kapsamak, benimsemek yolunda emekler harcandı. Milli Eğitim Bakanlığı "Klasikler" çevirisine girişti. Klasikleri biz geniş bir anlayışla Batı ve Doğu dünyasında insanın görüş ve anlayışına temel olmuş eserler diye ele aldık. Bir yandan da üniversitelerimizde öğretilen Latince ve Yunancanın yanında birkaç lisede de Latince öğretimine başlandı. Bu iş başarı ile sonuçlanmadı. Parça parça olarak değil, toptan ele alınırsa başarılacak bir işti. Liselerde Latince öğretimi bir müfredat programının dar çerçevesini aşamadı, kültür ışığı saçamadı.

Bir yandan da memlekette kazılar devam edegelir. Türk bilginlerinin bu yolda önemli bir ileri adım attıkları besbellidir. XX. yüzyılın başlangıcına değin yabancı arkeoloji araştırıcılarının tekelinde bulunan Anadolu, Türk bilimine açıldı. İstanbul ve Ankara üniversitelerinin arkeoloji bilginleri kimi zaman Tarih Kurumu'nun, kimi zaman üniversitelerin sağladığı olanaklarla, kimi zaman da bir Avrupa bilim kurumu ile işbirliği ederek, Anadolu'yu taramaya koyuldular. Bugün Anadolu'da araştırmalara açılmış arkeoloji istasyonları yüzlercedir. Türk arkeolojisi uluslararası bilim kurullarının Anadolu'daki araştırmalarına katılabildi. Ancak uluslararası işbirliğine dayanarak ilerleyebilen bilim için bu bir başarıdır.

O halde bilim bugün üstünde yaşadığımız Anadolu topraklarında tabakalaşmış uygarlıkları bize tanıtmak, kültürümüze mal etmek bakımından dil öğretiminin veya edebiyat çevirilerinin başaramadıklarını Türk arkeolojisi mi başaracaktır? Bu kazılar şüphesiz ki, çığır açıyor; eski İzmir, Side, Perge gibi birkaç yıl önce hiç tanınmayan şehirler meydana çıkıyor. Ama bunların meydana çıktığını bu ülkede kaç kişi biliyor, topraktan çıkınca müzelere kapatılan buluntular kaç Türk çocuğuna canlı bir bilgi sunuyor?

Eski çağlar biliminin memleketimizde iyi yolda yürüdüğüne eminiz. Ama bilim bilimdir; o, bilim ocaklarının dört duvarı arasında kapalı kalırsa, ışığını dışarıya çok yavaş sızdırabilir. Bizimse çok büyük bir hızla ilerlememiz gerekmektedir. Bilimin buluntularını bilimadamlarının yoğurmasını, çiğnemesini, yenir yutulur, sonra da sindirilir bir besin haline getirmelerini istiyoruz. Bilim güzel ama kültür bekliyoruz biz.

Topraklarımızdan çıkan her taş bir kültür kıvılcımı saçabilir. Sorun onu değerlendirmekte, yaşayan bir insan davasının geniş yüzeyinde bir mozaik taşı gibi yerleştirmekte. Arkeoloji buluntuları yalnız bilginlerin açıp okudukları kitaplarda, dergilerde ilan edilmekle kalmasın, sonra da müzecilik politikasını hâlâ benimseyemediğimiz için seyircisiz kalan buz gibi müzelerimizde ölü birer taş gibi saklanmasın. Anadolu'nun kazı yerleri ancak birkaç yabancı turistin türlü güçlükleri yenerek kırk yılda bir gezdikleri; otlarla bürünmüş, yılanlarla dolu ulaşılmaz birer kültür mezarı olarak bırakılmasın.

Bunları söylediğimiz zaman, bize maddi olanaksızlıklardan veya bilirkişi kıtlığından dem vuruluyor. Evet, kazılar, araştırmalar para ister, müzelerin bakımı, bilirkişilerin yetiştirilmesi de zaman ve para ister, ama topraklarımızın var olan zenginliklerini bu ulusa tanıtmak, sevdirmek para ile ilgili bir iş mi? Sanmıyorum. Semendirek Adası'nda bir gün bir araştırıcı, kolları kırılmış bir zafer heykeli çıkarmıştır denizden; pek de güzel değildir bu zafer. Ama gelin görün ki, Louvre Müzesi'nin giriş merdiveninin tepesinde kanatlarını milyonlarca seyirciye açan bu heykel, gel zaman git zaman Paris'in bir özgürlük sembolü oluvermiştir. Bergama'dan alınıp götürülen Zeus Sunağı Berlin'de koca bir müze haline getirilmiştir. Bergama'da ise bir okul çocuğunun yaptığı sunağın ufacık, beceriksizce bir maketi görülür. Avrupa bizim topraklarımızdan çıkan eserleri değerlendirmesini bilmiş, biz bilmiyoruz. Bu bir para meselesi değil, bir kafa meselesidir.

Topraktan çıkardığı güzel bir heykeli arkeologlarımızdan biri radyo ile gazete ile bize tanıtsa, bulma coşkunluğu içinde bu ulusa bir mesaj gönderse, dese ki, "Ey Türkiyeliler, bir buğday tohumu gibi sizin toprağınızın altında gizlenen bu eseri yeryüzüne çıkardım, bir define buldum, bu define sizin hepinizindir, gelin ona bakın!" Bu ulus ona bakmaz mı? Güzelliğini, çirkinliğini ölçüp biçmez, değeri üzerinde fikir yürütmez mi? Sonra da kendi malı gibi kendisine emanet edilen bu eserin çalınmaması, kırılmaması için bekçilik etmez mi? Bu memleketin okumuşu okumamışı bugüne değin kültür varlıkları ile ilgilenmemişse, bugüne değin ona hiçbir kültür propagandası yapılmamış olduğundandır. Bilmiyor, bilse benimser ve bakar. İşte bilimadamlarımızdan bu işi de yapmalarını beklerdik.

Türkiye'de kökleşebilecek bir hümanizmaya bu basit yollardan gidilmelidir bizce. İlk iş bu topraktan çıkan her şeyin bizim olduğuna inanmak, inandırmaktır. Batı kültürünün temeli diye Avrupa'da, Amerika'da aradığımız değerlerin hepsi Anadolu'dan çıkmadır. Fransızca yoluyla Latince mi öğrenelim? Hayır. Çanakkale'nin birkaç kilometre ötesinde Troya yıkıntılarını herkese açarak, Homeros'un destanlarını okumanın çarelerini bulalım. Öğrenme hevesimiz havada kalan soyut kavramlara tutunmak için boşuna çırpınmasın, gözümüzün gördüğü, elimizin değdiği taşları ve toprakları konuşturalım. Bize kitaplardan çok daha fazla bilgi vereceklerine hiç şüphe yok. Kültürümüze de temel olabilirler, çünkü zaten üzerine bastığımız topraktan çıkmadırlar. Biz ilkçağ kültürlerinin doğrudan doğruya mirasçılarıyız. Ne yazık ki, Avrupa bu kültür mirasımızı elimizden almış, bizi bu mirasa yabancı kılmak için elinden geleni yapmış. Zamanla da yabancı olmuşuz gerçekten.

Bu kültür mirasını Türkiyeli insanlara kısa yollardan benimsetmek her Türk aydınının ilk ödevi olmalıdır.

1956

TROYA*

Dokuz şehirli tepeye doğru

Otobüsümüz Çanakkale vilayet binasının önünde beklemekte. Grubumuzdan iki profesör, valiye kart bırakmaya gittiler. Otobüste otuz kişiyiz. Hep sabırsızlanıyoruz. Profesörlerden biri gülerek, "Sabır çocuklar, sabır" diye sesleniyor. "Akha ordusu Troya'yı almak için on yıl bekledi de, siz on dakika bile bekleyemiyorsunuz."

Gerçekten de kabımıza sığamıyoruz. Troya'ya gideceğiz, Homeros'un ölmez destanlarında anlatıp bitiremediği "Kutsal İlyon"a. Öylesine heyecanlıyım ki, yanıma yiyecek almayı unutmuşum. Ama içim tok, yıllarca kafamı besleyen, gönlümü doyuran Homeros'un şiiri ile doluyum. Troya'yı görmek artık bana da nasip oluyor.

---

* Türkiye'de genellikle benimsenmiş olan Trova ya da Truva yazılışı yanlıştır: Fransızca Troie ("Trua" okunur) adının Türk harfleriyle yazılışından başka bir şey değildir. Ne yazık ki yarı bilgin, üstelik de politik bazı amaçlar güden kişilerce ileri sürülmüş bu ad koca bir gemiye isim olacak kadar tutunmuştur. Homeros destanlarında Troia olarak yazılan bu şehrin adı eski Anadolu dillerinden gelme olabilir. Kaynağa gidip yurdumuzun Yunan öncesi köklerini değerlendirmek varken, bilim ocaklarının bu ödevle hiçbir şey yapmamaları şaşılacak, üzülünecek bir olaydır. Bizim bunca yıllık çabalarımıza karşın Troya yazılışı bugün daha benimsenmemiştir, ama bir gün benimseneceğine de inanıyoruz. (A.E., 1967)

Cumhuriyet Meydanı'ndan hareket ediyoruz. Rüzgâr yüzümüze vuruyor. Serin bir Boğaz rüzgârı, ama bizim İstanbul rüzgârları gibi dönek ve şaşırtıcı değil. Çanakkale'nin rüzgârında bile bir ağırbaşlılık var. Gelibolu'da yatan yüz binlerce kahramanın anılarını kıyıdan kıyıya taşıyor sanki!

Yol kıyı boyunca uzanıyor: Gelibolu Yarımadası, Kumkale, Seddülbahir gözümüzün önünde. Önümüz, arkamız, çevremiz tarih. Efsane ve tarihle yoğrulmuş bir toprağa basıyoruz. Hem garip değil mi, buranın çağdaş tarihi dört bin yıl önceki macerasına çok benziyor. Yunanistan'dan yüzlerce kral, gemileri, askerleri, silahları ile gelip Troya kapılarına dayanmışlar, on yıl çarpışmışlar, savaşmışlar da, düşürememişler Priamos'un kalesini. Dört bin yıl kadar sonra İngilizler, Fransızlar koca orduları ve donanmalarıyla gene dayanmışlar Boğazlar'a, vurmuşlar, öldürmüşler, ama alamamışlar Türk toprağını. Hektor, Mustafa Kemal, Troya, Conkbayırı... İsimler birbirine karışıyor kafamda. Kahramanlar toprağı imiş burası.

"Bakın, Dardanos şehri görünüyor. Şu karşınızdaki büyük Troya kral soyunun atası Dardanos'un şehridir. Bu şehir Roma çağında da vardı. Roma Generali Sulla ile Pontos Kralı Mithradates arasındaki barış Dardanos'ta imzalandı."

"Boğaz'a verilen 'Dardanelles' adı buradan mı gelme?"

"Öyle ya! Eski Yunanlılar Boğazlar'a 'Hellespontos' yani 'Helle Denizi' derlerdi. Ama neden? Efsanesini sonra anlatırım." Şimdi, gözüm Troya'yı görmek için sabırsızlanıyor.

Ada manzarasını andıran bir çamlığa girmezden önce, küçük bir çay üzerinden geçiyoruz. Prof. Bittel otobüsü durduruyor:

"İşte Dümrek Çayı, Homeros'ta adı çok geçen Simois."

Simois ile Skamandros (yahut Xanthos), Troya Ovası'nı sulayan bu iki ırmağın *İlyada* destanında yerleri büyüktür. İlkçağ insanları her ırmakta olduğu gibi, Skamandros ve Simois'te de birer tanrısal varlık yaşadığına inanırlardı. Bu iki ırmak üzerine bakın Homeros neler anlatır: "Akhilleus arkadaşı Patroklos öldükten sonra acıdan gözü dönerek, tekrar savaşa katılır. Önüne gelen Troyalıları kesip biçer, ölülerini de Skamandros Irmağı'na atar. Irmakta üst üste yığılan ölüler öylesine çoğalır ki, Skamandros akamaz olur. Yiğide öfkesini başka yere çevirmesini rica eder. Akhilleus onu dinlemez. Irmak kızar ve ovaya taşarak, suları ile yiğidi kovalamaya başlar. Bununla da kalmayıp Simois'i yardıma çağırır. Her ikisi birden Akhilleus'un peşine takılırlar, yiğit güç duruma düşüp tanrıları yardıma çağırmak zorunda kalır."

Büyük bir su baskınının efsaneleşmesini dile getiren bu hikâyeye, Dümrek Çayı'nı ve daha ötede Menderes'i görünce inanmak zor. Ama Çanakkale'ye birkaç haftadan beri yağmur yağmamış. Bugün çelimsiz görünen Menderes ile Dümrek bir kabardılar mı, büyük kahramanları yıldıracak kadar taşkın olabilirler herhalde.

Çok dönemeçli çam ormanlarından yol gitgide yükseliyor. Güzel bir göçmen köyü olan Erenköy'e geliyoruz. Eski Rumeli göçmenleri bunlar. Sonra Çıplak Köyü'nden geçerek, Hisarlık'a varıyoruz.

Geldik! Otobüsümüz bir tepenin eteğinde duruyor. Bir de bakıyoruz ki, birkaç otobüs ile bir cip bizi bekliyor. Ortalık çok kalabalık. Çanakkale Valisi, eşi ile grubumuza katılıyor. Biri erkek, biri kız iki ortaokul da öğretmenleri ile birlikte gelmişler. Bir hacca gider gibiyiz. Önümüzdeki tepeye acele tırmanıyoruz.

Troya surlarının önünde

Üstünde bulunduğumuz tepe kazılardan çıkan topraklarla meydana gelmiş bir tümsektir. Karşımızda kocaman taşlardan bir sur görülüyor. Arkasında otlara, çalılıklara karışmış başka surlar, başka taş yığıntıları, inişli çıkışlı karmaşık bir görüntü. İşte Troya harabeleri.

Çevremizde göz alabildiğine ova uzanıyor. Kuzeyde Çanakkale Boğazı ve deniz, kuzeybatıda birkaç tepeciğin arkasında Ege Denizi ve ta ufukta üst üste iki şerit gibi İmroz ve Semendirek adaları. Daha aşağıda ilkçağlardan beri şarabı ile ün salmış olan Bozcaada (Tenedos). Ova iki ırmağın meydana getirdiği bir üçgendir: Menderes ve Dümrek Çayı. Gözümü örenin üstünden güneye çevirip dağlık araziyi tarayınca, sisler arasında bir doruk görüyorum: Kazdağı. İlkçağda adına "İda" denen bu dağ bütün bölgeye hâkim, karlı, görkemli bir silsiledir.

Karşımızdaki surlar 1870 yılında Heinrich Schliemann'ın Hisarlık Köyü'nün bitişiğinde yaptığı kazılarda ilk defa meydana çıkan yerleşmedir. Schliemann, bu yerleşme yerinin Homeros'un "İlyon"u veya "Troya"sı olduğuna inanmıştı. O gün, bugün, burada daha birçok kazılar yapıldı. Dünya arkeoloji bilginleri arasında bu kalıntıların Troya olup olmadığı üstünde uzun boylu tartışıldı ve Homeros Troya'sını Hisarlık'ta değil, Ballıdağ veya Bayramiç yöresinde arayanlar çıktı. Dön dolaş, bu görkemli kazı yerinin meydana çıkan dokuz yerleşme tabakası ile topografya ve coğrafya bakımından Homeros'un anlattığı Troya'ya en uygun yer olduğu sonucuna varıldı. Homeros Troya'sı bir yana, bu yerleşme yeri bölgeye hâkim bir kale ve MÖ 3000 yıl gerilere kadar giden bir uygarlığın merkezi olarak karşımıza çıkmaktadır. Dünyanın hiçbir yerinde, hatta bir hazineler ocağı olan

Anadolu'da bile arkeoloji ve prehistoryaya* bu ören kadar zengin bir kaynak açılmamıştır sanırım. Troya'dan daha görkemli sarayları, tapınakları, mezarları olan örenler vardır elbette, ama zaman içinde bu kadar derin bir alanı kaplayanı bulunur mu acaba?

Troya yerleşim yeri MÖ 3500 yıllarından aşağı yukarı MS 300 yılına kadar tam dokuz ömür yaşamış, dokuz kere yıkılıp dokuz kere kalkınmıştır. Surlarının her taşı bu eşsiz canlılığın sanki bir izini taşımakta, bu şehirden güç fışkırmaktadır. Ama Troya surlarının görkemini anlatmak güç, karşısında dururken ürperiyorum. Gerçi Boğaz'dan bu yana serin bir rüzgâr esiyor. Homeros'un Troya'da hiç eksik olmadığını söylediği rüzgâr. Tepenin üzerinde yüz kadar insanız. Çanakkale Valisi'nden ortaokul öğrencilerine kadar hepimiz Prof. Bittel'in yaptığı açıklamayı dinliyoruz. Rüzgârda sözleri Homeros'un deyimiyle "kanatlanıyor."

Evet, Troya'yı nasıl anlatsam? Kolumun altında destanını sıkı sıkı tutuyorum. Buralara onsuz gelmek, çeşmeye testisiz gitmeye benzer. Troya'nın kötü bir alınyazısı varmış. Yangınlar, yer sarsıntıları, savaşlar bu şehri kaç kez yıkıp yok etmiş! Efsaneye inanırsak, ta Yunanistan'dan koca ordular kalkmış, Troya'yı almak için tam on yıl savaşmışlar. Seçkin yiğitler, krallar, tanrılar elbirliği ederek, bu şehrin direncini kırmaya uğraşmışlar. Ama kara kaderinin kararlaştırdığı an gelince, ufak bir düzen Troya'yı yok etmeye yetmiş.

İlkçağ efsane ve tarihinde mutsuzluğun bir örneği olarak anılan Troya hiçbir kentin ulaşamadığı bir mutluluğa erişmiştir: Dünyaya gelmiş geçmiş en büyük şairlerden birine en büyük şiirlerinden birini esinlemek mutluluğuna. Troya ölmezliğini Homeros'a borçludur.

---

* Tarihöncesi.

Topraktan zamana meydan okur gibi yükselen surlarının önünde durup bakarken, kolumun altındaki *İlyada* destanı bana o üst üste yığılmış koca taş bloklarından daha ağır ve daha sağlam görünüyor. Bu sur varlığının anlamını, yaşayıp yaşamadığı bilinmeyen bir kör ozanın sözlerinden almaktadır. Ne garip ki, en sağlam taştan yapılmış surlar, saraylar, anıtlar yıkılıp gidiyor da, bir dizi insan sözü yüzlerce yıl sonra bile taptaze, dipdiri olarak kalabiliyor!..

Kazdağı ve efsaneleri

Troya efsanesinin kaynağı İda Dağı'ndadır. İda, tanrıların oturduğu Olympos Dağı kadar zengin ve şiir dolu efsanelerin beşiğidir. Ana Tanrıça Rhea, çocuklarını doğar doğmaz yiyen kocası Kronos'tan kaçırdığı Zeus'u bir efsaneye göre, buraya bırakmıştır. Zeus, İda tepelerinde dağ perileri, Nymphalar tarafından büyütülmüş, sonra babası Kronos'u tahtından atıp, tanrılar ve insanlar üstünde egemenliği eline alınca da İda'ya sık sık uğramaktan vazgeçmemiş. Tanrılar İda'da dernek kurar, hele Troya Savaşı'nda olup bitenleri hep İda Dağı'nın tepesinden gözlerler.

Homeros İda'yı şöyle anlatır:

(Zeus) koştu arabaya iki atını,
uçup giden, tunç ayaklı, altın yeleli.
Altınlar kuşandı kendisi de,
aldı işlenmiş altın kamçısını,
bindi arabaya, şaklattı sürdü,
toprakla yıldızlı gök arasında
uçtu atlar seve seve.
Vardılar hayvanların anası, kaynağı bol İda'ya,
Gargaron'daydı Zeus'un tapınağı, kokulu sunağı.

İnsanların, tanrıların babası durdurdu atları.
Çözüp sardı koyu bir dumanla,
göz kamaştıran çalımıyla oturdu doruğuna,
Troya'yı, Akhaların gemilerini süzdü.

Efsaneye göre Troya'da hüküm süren kral soyunun atası Dardanos, Tanrı Zeus'un bir oğludur. Dardanos, Çanakkale'den biraz ötede höyüğünü otobüsle geçerken gördüğümüz, Dardanos şehrini kurmuş. Dardanos'un Tros isminde bir oğlu varmış, torunu İlos ise Simois ile Skamandros'un birleştiği yerde bir şehir kurmuş. Bu şehre Troya (yani Tros'un şehri) veya İlyon (İlos'un şehri) denmiş.

İlos'un oğlu Laomedon sözünde durmayan düzenbaz bir kralmış. Troya'nın başına gelen ilk felaketler hep onun yüzündendir. Laomedon'un tanrılarla ahbaplığı varmış, öyle ki, sığır ve at sürülerini İda Dağı'nın yeşil yamaçlarında otlatmaya Apollon'u görevlendirmiş. Ama Laomedon tanrının bu hizmetini karşılıksız bırakmış. Bu küstahlığı yetmiyormuş gibi, Troya surlarını yaptırdığı deniz tanrısı Poseidon'a da söz verdiği ücreti ödememiş. Tanrılar Laomedon'a kızmışlar ve ceza olarak Apollon şehre bir veba salgını, Poseidon da bir deniz canavarı salmış. Bir yandan hastalık insanları kasıp kavururken, öte yandan da canavar karaya çıkıp önüne gelen insan veya hayvanı parçalar yermiş. Kâhinler bir araya gelip bu afetlere çare aramışlar. Sonunda krala, kızı Hesione'yi Poseidon'a kurban etmesini salık vermişler. Hesione bir kayaya bağlanıp korkunç canavara yem olacaktır. Ama o anda Herakles çıkagelir. Güçlü yiğit, kızı kurtarmaya ve canavarı öldürmeye söz verir, karşılık olarak da kralın kendisine Apollon'un İda Dağı'nda otlattığı atları vermesini ister. Laomedon peki der. Ama kızı Hesione sağ salim eline geçince, gene sözünü tutmaz. Ne var ki sondur. Herakles Yunanistan'a dönüp yiğitlerin en ünlü, en güçlü kuvvetlilerini bir araya toplar. Hep birden Troya'ya sefer ederler. Laomedon'un surlarını yıkarlar ve kendisini oğulları ile birlikte öldürürler. Yalnız en küçüğü Priamos kurtulur. Ablası Hesione'nin yalvarmaları üzerine yiğitler onu esirger ve babasının yerine Troya tahtına oturturlar. Homeros'un *İlyada* destanında elli oğul ve on iki kız babası yaşlı ve saygıdeğer bir kral olarak gördüğümüz Priamos işte bu Priamos'tur.

İda bölgesinin en sevimli ve en çok da tanınan efsanesi şüphesiz ki, Paris efsanesidir. Çanakkale sokaklarında ahbaplık ettiğim bir polis, Troya'ya gitmek üzere geldiğimizi duyunca, Troya üzerine bildiklerini anlatmaya koyuldu: Nasıl tanrılar şölenlerinin birine (bu şölen deniz tanrıçası Thetis'in Peleus ile düğünüdür) kavga tanrıçası Eris'i çağırmayı unutmuşlar, nasıl Eris öç almak ve tanrılar arasında kavga çıkarmak için, altın bir elma almış, üzerine "En güzeline" yazarak tanrıların masasına atmış, nasıl Olympos'un en güzel üç tanrıçası Hera, Athena ve Aphrodite arasında kavga kopmuş da, tanrılar işin içinden çıkamayıp, yargıç olarak İda Dağı'nda sürülerini otlatan çoban Paris'i seçmişler...

Polis, Troya'ya daha gidememişti, ama parmağı ile ufukta sislere bürünmüş Kazdağı'nı gösteriyordu. Bin bir pınarlı İda'dan serin yeller gibi Çanakkale'ye hâlâ efsaneler mi esmektedir? Polis ahbabımın bunları anlatırken yüzü güldüğüne bakılırsa, öyle olacak. Oysa acıklı bir efsanedir Paris efsanesi!

Troya Kralı Priamos'a karısı Hekabe on dokuz oğul doğurmuş. Paris'e gebe iken kraliçe bir gece düşünde Troya'nın alevlerle sarıldığını görmüş. Düş yorumcuları düşü şöyle yorumlamışlar: Doğacak çocuğun Troya şehrini yok edeceğini söylemişler. Paris'i doğar doğmaz Priamos bir uşağın eline verip İda'nın tepesine bıraktırmış. Ama çocuk ölmemiş. Bir dişi ayı gelip ona meme vermiş. Paris çobanlar arasında büyüyüp yakışıklı bir delikanlı olmuş. Dağ Nymphası Oinone ona gönül vermiş. İki genç sürülerini birlikte otlatırken, konuşurlar, sevişirlermiş. Üç tanrıçanın İda'ya gelmesiyle bu aşk altüst olur. Paris altın elmayı hangi tanrıçaya vereceğini şaşırır. Hera ona Asya egemenliğini, Athena zafer, şan ve şeref, Aphrodite ise dünyanın en güzel kadınını vereceğim diyordu. Paris Aphrodite'i seçer.

Paris'in nasıl Troya'ya inip anasına babasına kendisini tanıttığı, sonra Yunanistan'a gidip Sparta Kralı Menelaos'un güzel karısı Helena'yı kaçırdığı, Akha krallarının eski bir yemine uymak için Menelaos'un öcünü almak üzere nasıl Troya'ya sefer ettikleri Homeros destanlarında anlatılmış değildir. *İlyada*, Troya Savaşı'nın onuncu yılında başlar. O zaman Helena on yıldan beri Paris'in karısıdır.

Homeros'un Troya destanı

Homeros'un destanı Akhaların Troya seferini başından sonuna kadar anlatmaz. Yirmi dört bölümden meydana gelen bu destan Akhaların en değerli kahramanı Akhilleus ile ordu başkomutanı Agamemnon arasındaki kavga ile başlamaktadır. Troya kuşatmasının onuncu yılında ovada kamp kurmuş olan Akhalar arasında bir veba salgını baş gösterir. Bu salgına Agamemnon sebep olmuştur. Çünkü Apollun'un rahibi Khryseis'in esir olarak aldığı kızı Khryseis'i babasına geri vermek istememiştir. Tanrı, rahibin öcünü almak amacıyla Akha ordularını hastalıkla kasıp kavurmaktadır. Agamemnon, Akhilleus'un esiri Briseis kendisine verilirse, Khryseis'i babasına geri vermeye razı olur. Ama bu davranış Akhilleus'un öfkesine ve emrinde bulunan Myrmidon ordusu ile birlikte savaştan çekilmesine yol açar. Akhilleus'un anası, deniz tanrıçası Thetis, Zeus'a oğlu savaşa katılmadığı sürece Akhalara zaferi vermemesi için yalvarır. Zeus, Akhaların tarafını tutan eşi Hera'ya karşı gelerek Thetis'in isteğini yerine getirmeye söz verir. Akhilleus çadırına çekildikten sonra, savaşları yöneten tanrıların keyfine göre talih bir Troyalılara, bir Akhalara gülmektedir. Bir aralık, sonuç alınamayan bu savaştan vazgeçip, dava sahibi iki yiğidi, Menelaos ile Paris'i tek başlarına çarpıştırmak ve hangisi üstün gelirse, Helena'yı ona vermek üzere bir anlaşmaya varılır. Ama Aphrodite'in Paris'i savaştan kaçırması ile bundan da bir sonuç alınamaz. Tanrılar arasındaki anlaşmazlık iki ordunun durmadan dinlenmeden yıpranmasına yol açmaktadır. Destanın birçok bölümü her iki tarafın seçkin yiğitleri arasındaki savaşların uzun uzadıya anlatılmasına ayrılmıştır. Bu arada Yunanistan'ın her tarafından gelmiş orduların dizilişi ve önderleri ile Troyalıların ve savaş ortaklarının bir listesi verilmektedir. Kral Priamos ve ailesinin geçirdiği korkulu günler Hektor'un bir ara savaştan ayrılıp şehre dönmesi ve annesi Hekabe, baldızı Helena ve sonunda karısı sadık Andromakhe ile görüşmesinin anlatılması ile canlandırılır. Troya'nın Skaia (yani Batı) kapılarında, birbirini çok seven bu karı kocanın buluşması *İlyada*'nın en dokunaklı, şiir dolu bir sahnesidir!

> Gün gelecek ki yok olacak kutsal İlyon
> Priamos ve onun iyi kargı kullanan halkı.

der Hektor. Troya'nın sonunu bildiği halde, er meydanında çarpışmak kahramanın şeref borcudur.

Savaş böylece sürüp giderken, her iki taraf ölülerini yakıp gömmek için bir ara vermeyi kararlaştırır. Ertesi günü savaş İda Dağı'nda bulunan tanrıların yönetimi altında gene başlar. Ne var ki, Akhaların durumu kötüdür. Önderler kurulu, Akhilleus'a savaşa katılması için elçi gönderir. Akhilleus razı olmaz. Akhalar şehir dışında karargâh kurmuş olan Troyalılardan korunmak için, bir sur yapmaya koyulurlar. Hektor'un saldırıları ile bu sur da yıkılır. Akhalar gemilerine sığınmak zorunda kalırlar. Onların tarafını tutan Hera ve Poseidon gibi tanrıların bütün çaba ve düzenlerine karşı, Zeus Thetis'e verdiği sözden şaşmamaktadır. Her iki ordu hiçbir sonuç vermeyen kanlı savaşlara devam eder. Ama Hektor'un ölümü yakındır. Troyalılar Akhaların gemilerine kadar sokulup bazılarını ateşe vermektedirler. Bu hali gören Akhilleus'un sevgili dostu Patroklos, önderinden savaşa katılmak için izin ister. Akhilleus onu kıramaz. Patroklos'u kendi silahları ile kuşatarak, yanına bir bölük Myrmidon askeri verir ve savaşa gönderir. Patroklos ve Myrmidonlar yangını söndürmeyi başarırlar; düşmanı yenerek, Troya surlarına kadar sokulurlar. Derken, bir aralık kaçmak zorunda kalan Hektor çıkagelir ve Patroklos'u öldürür. Ölmeden Patroklos düşmanına kendisinin de yakında can vereceğini haber verir. Hektor, Patroklos'u soyarak, silahlarını alıp götürür. Akhilleus'un atlıları Patroklos'un ölümüne ağlarken, kara haber Akhilleus'un çadırına ulaşır. Kahraman öyle bir çığlık atar ki, denizin dibinden anası Thetis sesini duyarak çıkagelir. Akhilleus savaşa dönecektir; yalnız, anasından, Hektor'un aldığı silahlar yerine yeni silahlar ister. Bu dönüşle oğlunun ölüme gittiğini bilen Thetis yana yakıla söz verir. O gece demirci tanrı Hephaistos, Akhilleus'a altın ve gümüş kakmalı yeni bir kalkan, bir zırh, bir miğfer ve dizlikler yapar. Akhilleus'un ortaya çıkmasıyla tanrıların da katıldığı korkunç bir savaş başlar.

Kahraman, önüne geleni kesip biçerek, Troya kapılarına dayanır. Surların üstünden Priamos ile Hekabe, Hektor'a içeriye sığınması için yalvarırlar. Hektor girmez, ama ateş saçan Akhilleus'un yaklaştığını görünce, yüreğini büyük bir korku sarar, kaçmaya başlar. Troya surlarının çevresinde dört kere döner. O arada Zeus kader terazisine iki ölüm tartısı koyar: Hektor ile Akhilleus'un ölümlerini. Hektor'unki ağır basar. Athena, Hektor'u aldatarak, Akhilleus'a meydan okumaya kışkırtır, iki kahraman dövüşürler. Akhilleus, Hektor'u öldürür ve ölüsünü toz toprak içinde sürükler. Surların üstünden bu korkunç olayı seyreden Priamos ile Hekabe dövünmektedirler. Seslerini duyup çıkagelen Andromakhe olup bitenleri görünce, düşüp bayılır.

Akhilleus, Patroklos'u gömdükten ve ruhuna yarışlar düzenledikten sonra, Hektor'un ölüsüne saygısızlık etmekten vazgeçmez. Tanrıların sabrı tükenmiştir: Haberci tanrı İris'i Priamos'a gönderip Akhilleus'un çadırına gitmesini ve Hektor'un ölüsünü geri almasını buyururlar.

İhtiyar kral yanına zengin armağanlar alarak, Akhilleus'un çadırına varır. Yerlere kapanarak şöyle yalvarır:

Tanrısal Akhilleus, getir aklına babanı.
Şimdi olmalı o da benim yaşımda,
varmıştır uğursuz ihtiyarlığın eşiğine.
Belki çevresinde komşuları bugün üzer onu,
belayı savacak kimsesi yoktur yanında.
Ama duyar hiç olmazsa yaşadığını senin,
gün boyunca sevinir gönlünde,
oğlum dönecek Troya'dan, göreceğim onu, der.
Oysa benim bahtım ne kadar kara,
yiğit oğullar yetiştirdim yaygın Troya'da,
ama kalmadı bana onların hiçbiri.
Geldiği gün Akha oğulları buraya,
oğullarım vardı benim elli tane,
on dokuzu bir ana karnından doğmuştu,
ötekileri sarayın kadınları vermişti bana.
Saldırgan Ares kırdı çoğunun dizlerini.

Biri gözümün bebeğiydi, korurdu kentimi, halkımı,
yurdunu savunurken geçen gün sen öldürdün onu da,
onun için geldim Akha gemilerine, Hektor için,
değer biçilmez kurtulmalıklar getirdim sana.
Saygı göster tanrılara, Akhilleus, bana da acı,
ne olur, kendi babanı getir aklına,
ben daha acınacak durumdayım ondan,
yeryüzünde hiçbir ölümlü katlanmadı benim katlandığıma:
Oğlumu öldürenin ağzına uzatıyorum yalvaran elimi.

Akhilleus gözyaşları dökerek ihtiyarı yerden kaldırır ve Hektor'un ölüsünü yıkayıp giydirerek Priamos'a verir.

İlyada destanı da, Priamos'un sarayında kadınların Hektor'a ağıt yakmalarıyla sona erer:

Ak kollu Andromakhe başladı kadınlar ağıtına,
aldı elleri arasına adam öldüren Hektor'un başını:
"Erkeğim benim, göçüp gittin genç yaşında,
gittin, evimizde dul bıraktın beni,
çocuğumuz da ufacık, körpecik,
[...]
bilmem, gençlik çağına erer mi ki,
bu kent yerle bir olacak baştan aşağı,
sen öldün, onun koruyucusu, bekçisi,
sen, soylu anaları, çocukları ayakta tutan.
Onları koca karınlı gemiler götürecek yakında,
beni de götürecek gemiler, yavrum, beni de,
sen benim ardımdan geleceksin belki,
şurda burda bayağı işler göreceksin, yavrum,
didineceksin katı yürekli bir efendinin gözü önünde,
belki bir Akhalı surlardan aşağı atacak seni,
Hektor öldürdü diye kardaşını onun,
babasını ya da oğlunu öldürdü diye,

böyle alacak öcünü Hektor'dan.
Amanın, böyle ölüm yürekler acısı!
Savaşlarda hiç yumuşak değildi senin baban,
Hektor'un elinden nice Akhalı dipsiz toprağı ısırdı,
ona tekmil halkın ağlaması bu yüzden.
Dile gelmez acılar bıraktın, Hektor, anana babana,
ama bana kaldı gene en büyük acı.
Ölüm döşeğinden uzatmadın ellerini bana,
şöyle güzel bir söz söylemedin ki,
gözyaşı döke döke gece gündüz anayım onu."
Andromakhe böyle dedi ağlaya ağlaya,
kadınlar karşılık verdi hıçkırıklarla.

İthake Kralı Odysseus'un Troya'dan yurduna dönüşünü anlatan Homeros'un ikinci büyük destanı *Odysseia*, Troya'nın nasıl yıkıldığını kısaca anlatır. Odysseus, konuğu olduğu Phaiak Kralı Alkinoos'un sarayında bir ozanın okuduğu destanı dinlemektedir. Ozan, Odysseus'un Troya'yı almak için bir tahta at tasarladığını, bu atı geceleyin Troya surlarının önüne bıraktıktan sonra, Akha gemilerinin uzaklaştığını anlatır. Ertesi sabah Troyalılar atı içeriye alıp almamakta kararsızdırlar. Sonunda atı Akhaların tanrıça Athena'ya bir adağı sananlar tartışmada üstün gelir ve at Troya surlarının içine alınır. Gece yarısı Troya halkı on yıldan beri ilk rahat uykusunu uyumaya dalınca, atın oyuk karnında gizlenen Odysseus ve arkadaşları ortaya çıkar ve Tenedos'tan dönmüş olan Akhalara şehir kapılarını açarlar.

Akhaların Troya'yı nasıl yağma ettiklerini Homeros anlatmaz. Ama Klasik İlkçağ'ın Homeros'tan sonra en büyük destan şairi Romalı Vergilius bu öyküyü tamamlamıştır. *Aeneis* destanında Troya'nın yıkılışını o korkunç yangından kurtulan tek Troyalının ağzından dinleriz. Troyalı Ankhises ile tanrıça Aphrodite'in oğlu olan Aeneas o gece babası ve oğlu ile kaçmayı başarır. Tanrılar Aeneas'a denizaşırı bir ülkede yeni bir Troya kurmak ödevini vermişlerdir. Yedi yıl süren bir yolculuktan sonra fırtına Aeneas'ı Afrika kıyılarına atmıştır. Kartaca Kraliçesi Dido onu sarayına kabul ederek, maceralarını anlatmasını diler. "Ağza alınamayacak bir acıyı tazelememi buyuruyorsun, ey Kraliçe!" sözleri ile hikâyesine başlayan Aeneas, Vergilius'a vergi yüce bir şiir diliyle Troya'nın yıkılışını anlatır.

Latin şairinin bu eseri Troya destanının son ürünüdür. Tanrı Poseidon'un rahibi Laokoon'un tahta atı içeriye almamak için dövündükten sonra, Tenedos Adası'ndan gelen bir deniz canavarı tarafından oğulları ile birlikte öldürülmesi, alevlerin sardığı Troya'da Priamos'un karısı ve kızları ile öldürülmesi, Troya surlarının gök gürültüleri ve şimşekler arasında yıkılışı, bütün bir ulusun perişan halde sürünmesi kıyamet günlerini andıran unutulmaz sahnelerdir.

Ama Vergilius destanını anlatmak benim haddime mi? Amacım, Troya şehrinin şairlere neler esinlediğini dilim döndüğü kadar anlatmaktı. Becerebildimse, ne mutlu bana.

Boğaz'dan yükselen ses dalgaları

Çanakkale'de ikinci günümüz. Gece lise önünden otobüse biniyoruz. Bugün gezeceğimiz şehirler Troya kadar eski değil: Neandria ile Alexandreia Troas. Neandria eski Troas bölgesinin en yüksek noktasında 525 metre yükseklikte bir kale idi. Bugün oraya Çığrıdağ deniyor. Alexandreia tarafından kurulmuş zengin bir şehir. Haritalarda Eski İstanbul adı ile gösterilen bu yere Çanakkaleliler Kestanbol diyorlar. Buralara Ezine'den geçerek gidiliyor.

Bugün güneş pırıl pırıl, Troya Savaşı'nın gölgesi üzerinden kalktığı için mi nedir, doğaya daha açığım. Denize, ovaya, zeytinliklere, palamutluklara hakkını verebiliyorum. Yol öyle de güzel ki! Ege'nin ılık renkleri, aydın ışığı ortalığı sarmış. Biraz yükselince, gene Boğaz çıkıyor karşımıza. Helle Denizi'nin efsanesini anlatacaktım. Tüyler ürpertici bir efsane.

Rüzgâr tanrısı Aiolos'un oğlu Athamas bulut tanrıçası Nephele ile evlenmiş. Bu evlenmeden Phriksos ile Helle adında bir erkek, bir de kız çocuğu doğmuş. Ama Athamas, Nephele üzerine bir daha evlenmiş. İkinci karısı deniz tanrıçalarından İno, Nephele'nin çocuklarını kıskanır, onları ne pahasına olursa olsun yok etmeye çalışırmış. Büyük bir kuraklığın hüküm sürdüğü bir yaz İno, kocasını, oğlu Phriksos'un rahibi olduğu Zeus'a kurban etmeye kandırmış. Düzme bir kâhinin sözü de kuraklığın ancak bu şekilde ortadan kaldırılabileceğini bildirince, Athamas oğlunu sunakta kendi eli ile kurban etmeye karar vermiş. Tam bıçağı çocuğun göğsüne saplayacağı anda, çocuklarını kurtarmak için Nephele'nin gönderdiği bir altın postlu koç uçagelmiş. Phriksos ve kız kardeşi Helle'yi sırtına alarak uzak ülkelere doğru havalanmış. Ne var ki, Trakya'dan Küçük Asya'ya geçerken, Helle koçun sırtından kayarak denize düşmüş. Bundan böyle Helle'nin düşüp boğulduğu boğaza "Hellespontos" (Helle'nin denizi) denmiş.

Boğazlar'ın Yunan mitologyasına esinlediği efsanelerin hepsi acaba neden bu kadar korkunç, diye düşünüyorum. Sonradan usta denizci oldukları halde, Eski Yunanlıların "ürün vermez" denizden ve hele Boğazlar'dan bir hayli korktukları için mi?

Çanakkale'ye hâkim bir noktadan Boğaz'ın en dar geçidi, Naraburnu gözüküyor. İlkçağda burada Abydos şehri, karşı kıyıda da Sestos vardı. Abydos ile Sestos'u da efsane ve tarih nice maceralarla süslemiştir! Helenistik çağın yarattığı en güzel aşk masallarından biri Hero ile Leandros masalıdır. Abydoslu Leandros bir gün Sestos'ta bir törende Hero'yu görmüş ve ona hemen gönül vermiş. O günden sonra her gece Boğaz'ı yüzerek geçer ve sevgilisini görmeye gidermiş. Bir gece Hero'nun sevgilisine yol göstermek için yaktığı feneri rüzgâr söndürmüş. Leandros da yolunu şaşırarak, Boğaz'ın karanlık sularında can vermiş. Ertesi günü Hero kıyıda Leandros'un ölüsünü görünce, yüksek bir kaleden kendisini denize atmış. İsa'dan sonra VI. yüzyılda yaşadığı sanılan şair Musaios'un şiir diliyle anlattığı bu aşk hikâyesi Batı şairleri arasında çok tutunmuştur. Leandros'un bu macerasını yaşamak için İngiliz şairi Byron da Naraburnu'ndan karşıya yüzerek geçmeyi denemiştir.

Naraburnu'nun tarihte tanık olduğu en büyük olay Xerxes ordularının Boğaz'dan geçişidir. İsa'dan önce V. yüzyılın başında uygar dünyayı iki büyük kuvvet paylaşıyordu: Yunan demokrasileri ile Pers Krallığı. Küçük Asya'daki bütün Yunan şehirlerini ele geçirdikten sonra, Pers Krallığı kendisine barbar diyen Yunan sitelerini alt etmeyi amaçlıyordu. Ama arada denizler, güçlü Pers atlılarının, okçularının geçemeyeceği boğazlar vardı. Dara'nın İstanbul Boğazı'ndan geçmek için ilk denemesi başarısızlıkla sonuçlanmış, Marathon Ovası'nda Pers ordusu görülmemiş bir yenilgiyle karşılaşmıştı. Dara'nın ardılı Serhas kocaman bir öç seferi hazırlıyordu. Sestos ile Abydos arasında gemi ve sallardan bir köprü kurdurdu. İlk köprünün bir fırtına ile yıkılması bile, Serhas'ı yıldırmadı. Atinalı büyük tragedya şairi Aiskhylos'un dediği gibi: "Denizi boyunduruk altına almaya azmetmişti. Asya'nın cengâver hükümdarı devler ordusu ile dünyayı fethe çıkıyordu."

Yunan tarihçisi Herodotos çift sıra gemiyle kurulmuş bu

köprüyü anlatır. Halatlar ve zincirlerle birbirine bağlanmış biri 360, öteki 314 gemiden oluşmuştu bu köprü. Gemilerin üzerine tahta satıhlar konmuş, üstü toprakla örtülmüştü. İki tarafta da yüksek parmaklıklar vardı. İki buçuk milyon kişilik Pers ordusu böylece Asya'dan Avrupa'ya geçti. Büyük Kral Serhas bir mermer taht üzerine oturmuş, milyonlarca uyruğunun, denizleri karayolundan aşmasını seyrediyordu. "Gözlerinde kana susamış ejderin koyu bakışları ışıldıyordu" diyor Aiskhylos ve şöyle devam ediyor: "Fakat tanrının düzenle kurduğu tuzaktan hangi ölümlü kurtulabilir?" Aiskhylos'un "Persler" tragedyasında facia dilinin en etkilisi ile anlattığı bu koca donanma Salamis Körfezi'nde paramparça olur. Susa sarayında ihtiyarlar korosu "bir arı sürüsü gibi uçup giden atlılar, yayalar, okçular ordusundan" kuşku ile haber beklemektedir.

Sonunda bir haberci çıkagelir, şöyle der:

> Ey bütün Asya'nın birleşmiş şehirleri! Ey Pers toprağı, sonsuz bereket kaynağı! Nasıl oldu da bir vuruşta sonsuz mutluluğun yıkıldı, Perslerin çiçek gibi gençliği yok oldu gitti? Heyhat! Felaket haberini ilkin vermek de büyük bir felaket. Fakat başımıza gelenleri size anlatmak zorundayım: Ey Persler, barbarların koca ordusundan eser kalmadı.

Ana Kraliçe ve ihtiyarlar bunu duyunca, dövünürler. Yıkımın nasıl olduğunu anlatması için Dara'nın ruhu çağrılır. Ruh yenilginin nedenini şöyle açıklar: "Serhas bir ölümlünün sınırlarını aşmış, tanrılara meydan okumuş, Boğazlar'ı kendisine köle etmek istemiştir. Bu günahının cezasını çekmekte, 'zincire vurmak istediği kutsal Hellespontos' öcünü almaktadır."

Otobüsümüz bir toz bulutu içinde yoluna devam ederken, Boğaz'da yükselen nice ses dalgaları yüzyılların üst üste yığdığı tabakaları aşarak kulağıma vuruyor...

Bilginlerin Troya seferi

Troya'nın alınyazısı 4.000 yıl sonra bile bu şehri garip maceralara sürüklemiştir. Troya'ya Homeros'suz gelinmez, demiştim. Troya'ya Schliemann'sız da gelinmez. Schliemann bugün Hektor, Agamemnon, Akhilleus gibi Troya'nın bir kahramanı olmuştur. Gerçi, acayip bir kahraman diyeceksiniz, kabul; ama zamanına göre o da bir kahraman.

Heinrich Schliemann 1822'de Almanya'da doğdu. Ailesinin maddi durumu kötü olduğundan uzun boylu okumak olanağını bulamadı ve Hamburg'da bir ticarethaneye kâtip olarak girdi. Bir aralık Hamburg'dan Amsterdam'a gitti, orada kendi başına bir iş kurdu. Amsterdam'da bulunduğu dört yıl içinde Schliemann yedi dil öğrenmeyi başardı. Schliemann'ın dil öğrenme yetisi akıllara durgunluk verecek düzeydedir. Hiç bilmediği bir dili tam altı haftada konuşacak ve yazacak kadar öğrenir, sonra bir başkasına geçerek, ilk öğrendiğini de ilerletmek fırsatını bulurdu. Böylece Fransızca, İngilizce, Felemenkçe, İspanyolca, Portekizce, İtalyanca ve Rusça öğrenir. Bu dillerin her biri ile Schliemann mektup, giderek eser yazmıştır. 1846'da Schliemann işleri için Rusya'ya, birkaç yıl sonra da Amerika'ya gider. Çok zengin olmuştur. Ne var ki, sonsuz merak ve hırsı ona rahat vermez. Kaliforniya'da altın aramaya çıkar ve 1850'de Amerikan vatandaşı olur. İşleri artık bütün Avrupa'ya yayılmıştır. Kırım Savaşı sırasında çok para kazanır, bu arada Lehçe ve İsveççe de öğrenir. 1856'dan sonra Schliemann ölü dillere de merak sarar ve ikisi birden olmak üzere Eski ve Yeni Yunancayı kısa bir zamanda benimser. İki yıl sonra ticareti bırakır. Latince de öğrenerek, ilkçağ üzerinde bilgilerini tamamlar. 1858'de bir Akdeniz yolculuğuna çıkar, Mısır'da kalır, Arapça da öğrenir. Bir dünya yolculuğundan dönüşte *La Chine et le Japon* diye Fransızca bir eser yazar. Sonra Paris'te yerleşip, ilkçağ üzerinde bilgilerini derinleştirmeye koyulur. Homeros hayranı olan Schliemann, 1868'de *İlyada* ve *Odysseia* destanlarında anlatılan yerleri aramaya çıkar. Odysseus'un vatanı olan İthake'de kazılar yapar. Ama asıl amacı Homeros'un Troya'sını bulmak, ortaya çıkarmaktır. Parası çok olduğundan hiçbir kuvvet onu durduramaz. 1870'te Çanakkale'ye gelişinde Amerikan konsolosu dikkatini Hisarlık Höyüğü üzerine çeker. Schliemann burada hemen kazıya başlar. Elinde bir *İlyada* bir de *Odysseia* ile Priamos'un kalesini aramaya koyulur. Ama kazılar ilerledikçe, karşısına bir şehir değil, birkaç şehir açılır. Schliemann, Homeros Troya'sının bu şehirlerin en eskisi olduğuna inanmıştır. Arkeoloji bilgileri kıt olduğundan –ama bu macerasever bilgine hakkını vermek için şunu da söyleyelim ki, zamanında bugünkü gibi sistematik kazı yöntemi henüz bilinmiyordu– kazmasının altından çıkanı tam değerlendirmeden, ana toprağa kadar iner. Bu iş için de büyük bir hendek kazarak, birçok değerli kalıntıları yok eder. Schliemann'ın amacı, her meydana çıkanı tarihlendirip sıralamak değil, Homeros'un her dediğine körü körüne inançla Priamos'un kalesini, *İlyada*'da anlatılanı en ufak ayrıntılarıyla ortaya koymaktır.

Schliemann'ın bu çılgınca araştırma merakını iyice anlamak için zamanındaki Homeros tartışmalarını göz önünde tutmak gerekir. XIX. yüzyılın sonlarında filoloji bilimi Homeros destanlarına karşı şüpheci bir tavır takınmıştı. Bu destanların bir ozanın eseri olmayıp, birçok ozanların ayrı ayrı zamanlarda kaleme aldıkları şarkılardan ibaret olduğu ileri sürülüyordu. Bu tartışma bilginleri iki karşıt cepheye ayırmış bulunuyordu: Destanların bir bütün olduğuna inananlar ile aksi tezi savunanlar birbirlerine karşı amansızca savaşmakta idiler. Durum böyle iken Homeros'un anlattıklarına uygun bir tek Troya'nın ortaya çıkarılması, sorunu kökünden çözümleyebilirdi. İşte bunun içindir ki, Schliemann bütün benliği ile Troya'yı bulmaya çalışmakta idi.

Sonunda şehrin ikinci tabakasında bir topraktan hazine çıkınca, Schliemann muradına erdi. Bu hazinenin Priamos'a ait olduğunu dünyaya ilan etti ve işçilerine "paydos" emrini verdi. Hazineyi de olduğu gibi Berlin'e taşıyarak, müzeye armağan etti. Artık bütün bilim dünyasının ilgisi Troya kazıları ve orada elde edilen şaşılacak sonuçlar üzerine çekilmiş bulunmaktadır. Ama Troya kazıları tamamlanmış değildir.

1872'de Troya kazıları yeni bir devreye girer. Schliemann bu sefer yanında gerçek bir bilgin, arkeolog ve mimar Wilhelm Dörpfeld olmak üzere kazı yerine döner. Dörpfeld, Troya'da örnek olacak bir kazı sistemi uygulayarak, tam dokuz yerleşme ortaya çıkarır. İsa'dan önce 3000 yılından Helenistik çağa kadar uzanan dokuz şehrin kalıntıları özenli ve plastik bir şekilde göz önüne serilmektedir. Ayrıca Schliemann'ın Lysimakhos'a ait sanıp, üzerinde durmadığı altıncı yerleşmenin yerinin, son Mykenai çağı keramik kalıntıları ile, Homeros'un Troya'sı olmaya en uygun tabaka sayılabileceği de kesinleşir.

Hisarlık Tepesi'nde yapılan uluslararası iki bilim konferansından sonra, 1894'te Schliemann-Dörpfeld kazıları sona ermiştir. 1932'den 38'e dek, Troya'da bir üçüncü kazı dizisi yapılmıştır. Bu kazıları Amerika'nın Cincinnati Üniversitesi'nden Prof. Blegen yönetmiştir. Kazılarda Türk arkeologları da gözcü olarak bulunmuşlardır.

Blegen'in araştırmalarında amaç artık Homeros'un Troya'sını bulmak değildir. Ege bölgesinin önemli bir uygarlık merkezi olan bu yerleşmenin –ki buna Homeros'a uyarak Troya diyoruz ve Troya diyeceğiz– tarihöncesi ve tarih sonrası çağlarda yerini ve yaşayışını saptamak, Orta Anadolu ile Balkanlar arasında bir kilit noktası bulunduğu besbelli olan bu yerde arkeolojik araştırmalarla geniş bir tarih alanını aydınlatmaktır. Görüldüğü gibi, güdülen hedef çok değişmiştir. Blegen en yetkin kazı ve araştırma metot ve tekniği ile çalıştığı için, son kazılarda elde edilen sonuçlar çok değerli olmuştur.

Troya'nın dokuz yerleşimi hep bir merkez etrafında kurulmuştur. Blegen en önemli sur olan altıncı Troya'nın MÖ 1800 civarında kurulup XIII. yüzyılda imhaya uğradığını, ikinci yerleşimin ise MÖ 3000'den 2300'e (veya 2200) kadar uzandığını ve büyük bir yıkım sonucu yok olduğunu göstermiştir. Troya 1, Troya 2'nin önünde bulunan önemsiz bir oturma tabakasıdır. Troya 2 ile Troya 6 arasında 3 ve 4 numaralı yerleşmeler bulunmakta, Troya 6'nın dışında da, 7, 8 ve 9'un yıkıntıları görülmektedir. Troya 2 ve Troya 7, a ve b olarak iki, hatta üç tabakaya ayrılır. Bu yerleşmelerin kalıntıları kimi zaman yan yana, kimi zaman da üst üste bulunmaktadır.

Tarihi devirlerde Troya'nın adı geçer. Yunan tarihçisi Herodotos'a göre Serhas, Yunanistan'a yaptığı seferde buraya gelmiş ve Athena Tapınağı'nda 1.000 öküz kurban etmiştir. İki yüzyıl sonra Büyük İskender de şehri gezmiş ve söylentiye göre, halk ona Akhilleus'un kalkanını göstermiştir.

Helenistik devirde Troya, Neo İlion (Yeni İlyon) adı ile bir daha kurulmuştur.

Troya, bir turizm merkezi olur mu?

Troya ve çevresi birçok yıllardan beri yasak bölgedir. Yabancıların Troya'ya gidebilmeleri ancak Bakanlar Kurulu'ndan alınacak bir izinle mümkündü. Nice turist bilirim ki, bu izni alamadan Troya'yı göremediklerine yana yakıla ülkelerine dönmüşlerdir. Bugün bir yabancının Troya'ya gidip gidememesi Vali'nin takdirine kalmış bir iştir. İki ay önce çıkan bu karar Çanakkale bölgesini şimdiden bir turizm merkezi haline sokmuş bulunmaktadır.

Çanakkale Valisi turizmi dava edinmiş bir insan. Şöyle diyor:

"Ayağınız uğurlu gelmiş olacak. Bu sabah Fransız ve İngiliz mezarlıkları için de aynı emir geldi. Oraları gezmek isteyen turist bundan böyle aynı formaliteye tabi tutulacaktır. Bizim memleketimize az turist gelmesi çoğu zaman otelsizlikle izah edilir. Halbuki bunlar birbirine bağlı meselelerdir. Turist gelirse, otel sanayii de gelişir. Troya'nın ne kadar önemli bir turizm merkezi olabileceği her nedense bugüne kadar pek düşünülmemiş. Bundan birkaç gün önce bir Yunan turist kafilesi geldi. Aralarında Çanakkale civar köy ve kasabalarında doğmuş, büyümüş ve Türkçeyi çok iyi bilen birçok kimseler vardı. Çok sevdikleri bu yerlere kavuşunca, bazılarının ağladığını gördüm. İki ay içinde altı yüz kişi Troya'yı gezmek için bize başvurdu. Bu rağbet karşısında biz de Hisarlık'ta; turistin, öreni gezdikten sonra, dinlenebileceği bir kır gazinosu yapmaya karar verdik. Şimdiden orada ufak bir çardak kurduk."

Troya yıkılarının güneyindeki tepede çardağın altında otururken, Vali'nin bu sözlerini hatırlıyorum. Kimimiz sıralarda, kimimiz çimen üzerinde bağdaş kurmuş oturuyoruz. Öğrenci arkadaşlarımızdan bir genç kızın Schliemann'ın hayatı üzerine hazırladığı bir etüdü dinliyoruz. İncecik bir sesle okuduğu sözleri, rüzgâr, Troya'nın orada burada dağılmış taşlarına ulaştırıyor. Büyük Schliemann'ı anmadan buradan nasıl gidilir?

Evet, Troya'nın turistik önemi büyüktür. Tabiat, tarih, efsane, edebiyat burayı bir hazine haline getirmek için sözleşmişler. Ama gelin görün ki, bu hazinenin kıymetini anlamakta biz bir hayli gecikmişiz. Yüzyıllar boyunca burası yağmaya uğramış. Schliemann, Priamos hazinesini Berlin'e taşımış. Ama o zamanlar bu eski uygarlık merkezlerine bizde metelik veren yokmuş. Bergama'nın eşsiz anıtı, Zeus Sunağı'nın Almanya'ya taşınması için izni Osmanlı padişahları kendileri imzalamamış mıdırlar? Yabancılar bizim anlayışsızlığımızdan faydalanarak söktü götürdü, köylümüz aldı götürdü, bu hal böyle sürdü gitti. Bari bugün önüne geçilmiş midir?

Sanmam. Troya'da bu yönden edindiğim izlenim pek o kadar olumlu değildir. Troya ören yeri bakımsızdır. Çalılık, fundalık her yanı sarmış, otlar dikenler arasında yürürken nice çorap yırtıldı, nice pabuç yok oldu! Aldığımız tırmıklar da ayrı. Dolaşırken şurada burada yangın köşelerine rastlıyorduk. İçimize kuşku girdi. Acaba Anadolu'nun birçok yerlerinde olduğu gibi burada da mermerleri eritip kireç mi edinenler var?

Arkadaşlarım, "Sen gazetecisin, bu meseleyi bir iyice anla" diyorlar.

Arkeolojik açıklamaları filan bırakıp, bekçinin peşine düştüm. Bekçi yaşlıca bir adam. Başında bir kasket, üzerinde "Gültür Bekçisi" yazılı! Milli Eğitim Müdürlüğü'ne bağlı bir bekçinin kasketinde "kültür" kelimesinin "gültür" olarak yazılması ne kadar yakışık alır bilmem? Neyse, kelime Türkçe değil diyeceksiniz.

Gelelim, Troya harabelerinin bir tek bekçi ile korunmasına. Gerçi güçlü kuvvetli, enerjik bir adama benziyor. Köylünün sürülerini kazı yerinde otlatmasına engel olur, gece gündüz buralarda dolaşarak, en ufak bir şeyin götürülmesini önlermiş. Bu yüzden de başına birçok işler açmış. Birkaç kişi ile davalı olmuş.

Dedikodunun hiç eksik olmadığı taşrada bunun tersini duydum. Sürülerini otlatan, bekçinin kendisi imiş. İşin içinden çıkmak zor. Bir gerçek varsa, akşamüzeri yorgun argın Troya'dan ayrılırken, batan güneşin altında örende iki-üç inek gördüğümüzdür. Bu inekler kimindi? Onu ben bilemem.

Bekçi yangın izlerinin mermerle hiçbir ilişiği olmadığını ileri sürdü. Çalılık buraları öylesine sarmış ki birkaç gün önce Yunanlı turistlerin rahat gezebilmesi için bazı yerlerde ateş yakmak gerekmiş. Ben inandım ama dönüşte bir arkadaş yan yanmış mermer parçaları gördüğünü de söyledi.

Bu da bir yana, kazı yeri neden böyle bakımsızdır? Geçenlerde Amerikalı arkeolog Blegen'in 1938 kazılarından sonra yayımladığı kitabı karıştırıyordum. Fotoğraflarda üzerinde bir ot bulunmayan tertemiz, düzgün taşlar görülüyordu. O gün bugün bu yerleri biz yine doğaya mı bıraktık?

Troya harabeleri çok önemli bir turizm merkezi olur, ama bunun için otel veya gazino kurmak da yetmez. Bunlara bakmak lazım. Yıkıntılar arasında kazasız belasız dolaşmayı sağlamak bunun başlıca şartıdır. Bu işe Yunan efsanesinde adı geçen yüz gözlü Argos bile olsa bir tek bekçi yetişemez. Öreni bir işçi ekibine önce iyice temizletmek (bu arada herhangi bir taşın yerinden oynamaması için bir arkeologun başlarında bulunması) gerek. Sonra da birkaç bekçi, bakımın sürdürülmesi ile görevlendirilmeli.

Açılacak olan kır kahvesine bağlı olarak, Troya'yı turiste anlatan bir kılavuzun, kartpostalların, haritaların satıldığı bir yer yapılmalıdır. Böyle bir rehberin hazırlanmasını Basın

Yayın Genel Müdürlüğü'nün üzerine aldığını Çanakkale Valisi müjdeledi.

Benim burada belirtmek istediğim nokta şudur: Troya kazı yeri çok karmaşıktır. Onlar üzerine bir fikir edinmek ancak ayrıntılı açıklamalarla mümkündür. Troya'ya gelecek olan turist buraya gezmek, eğlenmek için gelmez; konforunu arasa bile, asıl amacı bu kazı yerinin tarihini öğrenmektir. Demek ki, burası temiz ve düzgün; bir arkeoloji anıtı haline getirilmeli, sonra gereken açıklamaları verecek broşür ve kılavuzlar hazırlanmalı. Ancak bunlar yapıldıktan sonradır ki, kır kahvesi veya sürekli otobüs seferlerinin bir anlamı olabilir.

Bilime açılmamış iki şehir

Neandria ile Alexandreia'da bize artık grubumuzdaki arkeologlar değil, oraların yerlileri kılavuzluk ediyorlar. Çünkü buraları bilime henüz açılmış değil, buralarda daha kazı yapılmamış. Kestanbol'un, palamutluklar arasında uzanan kocaman şehrin kapladığı alanı görünce, insan topraklarla örtülü bir definenin üzerinde yürüyormuş gibi oluyor. Her an yerden bir şey fışkıracak diye, yürüdükçe gözümü yerden kaldıramıyorum. Sonra düşünüyorum ki, Kestanbol gibi Anadolu'muzda nice yerler var. Bunları biz doğaya bırakmışız. Hatta kendi eserlerimizi, Anadolu'da serpilmiş Türk anıtlarının ömrünü uzatmak için de elimizden pek fazla bir şey gelmiyor. Geçen gün Prof. Gabriel'in bir konferansını dinlerken, bu gerçeği bütün çıplaklığıyla kavradım. Selçuklulardan, Osmanlılardan kalma sanat anıtlarımızdan birçoğumuzun haberi bile yoktur. Eskiye sevgi az bizde. Ama bu sevgiyi uyandırmak bir işleme, bir kültür meselesidir. Geçmiş mi, hal mi diye korkunç bir problem karşısında kalmışız bizler ve tabii hali seçmişiz. Gücümüz ancak onu yaşamaya ve yaşatmaya yetiyor. Elbette bir gün geçmişin ülkemizde bıraktığı büyük anıtları da değerlendirmek olanağını buluruz. Yalnız Allah vere de o güne kadar bu anıtlar yok olmaya.

Neandria, Troas bölgesine hâkim bir kale idi. Güçlü surları, Athena Tapınağı'nın kalıntıları ve hele eşi görülmemiş boyda granit sütunları buranın ne kadar zengin bir şehir olduğunu göstermeye yeter. Dördüncü yüzyılda deniz kıyısında Alexandreia şehri kurulunca, bu iki şehir halkını aynı idare altında birleştirmek ihtiyacı duyulmuş. Ve Yunanca deyimiyle bir "Synoikismos" yapılmış. Neandria halkı oraya inip Alexandreia'ya göçmeye zorlanmış. Neandria'nın taşocaklarından yeni şehre taş bloklar ve sütunlar taşınmış. Hâlâ Neandria'da görülen 1 metre 60 cm çapında ve 9 metre 30 cm uzunluğunda koca bir granit sütun o zamanki taş ustalarının sütunu doğrudan doğruya kayanın içinden oyarak oluşturduklarını göstermektedir. Bu sütunların bir dağ gibi yüksek olan Neandria'dan ovaya indirilmesi herhalde meyilli satıhlar üzerinde olurdu. Bu Synoikismos'un neden olduğu göçün görkemini düşünün!

Alexandreia'da iki köylü bizi gezdiriyor. Palamutluklar arasında bu şehir öyle yaygın bir yüzey kaplıyor ki, içinde kaybolmamak olanaksız. Çeyrek saatte, ne olduğu belirsiz kocaman bir bina kalıntısına varıyoruz. Kemerler, su terazileri, hamamlar, çarşılar mı bunlar? Bunu saptamak için orada bazı yerlere isim takmışlar, örneğin iki katlı kemerli bir yıkıya saray diyorlar.

Grubumuzdaki arkeologlar da her yıkıntının önünde durup, buranın ne olabileceği konusunda tartışıyorlar. Yalnız tiyatro, tam kimliğini açığa vuruyor: Şehrin deniz kıyısından, deniz kıyısına kadar yaptığı kavsin ucunda yüksek bir tepeye dayalı bir tiyatro. Onun ve öbür yapıların ölçülerine şaşmamak elden gelmiyor. Helenistik çağın kolonsal yapılara olan düşkünlüğü burada parlak örneklerle göze çarpmaktadır.

Buradan bizim İstanbul'a bir hayli taş, mermer ve granit taşınmış. Kim diyordu ki, bir zamanlar Tophane rıhtımı hep buradan gelme taşlarla yapılmış?

Alexandreia'da gezerken, birçok yazılı taşlara rastlıyoruz. Yazıtlar Latince ve Roma İmparatorluğu döneminden kalma. Yolda karşımıza çıkan yazıtları sökmeye uğraşmak çok meraklı bir iş. Taşa kakılmış olan harfleri bir bir okuyup kelime haline getirmek için aramızda yarışıyoruz. Sonunda birini söküyoruz. Hadrian zamanında bir kadına dikilmiş olan bu anıtın metnini Profesör Bittel yayımlayacak, böylece gezimiz epigrafiye de bir şey kazandırmış olacak.

Biraz ötede gene bir yazıt var. Nefis bir mermer heykel kaidesi üzerine yazılmış. Gel de gör ki, kaide tersine devrilmiş ve bir kısmı toprağın altında. Taşı kaldırmaya çalışıyoruz. Neredee?.. Yere yatıp okumaya uğraşıyoruz, o da olmuyor. Vakit de geç, Vali Çanakkale'nin yeni açılan Turizm Kulübü'nde bizi çaya bekliyor. Yolumuz da uzun. Gitmek gerek.

Gezimizin sonunda bu yazılı taş sorunu bize dert oldu. Geyikli Köyü'nden geçerken bize bir inşaatın içine yerleştirilen iki yazılı taşı gösteriyorlar. Güzel Yunanca yazıtlı iki mermer parçası. Ama biri tersine konmuş ve ikisinin de büyük bir kısmı harç ile örtülmüş bile. Çevremize dizilen köylülerden biri, "Böyle galmaz, üstü örtülür, görülmez" diye bizi avutuyor aklı sıra. Ezine Kaymakamı'nı bu taşları oradan söktürmesi için kandırmaya çalışıyorum. Ama pek umudum yok. Kim bilir, yollarda gördüğümüz yapıların altında nice yazılı taşlar örtülü duruyor? Anadolu'nun eski tarihi hakkında bize değerli bilgiler verebilecek hazineler...

Yolculuğumuz sona erdi. O gece *Trabzon* vapuru ile döndük. Bu yazılar da belki uzun oldu. Okuyucularımı sıktımsa, özür dilerim. Amacım, Anadolu'nun bir tek bölgesinin mitologya, tarih, edebiyat ve arkeoloji bakımından ne kadar zengin olduğunu göstermeye çalışmaktı. Troya bölgesi bu. Ya İzmir, Efes, Bergama, Antalya, Tarsus, Antakya, Karadeniz, Orta Anadolu, vb... vb... Bunların hepsine dair koca eserler, kılavuzlar yazılabilir. Ülkemizde bu kılavuzlardan kimisi yazılmıştır bile. Ama gönül ister ki, bunlar çoğalsın, yayılsın, okunsun. Toprağımızı tarihi ile değerlendirmek her aydınımızın kendi alanında yapması gereken bir görevdir. Bu görevi gereğince yaptık mı, ülkemize olan sevgimizi göstermiş, dile getirmiş oluruz.

TROYA EFSANELERİ

Kazdağı'nın çobanı Paris

Bir varmış, bir yokmuş. Troya diye bir şehir, Priamos diye bir kral, Hekabe diye bir kraliçe varmış. Bu şehrin kuruluşu ne kadar uğurlu olmuşsa, yıkılışı o kadar yürekler acısı olmuş, bu kralla kraliçenin ömrü ne kadar mutlu başlamışsa, o kadar acıklı bitmiş. Bütün bu dertler, belalar da bir oğlan, İda Dağı'nın çobanı Paris Aleksandros yüzünden. Ama bu şehir, bu kralla kraliçe ve bu uğursuz oğlan eşsiz bir mutluluğa ermişler bir bakıma, çünkü büyük bir ozan onları büyük bir destanla ölümsüz kılmış. Ozanın adı Homeros, destanınki ise *İlyada*. İda Dağı'na biz bugün Kazdağı diyoruz. Troya, Çanakkale'nin güneydoğusunda, dokuz kat surları, dokuz uygarlığın izini taşıyan meraklı bir kazı yeridir. İzmirli Homeros'un anlattığı destan da elimizde, Troya'nın hikâyesini orada doya doya okuyabiliriz. Çanakkale bölgesini gezdikçe İlyada'nın dizeleri gözümüzün önünde canlanır, destanı okudukça da oraları görür gibi oluruz.

İda Dağı Homeros'un anlattığı çağda, yüksek dorukları bulutları delen, kayalarının arasından bin bir pınar fışkıran, ormanlarında, aslanlar, parslar dolaşan ve yamaçlarında, at, sığır ve koyun sürüleri otlayan yemyeşil bir dağmış.

Öyle kocaman, öyle güzel bir dağ ki, tanrılar bile Olympos'tan gelip gelip İda'ya konarlarmış. Troya Savaşı'nı yüksekten görmek için, Zeus, tahtını İda'nın tepesinde kurar, olup bitenler gönlünce olmadı mı, şimşeğini savurur, ovayı güm güm titretirmiş. Bir tanrıça ile sevişmek istedi mi, konduğu doruğu bulutlarla sarar, gözden ırak kılarmış. Öbür tanrılar, tanrıçalar da hoşlanırmış bu dağdan. Yüzü gülümseyen altın Aphrodite yakışıklı Ankhises'i sürülerini beklerken orada görmüş, sevmiş ve gelip onunla birleşmiş. Troya Ovası'nı sulayan Skamandros Irmağı da İda'dan kaynar. Su perileri, dağ perileri, ağaç perileri, perilerin her türlüsü varmış bu dağda. Troya efsanelerinin en güzelleri bu dağ ile ilgilidir.

Aşağıda Boğaz rüzgârlarının püfür püfür estiği Skamandros (Menderes) ile Simois'in (Dümrek Çayı) sarmaş dolaş olup aktıkları Troya Ovası göz alabildiğince uzanır, bir yandan Ege kıyılarına, öte yandan Çanakkale Boğazı'na kadar.

Günün birinde Dardanos bir salla bu ovaya çıkmış. Dardanos tanrılar tanrısı Zeus'la Elektra'nın oğludur. Atlas'ın kızı Elektra altı kız kardeşi ile birlikte gökte yedi yıldızlı Ülker burcu olmadan önce güzel bir kızmış. Semendirek Adası'nda Zeus'la birleşmiş, sonra da Dardanos'u doğurmuş. Ama bir gün adayı su basınca, Dardanos kendine yeni bir yurt aramak zorunda kalmış, salla denize açılmış. Anası Elektra (Elektra, ışık demektir) bu yurdun uğurlu olması için yanına Palladion denilen Pallas Athena'nın bir heykelini vermiş. Palladion'u içinde bulundurdukça şehir kazadan, beladan korunacak, elden kaçırınca da yıkılacak diye bir de tanrı sözü varmış. Dardanos, Troya kral soyunun atasıdır. Şehri oğulları Tros'la İlos kurmuşlar. Adlarını taşıyan Troya veya İlyon'un kuruluşuna tanrılar bile yardım etmiş. Kral

Laomedon ışık-tanrı Apollon'la deniz-tanrı Poseidon'a şehir surlarını yapmaları için Tros'un ölümsüz atlarını söz vermiş. Tanrılar da kolları sıvayıp sağlam surlarla çevirmişler Troya'yı. Ne var ki, Laomedon atları vermemiş. Troya'ya karşı tanrıların öfkesi işte o günden başlar.

Priamos, *İlyada*'daki ağırbaşlı, insan yürekli, ihtiyar kral olarak karşımıza çıkmadan önce ne güzel günler yaşamış! Sangarios (Sakarya) Irmağı'nın kızı Hekabe ile evlenmiş, on dokuz çocuğu olmuş ondan. Priamos'un kalabalık bir de haremi var, hareminde yaşayan kadınların ona elli çocuk doğurduklarını övüne övüne söyler. Hekabe'nin ilk oğlu Hektor'dur. Ondan sonra Paris'e gebe kalmış; ne var ki, kraliçe bir gece düşünde karnından yanan bir çırağın çıktığını görmüş, alevi dolana dolana Troya'yı sarıyormuş. Ertesi sabah düşünü düş yorumcularına anlatınca, bunlar doğacak çocuk şehrin yanıp yıkılmasına sebep olacağından onu öldürmeli demişler. Priamos oğluna kıyamamış, İda Dağı'na bırakması için bebeği bir çobanına vermiş. Çoban Agelaos küçük Paris'i götürmüş bırakmış. Aslanlar, parslar hakkından gelir diye düşünmüşler. Ama hiç de öyle olmamış. Bir dişi ayı her gün ininden çıkar, çocuğu emzirmeye gelirmiş.

Anadolu'da ayıların kız kaçırdıkları haberini ikide bir gazetelerde okuruz. Sevdikleri kadına karşı ayılar hiç de kötü davranmazlar. Masalda ayı ile ev bark kurmuş bir kadın, kardeşleri kocasını öldürüp kulübesini yıkınca, şöyle der ya:

> Ayıydı uyuydu kocam idi ya,
> Çalıydı çırpıydı evim idi ya.

Rahmetli Ataç bu masaldan çok hoşlanırdı nedense, yukarıdaki beyti söylerken, gözlerinin içi gülerdi. İlkçağda dağa bırakılan yeni doğmuş çocuklar üzerine masallar çoktur. Bunlardan Romulus'la Romus'un bir dişi kurt tarafından beslendiğini anlatan Roma'nın kuruluş efsanesi Paris efsanesine benzer. Anadolu masallarında ayı motifinin nerelerde ve nasıl geçtiğini araştırmak ilgi çekici bir iş olur.

Beş gün boyunca ayı gelip Paris'i emzirmiş. Altıncı günü çoban Agelaos çocuğu bıraktığı yerde diri bulunca, onu almış evine götürmüş. Paris dağda çoban çocukları arasında büyümüş. Kral oğlu olduğunu nereden bilsin? Agelaos da söylememiş. Ne var ki, güzelliği, yiğitliğiyle herkesin dikkatini çekermiş. Sürülerini çok iyi koruduğu için ona Aleksandros (Koruyucu) adını takmışlar. Ksanthos'un (Ksanthos, Skamandros'un başka bir adıdır) kızı, su perisi Oinone yakışıklı çobana gönül vermiş. Evlenmişler, dağda bir zaman mutlu yaşamışlar. Ama bu mutluluk uzun sürmemiş.

Üç güzeller

Üç güzel oturmuş, bana el eyler
Biri Şemsi, biri Kamer, ille Elif.
Birinin parmağı dopdolu yüzük
Birinin kolunda şık şık bilezik
Büyüğünü sevsem, küçüğüne yazık
Biri Şemsi, biri Kamer, ille Elif.

Anadolu'da hep üç güzel arasından seçmek gerekiyor herhalde ki, bu türküyü söyleyenden birkaç bin yıl önce Paris Aleksandros da aynı güçlükle karşılaşmış.

Kral oğlu olduğunu aklından bile geçirmeyen Paris, Kazdağı yamaçlarında sürülerini bekler, su perisi Oinone ile ormanlarda dolaşır, avlanır, derelerde yıkanır, yapraktan döşeklere uzanıp sevişirlermiş. Güzel Oinone'yi öyle severmiş ki, bir kavak ağacının kabuğuna şu sözleri kazımış:

Paris Oinone'siz yaşayabilirse bir gün,
Ksanthos suyu kaynağına gerisingeri aksın.

O gün gelmiş, bakın nasıl? Tanrılar, deniz tanrısı Nereus'un kızı Thetis'e bir koca ararlarmış. Ölümlü insanlardan bir koca uygun görmüşler ona, çünkü doğuracağı çocuğun babasından güçlü olacağı bilinirmiş. Zeus, karısı tanrıça Hera'nın büyüttüğü, yetiştirdiği Thetis'i çok severmiş, onunla birleşmeyi geçirmiş gönlünden, ama ne yapsın ki, tanrılar bile koltuk derdinde. Zeus, Olympos'taki altın tahtını elden kaçırmaktansa, Thetis'i Phthia Kralı Peleus'a vermeye razı olmuş. Ölümsüz tanrıça olup da ölümlü insanla evlenmeyi kim ister? Thetis bu karara üzülmüş, ama Zeus'tan geldiği için ses çıkaramamış. Tanrılar Thetis'e karşı kusurlarını örtmek için olacak, Nereus kızının düğününü Olympos'ta parlak bir törenle kutlamışlar. Masanın başında Zeus, bir yanında gelin, bir yanında güvey. Her şey yolunda gitsin, bir tatsızlık çıkmasın diye de tanrıça Eris'i, yani Kavga'yı hiç çağırmamışlar şölene. Eris gücenmiş, bunlara bir oyun oynayayım demiş. Yiğit Herakles'in yaptığı bir düzine yiğitlik arasında, Akşam Kızları'nın (Hesperides) bahçesinden altın elmaları çalmak da var. Bu bahçe dünyanın bir ucunda, güneşin battığı, Atlas'ın gök kubbesini omuzlarında taşıdığı yerdeymiş. Kapısında yüz başlı bir ejder durur, altın yemişler veren ağacı da "Parlak", "Kızıl" ve "Günbatısı" diye üç peri kızı beklermiş. Yiğit Herakles ejderi yere sermiş, Atlas'ı kandırmış ve ağaçtan üç elma koparıp kaçmış. Akşam Kızları'nın bahçesi Cebelitarık bölgesi, altın elma da ilkçağın tanımadığı portakal olsa gerek. Her ne ise, bu elmaların biri Eris'in eline geçmiş. O da üstüne "En güzeline" diye yazarak, elmayı şölen masasına atmış. İşte o anda tanrıların keyfi kaçmış. Bu işe en çok canı sıkılan da Zeus olmuş. Elmayı kime versin, tanrıçaların en güzelini nasıl seçsin? Zeus baba, kadınların idaresini bilen, akıllı bir tanrıdır. Kendisi bizim bugün ilk eleme diyeceğimiz seçimi yapmakla yetinmiş, yani tanrıçalar arasından Hera'yı, Athena'yı, bir de Aphrodite'i ayırmış, bu üç güzel arasında seçmek sorumluluğunu da Paris'e bırakmış. Kılavuz tanrı Hermes'e, üç tanrıçayı İda Dağı'na götürmesini buyurmuş. Hemen bir altın araba koşulmuş, Hermes dizginlerini ele almış. Yallah! Bulutların arasından İda Dağı'na. Ölümsüz tenleri ışık saçan tanrıçaları görünce, Paris'in gözleri kamaşmış, hele Hermes eline altın elmayı verip, en güzelini seç deyince, oğlan büsbütün şaşırmış. Böyle bir sorumluluğu yüklenmektense, başını alıp kaçmak istemiştir Paris. Ne var ki, Zeus'un buyruğu buyruktur, üç güzelden birini seçmek ve dünyanın bu ilk güzellik yarışmasında yargıç olmak alnının yazısıymış. Bakmış bakmış, seçememiş. Dolgun gövdesi iri gözleri ile Kraliçe Hera güzelmiş; elinde kalkan, göğsünde zırh, gözlerinde deniz mavisiyle gök mavisinin harelendiği kız oğlan kız tanrıça Athena daha da güzelmiş, hele Aphrodite, ak gövdesi sedef gibi parlayan, köpüklerden doğmuş tanrıça güzelin güzeli imiş. Hep gülümseyen dudaklarından sevgi akıyormuş.

Paris hayran hayran bakadururken, tanrıçalar yardımına koşmuşlar.

Hera demiş ki: "Elmayı bana verirsen, Asya Krallığı senin olur."

Athena demiş ki: "Beni seçersen, savaşta dünyanın en yararlı, en başarılı yiğidi olursun. İnsanüstü bir akıl bağışlarım sana."

Aphrodite çok konuşmamış, gülümsemiş, "Benden sana en güzel kadının sevgisi" demiş.

Sevgi tanrıçasının güzelliği Paris'i büyülemiş olacak ki, Aphrodite'in ne demek istediğini pek anlamadan, uzatmış elindeki elmayı ona vermiş.

O anda Hera ile Athena'nın yüreklerini kaplayan öfkeden şairler söz etmezler, ama bu öfkenin nasıl bir kin olup, Troya'yı alevler içinde kül edinceye dek Paris'i kovaladığını Homeros az mı anlatır? Paris'e artık rahat yoktur; en güzel kadının sevgisini aramaya gidecektir. İda Dağı'nın çobanı, Oinone'ye, sürülerine, kayalara, derelere, ağaçlara veda eder. Troya şehrine iner. Derken Kral Priamos'un oğlu olduğu anlaşılır. Ama Paris sarayda anası, babası, kardeşleri ile rahat yaşayamaz. Bir gemi yaptırır, içine biner ve Yunanistan yolunu tutar. En güzel kadın, Spartalı Helene oradadır çünkü.

Belalı güzel

Helene'in güzelliğinden üç bin yıldır söz edilir. Ama güzelliğini dillere destan etmiş bunca ozan, bu güzelin nasıl bir güzel olduğunu söyleyemezler. Saçları siyah mı, sarı mı, kumral mıydı, gözleri mavi mi, kara mı, yeşil miydi, uzun boylu muydu, orta boylu mu? Bilmeyiz. Bir bildiğimiz varsa, ister genç olsun, ister yaşlı olsun, Helene'i gören her erkeğin ona arzu ile tutuştuğudur. Her insana birçok sıfatlar takan Homeros bile Helene üzerine yalnız şunu söyleyebiliyor:

> Yüzüne bakan ölümsüz tanrıçalara benzetir onu.

İlkçağ tarife gelmeyen bir güzelliğe "tanrısal" derdi, biz bugün atom çağında seks bombası gibi laflar ediyoruz. Hepsi aynı kapıya çıkar. Ne var ki, Helene güzel, çok güzeldi, daha doğrusu ilkçağ şairleri çok güzel bir kadını anlatmak gereğini duymuş olacaklar ki ona Helene adını takmışlardır.

Onun bu güzelliğinin sırrını biraz da doğuşunda aramalı. Aphrodite denizin köpüğünden doğmuşsa, Helene dünyaya gelişinin acayipliği bakımından tanrıçayı bile geride bırakır.

Sparta Kralı Tyndareos'un Leda adlı bir karısı varmış. Zeus, Leda'yı sevmiş. Ölümlü kadınlarla birleşmek için bin bir kılığa girmekten çekinmeyen tanrı, Leda'ya bir kuğu kuşu biçiminde yaklaşmış. Kuşun sütbeyaz güzelliğine kapılan Leda onu kolları arasına almış, sevmiş. Bir zaman sonra da iki yumurta yumurtlamış. Birinden Helene, öbüründen Zeus'un İkizleri diye anılan Kastor ile Polydeukes çıkmış.

Helene çocukluk çağından daha yeni çıkmış ki, Atinalı yiğit Theseus onu bir gün Artemis Tapınağı'nda tanrıçaya sunu sunarken görmüş, güzelliğine vurulmuş ve onu kaçırmış. Kastor ile Polydeukes kardeşlerini Theseus'un elinden kurtarmışlar. Ama Tyndareos, Helene'in gelişen güzelliği ile başına dert açacağını anlamış olacak ki, kızı çarçabuk evlendirmek yoluna gitmiş. Helene'in sürüyle isteyenleri varmış. Yunanistan'ın her köşesinden Helene'i istemek için Sparta'ya akın eden kral oğulları arasında Tyndareos hangisini seçsin? Kızı birine verirse, öbürleri gücenecek başına bela olacaklar diye korkarmış. Ne yapsın, nasıl yapsın diye düşünüp dururken, isteyenlerden İthaka kralı cin fikirli Odysseus ona şu öğüdü vermiş: Helene kocasını kendi seçsin, öbür isteyenler de seçilecek olan delikanlıya destek olmaya, biri çıkar da Helene'i kocasından kaçırırsa, ona karşı savaşmaya ant içsinler. Öyle olmuş. Helene tam otuz yedi isteyen arasından Menelaos'u seçmiş. Neden Menelaos'ta karar kıldığını pek bilmeyiz. Atreus'un oğlu, Agamemnon'un küçük kardeşi Menelaos çok mu güzeldi? Homeros sarışın olduğunu söyler, boylu poslu, yakışıklı, sözü sazı yerinde bir adam olarak gösterir onu. Ne var ki, tarihin ilk aldatılmış kocası olmak talihsizliğine uğrayan Menelaos'un güzelliği Helene'in ona taktığı boynuzların altında adamakıllı gölgelenmiştir. Ama bu gölge daha çok bizim gözümüze çarpar. İlkçağda aldatılmış koca edebiyatı henüz başlamamıştı. Homeros, Menelaos'u şerefli bir yiğit olarak gösterir. Hem kaçırılan karısını, hem Helene ile birlikte çalınan mallarını geri almak için Menelaos canla başla savaşır. Paris'i kendi eliyle öldürüp öç almak başlıca emelidir. Ama ölçülü bir adamdır Menelaos, kendisi ve karısı yüzünden kopan bu kavgaya son verecek barışçı çarelere başvurmaktan geri kalmaz. Savaş kopmadan Troya'ya karısını geri almaya gelmiştir, koptuktan sonra da, Helene malları ile geri verilirse, savaştan vazgeçmeye razıdır. Yani karım beni aldattı, ille de öldüreceğim diye direnmez.

Dönelim Paris'e. Tanrıça Aphrodite, altın elmayı kendisine veren yakışıklı çobanın muradına ermesi için elinden geleni yapar. Tatlı bir rüzgâr Paris'in gemisini Mora kıyılarına kadar götürür. Paris, Sparta Kralı Menelaos'un sarayına konuk gelir. Konukluk, erken ilkçağ toplumunun temel taşlarından biridir. Bir eve gelen konuk, kim olursa olsun, iyi karşılanır, ağırlanır, canı ne kadar zaman kalmak isterse, o kadar zaman alıkonur, gidince, yanına birçok armağanlar verilir ve soy sopça dostluk bağlarıyla birbirine bağlanmaya ant içilir. Konukluk bağlarını çiğnemek de büyük bir suç sayılır. Yaygın, zengin bir Asya ülkesinin kralı Priamos'un oğlu Paris'i Menelaos el üstünde tutmuş. Girit'e bir cenaze töreni için gitmek zorunda kalınca da, aklından en ufak bir şüphe bile geçirmeden, Helene ile Paris'i baş başa bırakıp yola çıkmış. Kral yurtta olmayınca, konuğu ağırlamak kraliçeye düşermiş. İşte o zaman olan olmuş! Helene evini barkını, küçücük kızı Hermione'yi bırakıp Paris'e kaçmış. Eli boş da gitmemiş hani, saraydan birçok değerli eşya ve cariyeleri ile birlikte yallah gemiye!

Bazı yazarlar vardır, Helene'in namusunu kurtarmaya çalışırlar. Paris, Helene'i zorla kaçırdı derler. Belalı güzel sonuna kadar ayak diremiş, Paris'e istemeye istemeye teslim olmuş, Troya Savaşı'nın sürdüğü on yıl boyunca hep Sparta'yı, kocasını, kızını özlemiş. Homeros bile Helene'i bin pişman, ancak tanrıça Aphrodite'in zoru altında yeni kocasına boyun eğer gösterir. Başka yazarlar tam tersine, neler de neler anlatmazlar? Paris öldükten sonra, Priamos'un oğullarından ikisi Helene'i almak için birbirlerine girmişler. Sonunda Deiphobos almış Helene'i. Sonra da Troya yangınından sağ kurtulan belalı güzel yine Menelaos'un eline geçmiş, uzun bir yolculuk sonunda Sparta'ya dönmüş ve hiçbir şey olmamış gibi orada rahat rahat yaşamış. Helene ile Paris'in aşk hikâyesi burada biter. Ama Doğu ile Batı arasında ilk büyük çatışmaya sebep olarak gösterilen bu aşkla ilgili nice nice başka hikâyeler vardır.

Hektor'la Andromakhe

İlyada'yı Helene ile Paris'in aşk destanı sanırsınız belki. Hiç de öyle değildir. Koca destanda bir tek gerçek sevgi vardır: Hektor'la Andromakhe'nin sevgisi. İnsanı insan olarak sarsan, ürperten, için için duygulandıran bir aşk hikâyesidir bu; birbirine candan bağlı, yan yana yaşamaktan, çocuklarını yetiştirmekten gayrı emelleri yokken, başka bir kadınla bir erkek yüzünden hayatları altüst olan bir karı kocanın hikâyesi.

Andromakhe, Toros Dağları'nın eteğinde Kilikya denilen bölgede kral olan Eition'un kızıdır. Ülkesi Troya'dan çok uzak olduğu halde, Eition, Kral Priamos'a dostluk bağları ile bağlıdır. Sarayında yedi oğlu ile birlikte büyüttüğü tek kızı sevimli, uslu Andromakhe'yi Priamos'un en büyük, en değerli oğlu Hektor'a verir. Düğün dernek nasıl olmuş? Andromakhe Priamos'un elli oğlu ile elli gelini için saray çevresinde yapılmış önü revaklı evlerin birine nasıl gelin girmiş? Bunu şairler bize anlatmaz. Mutlu günlerini bilmeyiz bu güzel karı kocanın. Hektor'la Andromakhe ancak felaket gelip çattığı zaman, İlyada'da anlatılan savaşın dokuzuncu yılında Troya sahnesine çıkarlar. O arada, bir çocukları olmuştur: Astyanaks. Troyalılar Hektor'un oğluna "Kentin Efendisi" anlamına gelen bu adı çocuk büyür de bir gün Troya'ya kral olur umuduyla takmışlar. Ama Hektor'un ölümünden birkaç gün önce Astyanaks dadısının kollarında dolaştırılan ufak bir bebektir.

Andromakhe'nin anadan, babadan, kardeşten yana da yüzü gülmemiştir. Uğursuz savaş Anadolu kıyılarına gelip dayanınca, uzak Kilikya'da bile rahat kalmamıştı. Helene'in öcünü almak için gemileriyle Yunanistan'dan gelen Akhalar Troya'yı denizden çevirmişlerdi. Akha ordusuna Helene'in ilk kocası Sparta Kralı Menelaos'un ağabeyi, krallar kralı Agamemnon komutanlık ediyordu. Ordu dokuz yıldır Troya kıyılarından ayrılmıyordu. Akha yiğitleri de her saldırıya dayanan sağlam surların önünde pineklemekten bıkmış usanmışlardı. Hele içi içine sığmayan genç ve atılgan Akhilleus çok sabırsızlanıyordu. Şehirden çıkıp dağda bayırda davarlarını otlatmaya giden, atlarını çeşmeye süren tek tük Troyalıları her fırsatta kovalayıp öldürmekle bile doyuramıyordu kana susamışlığını. Bir gün koca karınlı gemilerinden birine binip, çapulculuk seferine çıkmıştı Akhilleus. Güneye yelken açıp Kilikya'ya varmıştı. Eition'un sarayında yapmadığını bırakmamış, yaşlı başlı kralı öldürmüş, yedi oğlunun insafsızca canlarına kıymıştı. Andromakhe'nin anasını da esirgememişti. "Ormanlık Plakos Dağı'nın eteğinde kraliçeydi anam" diyor Andromakhe yana yakıla. Kraliçeyi de Akhilleus esir sürüsüne katmış, Troya'ya getirmiş, sonra büyük bir kurtulmalık karşılığında serbest bırakmıştı, ama zavallı kadın Homeros'un dediği gibi "hür gününü" görür görmez ölmüştü.

Andromakhe Troya Sarayı'nın kadınlar dairesinde hizmetçilerin arasında nakış işlemekle, mekik dokumakla vakit geçirir. Her geçen günü bir işkencedir, çünkü korku kaplamıştır yüreğini, ne kadar yiğit olursa olsun Hektor'un bir gün düşman kargısı altında can vereceğinden korkar. Troya Ovası'nda yiğitler boğuşurken, rahat duramaz dört duvar arasında. İkide bir savaşı gözlemek için çocuğunu dadıya verip Batı kapısının üstündeki kuleye çıkar. Bir gün Hektor savaştan ara bulup şehre gelir, karısını evde arar, yok. Troyalı yiğit Batı kapılarına koşar, uzaktan Andromakhe'yi ve yavrusunu görünce, gülümser. Andromakhe gözyaşları dökerek ellerine sarılır:

Ah kocacığım, bu hırs yiyecek seni,
yavruna, talihsiz karına acıma yok sende,
dul kalmama, biliyorum az gün var,
Akhalar üstüne saldırıp öldürecekler seni.
Sensiz kalmaktansa toprak yutsun beni daha iyi.
Benim senden başka dayanağım yok,
alıp götürdüğü zaman ölüm seni,
yalnız acılar kalacak bana.
Ne babam var benim, ne ulu anam,
sen bana bir babasın, Hektor,
ulu anamsın benim, kardaşımsın.
Burda, kalede kal, acı bana,
yetim koma yavrumuzu, karını dul koma.*
(Il. VI. 406 vb.)

Hektor acır karısına, ama ne yapsın, bir korkak gibi çekilecek değil ya savaştan? Troya ordusunun desteği, dayanağıdır.

---

* *Sappho Üzerine Konuşmalar ve Şiirlerinin Çevirileri*, Azra Erhat ve Cengiz Bektaş, Cem Yayınları, 1978.

Günler geçer, Troya önündeki savaş sürüp gider. İda Dağı'nın (bugünkü Kazdağı) kralı, doruklarından savaşı gözleyen tanrı Zeus, zaferi Troyalılara vermek istiyormuş gibi davranır. Hektor'un askerleri Akhaların Boğaz kıyılarında kurdukları gemi karargâhına sokuldukça sokulurlar. Akhalar kötü durumdadır. Agamemnon'la kavgasından sonra çadırına çekilen Akhilleus savaşa katılmadıkça Akhaların ezilmesini buyurmuştur Kader tanrı. Ama Hektor, can yoldaşı Patroklos'u da öldürünce, Akhilleus silahlarını kuşanıp, kudurmuş bir aslan gibi savaşa atılır. O kadar çok adam öldürüp, gövdelerini Troya Ovası'nda akan Ksanthos'la Simoeis'e atar ki, suları kana bulanan ırmaklar taşar, kızıl selleriyle kovalamaya başlarlar yiğidi. Akhilleus, Troyalıları püskürte püskürte şehir surlarının önüne varır. Korkudan Troyalılar ağıla giren bir sürü gibi şehrin içine dökülürler. Bir Hektor dışarıda kalır. Kaleden, babası Priamos, annesi Hekabe kollarını uzatıp, yalvarırlar içeriye girsin diye, ama Troyalı yiğit içeriye girmez. Akhilleus'la çarpışacaktır. Akhilleus yaklaşır, savaş-tanrının ta kendisi gibidir. Birden Hektor'un yüreğini korku kaplar, başlar koşmaya. Akhilleus onu kovalar. Tanrı Zeus, kader terazisinin bir kefesine Akhilleus'un kara gününü, bir kefesine Hektor'un kara gününü koyar, tartar, Hektor'unki ağır basar. Tanrıça Athena aldatıcı sözlerle Hektor'u karşı koymaya kışkırtır. İki büyük yiğit arasında savaş başlar. Hektor aldatıldığını, öleceğini anlar, yine de dövüşür. Akhilleus'un kargısı Troyalı yiğidin boynuna saplanır. Hektor toz toprak içine yuvarlanır, can verir. Surların üstünde bir çığlık kopar. Andromakhe odasında mekik dokurken çığlıkları duyar, deli gibi dışarıya fırlar. Akhilleus'un arabasına bağlayıp toz toprak içinde sürüklediği Hektor'un ölüsünü görünce, düşer bayılır.

Bu işkence dokuz gün sürecektir; her sabah Akhilleus ölüyü arabasına bağlayıp sürükler. Onuncu günün akşamı Kral Priamos, Akhilleus'un çadırına varır. Tanrılar Akhilleus'un yüreğini yumuşatmışlardır artık. Yiğit Priamos'un acıklı halini görünce, ona acır, ihtiyar kralı çadırında alıkoyar, ertesi sabah da ölüyü yıkatır, Priamos'a verdirir.

Briseis

Bir aşk hikâyesi denebilir mi bu anlatacağıma bilmem? Homeros, Hektor'la Andromakhe'yi canlandırmak için kullandığı içli dille anlatmaz Akhilleus'la Briseis'in macerasını. Ne var ki, Briseis de Andromakhe gibi Troya Savaşı'nın bir kurbanıdır ve kadın yüzünden kopan bu büyük kavganın çeşitli olaylarında hep kadın parmağı görülür. İşin tuhafı, yiğitliğin, mertliğin ta kendisi olan Akhilleus bile kadın meselesi yüzünden Agamemnon'la bozuşur. *İlyada*'nın asıl konusu da bu kavgadan doğar ya.

Akhilleus çapulculuk seferlerinde altın, tunç, demir, değerli silahlar almakla kalmamış, yağma ettiği şehirlerden seçkin kızlar, kadınlar da getirmiştir. Yığın yığın mallar, sürü sürü tutsaklar ortaya konup, Akha yiğitleri arasında bölüşülür. En büyük pay her zaman krallar kralı Agamemnon'a gider. Ege kıyı şehirlerine yaptığı bir çıkarmada Akhilleus *İlyada*'da adı çok geçen iki tutsak almıştır: Khryseis ile Briseis. Kardeş olan babaları Khryseis'le Briseis tanrı Apollon'un rahipleridir. Briseis evli barklı bir kadındı. Akhilleus, kocasını öldürdükten sonra ele geçirmişti onu. Briseis de acısına katlanmış, çünkü yıkılan yuvasına, yanan şehrine ağlarken, Akhilleus'un temiz yürekli arkadaşı Patroklos onu tatlı sözlerle avutmuş, Akhilleus'a karı olacağına söz vermişti.

İlyada'nın başlangıcında Rahip Khryseis elinde değerli kurtulmalıklarla kızını geri almaya gelir, şöyle der:

Güzel dizlikli Akhalar, Atreusoğulları,
Olympos'taki yüce tanrılardan dilerim,
Priamos'un ilini yerle bir edesiniz,
sonra sağ salim dönesiniz evinize.
Alın bu kurtulmalıkları, kızımı verin bana,
korkun Zeus'un oğlu Apollon'dan, sayın onu.
(Il. I. 17-21)

Tekmil Akhalar rahibe saygı gösterilsin, kurtulmalıklar alınsın diye bağrışırlar, ama Agamemnon kızı geri vermek istemez, Khryseis'i tersler ve kovar. Rahip de uzaklaşırken tanrıdan öç almasını yalvarır.

Böyle yakardı o, Phoibos Apollon da dinledi onu,
indi Olympos'un doruklarından, köpürmüş öfkeli.
Omuzlarında yayı, iki ucu kapalı okluğu.
Kımıldadı mı, oklar omuzlarında çangırdıyordu.
Kızgın tanrı yürüyordu gece gibi.
[...]
bir vınlama çıktı gümüş yaydan, korkunç, acı.
Önce katırların, köpeklerin düştü peşine.
[...]
Kavruluyordu birbiri peşi sıra bir yığın ölü.
(Il. I. 43-52)

Onuncu günü Akhilleus, komutanları toplantıya çağırır. Bilici Khalkas'tan salgının sebebi sorulur; bilici, Khryseis'in babasına geri verilmesi gerektiğini söyler. Sonunda krallar kralı tutsağını geri vermeye razı olur, ama Khryseis'in yerine Briseis'i alacaktır.

Phoibos Apollon istiyorsa Khryseis'i ille de,
şu gemimle, yoldaşlarımla göndereceğim onu.
Ama barakandan alacağım kendim gelip
senin onur payını, güzel yanaklı Briseis'i.
Senden ne güçlü olduğumu o zaman anla gör.
Korksun boy ölçüşmekten, ibret alsın
kim benimle eşit görmek isterse kendini.
(Il. I. 183-187)

Akhilleus bu sözlere çok öfkelenir, kılıcını kınından çıkarmak, Agamemnon'un üstüne yürümek üzeredir ki, tanrıça Athena elini tutar. Akhilleus da krallar kralına sövüp saydıktan sonra, bir daha ne olursa olsun savaşa katılmamaya ant içip çadırına çekilir. Bu arada Agamemnon, Khryseis'i bir gemiye bindirip babasına gönderir, tanrı Apollon'un öfkesini yatıştırmak için yüz sığırlık kurbanlar kestirir. Ama bununla kalmaz, iki habercisini Akhilleus'un çadırına yollar. Haberciler:

İsteksiz yürüdüler ekin vermeyen denizin kıyıları boyunca.
Vardılar Myrmidonların barakalarına, gemilerine.
Barakasıyla kara gemisi yanında oturur buldular Akhilleus'u.
Onları görünce Akhilleus'un sıkıldı canı.
Haberciler ne bir şey sordular, ne bir şey söylediler,
kralın karşısında saygıyla durdular öylece.
Ama o, yüreğinde anladı her şeyi, dedi ki:
"Selam haberciler, Zeus'un, insanların sözcüleri.
Beri gelin, sizin bir şeyiniz yok, suçlu Agamemnon asıl,
Briseis kızı alasınız diye o gönderdi sizi.
Haydi tanrısal Patroklos, getir ver götürsünler,
ama ordudan uzaklaştırmak için kötü salgını
bir gün gene iş düşerse benim ellerime,

mutlu tanrılar, ölümlü insanlar, o inatçı kral önünde
şu iki adam tanığım olsun benim.
Baksana, onun kara yüreği hep öfkeli,
ne ilerisini görüyor, ne gerisini,
gemilerinin yanında Akhalar sağ salim
nasıl dövüşecekler, bundan haberi yok."
Böyle dedi o, dinledi sevgili arkadaşını Patroklos,
çıkardı güzel yanaklı Briseis'i barakadan,
götürsünler diye verdi onlara.
Haberciler Akhaların gemileri boyunca gittiler.
Kadın da gitti arkalarından istemeye istemeye.
Çekildi Akhilleus, kırçıl denizin kıyısına oturdu.
Mor engine dikip gözlerini, boşandı birden,
uzattı anacığına ellerini, yalvardı biteviye.
(Il. I. 327-351)

Akhilleus'un anası deniz tanrıçası Thetis'tir. Thetis'in Akhilleus'un babası Myrmidonlar Kralı Peleus ile evlenmesi bir garip olmuştu. Bir tanrıça ölümlü bir erkekle evlenmek ister mi hiç? Thetis de bunu istememiş, ama kadere boyun eğmişti. Thetis'i Zeus seviyordu, ne var ki, Thetis'ten doğacak çocuğun babasından üstün olacağını yazmıştı kader. Zeus koca olarak Thetis'e Peleus'u seçmiş, tanrıçanın bu evlenmeden duyduğu üzüntüyü gidermek için de düğünü Olympos'ta, tanrılar sofrasında yapmıştı. Hani o altın elma meselesi var ya, Thetis'le Peleus'un düğününde patlak verir. Thetis Peleus'un sarayına yerleşmiş, bir zaman sonra da Akhilleus'u doğurmuştu. Ama tanrıçanın gönlü oğlunun ölümlü olmasına bir türlü razı olamıyordu. Onu ölümsüz kılmak için, bir söylentiye göre çocuğu ayağından tutup, yeraltında akan Styks Irmağı'na daldırmış, başka bir söylentiye göre de geceleri Peleus uyurken kalkarmış, çocuğu ocaktaki alevin üstünde tutar, böylece bedenindeki ölümlü tohumları yok etmeye uğraşırmış. Bir gece uyanıp bunu görünce, Peleus'un tepesi atmış, çocuğu elinden kaptığı gibi, Thetis'i kovmuş. Tanrıça da denizin dibinde babası ihtiyar Nereus'la kız kardeşleri denizkızları arasında yaşamaya gitmiş. Peleus ne yapsın, küçük Akhilleus'u ormanlarda yaşayan at gövdeli, insan kafalı at-adam Kheiron'a vermiş, büyütsün diye.

İşte bunun içindir ki, dokuz yıl Troya önünde savaşıp, Akhalara birçok zaferler kazandırdıktan sonra, Akhilleus anasına şöyle yalvarır:

> "Anam! Kısacık bir ömür sürmek için doğurdunsa beni,
> bari göklerde gürleyen Olymposlu Zeus
> ün bağışlasaydı bana, ne olurdu.
> Oysa azıcık bir değer bile verdiği yok.
> Gücü yaygın Agamemnon densizlik etti bana,
> aldı onur payını, küçük düşürdü beni."
> Akhilleus böyle dedi boşana boşana,
> ulu ana, ta dipte, babasının yanında, onu duydu,
> fırladı kırçıl denizin üstüne bir duman gibi,
> oturdu gözyaşı döken oğlunun önüne,
> eliyle okşadı onu, konuştu, diller döktü:
> "Ne diye ağlarsın, oğul, yüreğine giren acı ne?
> Derdini anlat bana, ben de bileyim."
> (Il. I. 352-383)

Ana-oğul arasındaki bu tatlı dertleşmeden sonra, Thetis Olympos'a gider, Zeus'u bulur, tutkunluğu geçmeyen Zeus da söz verir: Akhilleus savaşa dönmedikçe Troyalılar üstün gelecektir, Akhalar sıkıntı çekeceklerdir. Zeus sözünü tutar, öyle ki, Agamemnon bile yaptığına pişman olur ve Akhilleus'la barışmak için yiğide elçiler gönderir. Birçok armağanlarla birlikte Briseis'i geri vereceğini, zaten o kadına hiç dokunmadığını söyletir. Akhilleus gene de yumuşamaz.

(Agamemnon) aldı gönlümün sevdiği kadını elimden.
Koynunda yatsın varsın, alsın tadını.
Ama Argoslular ne diye dövüşsün Troyalılarla?
Atreusoğlu ne diye getirdi buraya koca bir orduyu?
Güzel saçlı Helene uğruna, değil mi?
Bir Atreusoğulları mı sever kanlarını?
Sever, korur karısını duygulu, akıllı her adam.
Ben de yürekten seviyorum benimkini,
kazanmıştım onu ben kendi kargımla.
(Il. IX. 336-343)

Patroklos'un öldüğü gün Briseis, Akhilleus'un yanına döner. İki sevgiliyi ölünün üstünde ağlar görürüz. Sonra *İlyada*'da artık pek sözü geçmez Briseis'in. Yalnız son bölümde Akhilleus insanlık duygularına dönüp Hektor'un ölüsünü babasına verdikten sonra, gece döşeğine uzanınca, uğrunda çok acı çektiği karısı Briseis de gelir yanına yatar.

Hero ile Leandros

Şu her gün karşımızda gördüğümüz Boğaziçi'nin güzelliğini müjdeleyen Kızkulesi var ya, bir zamanlar bu kulede bir kız yaşarmış derler, ona âşık bir delikanlı her gece Galata'dan kuleye yüzer, sevgilisine kavuşurmuş... Bir gece fırtına çıkmış, deniz delikanlıyı alıp götürmüş, ölü gövdesini ertesi sabah kulenin dibine atmış. Bu masal Kızkulesi için anlatılır, oysa, Hero ile Leandros'un efsanesi, aslında Boğaziçi'nde değil, Çanakkale Boğazı'nda geçer. Ama masal bu, sahnesi nerede olursa olsun, bir hayal, bir de hakikat payı taşır. İstanbul limanının süsü, bugün de dimdik ayakta duran sevimli Kızkulesi bu masalı kendine yakıştırmış ya, doğru veya yanlış, varsın sahibi o olsun bundan böyle.

Bir varmış, bir yokmuş, Çanakkale Boğazı'nın en dar olduğu yerde biri Sestos, öbürü Abydos diye iki şehir varmış. Abydos, Anadolu topraklarında, Sestos da karşıda Trakya kıyısındaymış. Boğazın en dar geçidi, Naraburnu yıllar yılı kahramanlık destanlarına sahne olmuştur gerçi, ama insanlığın kara günlerini dile getiren bu olaylar, dalgalarının bir aşk faciasına da sebep olduğunu unutturmuştur bize.

Abydos'ta bir kral oğlu yaşarmış, adı Leandros, Sestos'ta aşk tanrıçası Aphrodite'in bir rahibesi varmış, adı Hero. Hero ile Leandros gönül vermişler birbirlerine. Neden vermişler, nasıl vermişler? Masal açıklamıyor bunları. Sevgililer birbirlerini niçin sevdiklerini, sevgi kıvılcımının yüreklerinde ne zaman çaktığını bilirler mi? Biz diyelim ki, bir bahar günü Sestos'ta bayram yapılmış, Aphrodite'in çok genç ölen sevgilisi Adonis'in şerefine bir bayrammış bu. Adonis, yahut Tammuz (Temmuz ayının adı oradan gelir) ağaç kabuğundan doğmuş, çiçek gibi körpe, canlı bir çocukmuş. Aphrodite onu görür görmez, güzelliğine vurulmuş, çocuğu yeraltı tanrıçası Persephone'ye vermiş, büyütsün diye. Ne var ki, karanlık ülkenin tanrıçası da çocuğa vurulmuş. Aphrodite'e geri vermek istememiş. Tanrıların babası Zeus kızlarının arasını bulmak için Adonis; yılın üçte birini yeryüzünde Aphrodite ile, üçte birini yeraltında Persephone ile, geri kalanını da kendi nerede dilerse orada geçirecek diye kesip atmış. Ama Adonis yılın sekiz ayını Aphrodite'in yanında geçiriyor, yalnız dört ay iniyormuş karanlık ülkeye. Persephone kıskandığından bir yabandomuzu salmış ormanlara, hayvan Adonis'i avlanırken yaralamış, öldürmüş. Can çekişen sevgilisinin yanına koşarken Aphrodite'in ayağına bir gül dikeni batmış. O güne kadar beyaz olan gül tanrıçanın kanıyla al renge boyanmış. Tanrıça Adonis'in gövdesinde ne kadar kan damlası varsa, o kadar gözyaşı dökmüş, toprağa dökülen her damla kandan bir lale, her damla yaştan bir kırmızı gül fışkırmış. Bundan böyle bahar bayramında kadınlar, "Ah Adonis! Ah Adonis!" diye bağırıp dövünürler, tören yaparlarmış.

Leandros, Hero'yu bu törenlerin birinde tepeden tırnağa kırmızı güllerle donanmış olarak görmüştü belki. Çiçeklerin kadife kırmızısı, kızın sütbeyaz güzelliğini daha da belirtiyordu. Abydoslu kral oğlu Sestoslu rahibeye ne pahasına olursa olsun kavuşmak istedi. Ne yapsın ki, Hero rahibeydi, bir erkeğe varamazdı, rahibe kaldıkça kızlığını korumalıydı. İki sevgili bakışlarıyla mı anlaştılar, yoksa mektuplaştılar mı, efsane bunu anlatmıyor; ne var ki, Leandros Anadolu kıyısından Sestos'a geçmek için yanıp tutuşuyordu. Bir gece dalgalara bakarken, Sestos'taki kulenin tepesinde bir ateşin yandığını gördü. Hero kuleye çıkmış, sevgilisine, "Gel, gel!" diye hafif bir meşale sallıyordu. Deniz durgundu, ay suda hafifçe dalgalanan ışıltılarıyla Leandros'a bir yol çiziyor gibiydi. Leandros dayanıklı bir yüzücüydü. Karşı kıyıya Hero'ya varan ışık yolu ise kısa görünüyordu. Dalgacıklar, "Gel biz seni götürürüz" der gibi fış fış ediyor, kuledeki meşale çağırıyordu. Leandros suya daldı, var gücüyle yüzdü. Boğaz'ın serin akıntıları yanan gönlünün ateşini dindireceğine, sevgiyle hızlanan gövdesine arttıkça artan bir güç katıyordu. Hero'nun elinde sallanan meşale gittikçe yaklaşıyordu. Adonis Bayramı'nda gördüğü pembe beyaz kız şimdi gümüş ve altın rengi ışıltılar saçıyordu. Bir kulaç, bir kulaç daha, ona kavuşacak, ince gövdesini kollarında saracak, dudaklarını dudaklarına alıp sevgilisinin yumuşaklığını tadacaktı. Leandros artık yüzmüyor, dalgaların esintileri arasında uçuyordu. Son bir kulaçla karaya ayak bastı, soluk bile almadan kumsaldan yukarı koştu. Kulenin kapısı açıktı, içeriye daldı, basamakları tırmandı.

İlk kez birbirine sarılacak bir kadınla bir erkek nasıl bir

an duraklar, karşılarına çıkan mutluluğa nasıl şaşkınlıkla inanmadan bakarlarsa, Hero ile Leandros da öyle durakladılar, bakıştılar. Meşale söndü, Sestos Kulesi kapkara bir taş yığını gibi yükseldi gene ay ışığında.

Bir gece, bir gece daha, her gece Leandros kulede sallanan meşaleye doğru yüzüyor, her gece Hero'ya kavuşuyor ve her sabah doymadan, yaz gecelerinin kısalığına üzülerek dönüş yolunu tutuyordu. Yaz geçmiş, Boğaz'da dondurucu poyrazlar esmeye başlamıştı. Ne var ki, Sestos Kulesi'nde meşalenin yandığını gördü mü, ne rüzgâr, ne dalga, ne soğuk durdurabiliyordu Leandros'u. Denize dalar dalmaz en yüksek dalgaları yara yara yüzüyor, yorgunluğunu duymadan varıyordu karşı yakaya. Hero korkmaya başlamıştı, denizden çıkan sevgilisinin buz gibi bedenini sararken bir tehlike sezinerek ürperiyordu. Hızla esen bora, meşalesini söndürecek gibi oluyordu bazı geceler. Yine de gelme diyemiyordu Leandros'a. Öpüşmemek, kavuşmamak, biri Boğaz'ın bir kıyısında, öbürü öbür kıyısında bütün bir gece ayrı kalmak akla sığmayan, olmayacak bir şeydi. Bir gece fırtına daha sert esti, Hero'nun elindeki meşaleyi söndürdü, dağ gibi yükselen dalgalar Leandros'un çırpınan gövdesini döve döve Sestos'tan çok ötelere sürdüler. Delikanlı bütün gücüyle karşı koymaya çalıştı, ama kulenin tepesindeki ışığı görmüyordu ki, nereye doğru yüzeceğini bilsin. Yol gösteren ay ışığını kara bulutlar kaplamıştı. Leandros'un yüreğindeki ateş yanıyordu daha, ama kollarının, bacaklarının gücü tükenmişti. Buz gibi bir donukluk sarıyordu bedenini. Ne olduğunu bilmeden bıraktı kendini denize. Sabaha karşı dalga ölüsünü attı Sestos kıyılarına. Kurşun gibi bir sabahtı. Hero sönen meşalesini yine yakmış, bitkin ellerinde tutuyordu. Kıyıya çarpan ölüyü görünce, ona ölümde olsun kavuşmak için kendini denize attı.

GÖKOVA

İzmir'den çıktık yola

Beş kişiyiz; Halikarnas Balıkçısı, Sabahattin Eyüboğlu, Alev Ebüzziya, Mehmet Eyüboğlu, ben. Bu küçük grup ikiye ayrılır: Bodrum'u bilenlerle bilmeyenler. Bilenler bilmeyenlere anlatsın demiş Hoca Nasrettin, bizim için de öyle olmuştu, yani Halikarnas Balıkçısı, Sabahattin Eyüboğlu ve daha birkaç dost Gökova Körfezi'ni bize ballandıra ballandıra anlatmışlar, oranın güzelliğini öylesine övmüşlerdi ki, Bodrum'a gitmek, Bodrum'dan kayıkla Gökova'ya açılmak gözümüzde büyümüş, az insanın erişebileceği bir mutluluk oluvermişti. Hele kadın olmak bu mutlu yolculuğa çıkmak için hiç elverişli görünmüyordu. Bodrum'da bulunabilecek balıkçı veya süngerci kayıkları her türlü konfordan yoksunmuş, kadınlar bu çeşit meşakkatlere gelemezlermiş, yolda dırdırlarını duymaktansa, onları İstanbul'da bırakmak daha iyiymiş deniyordu. Dünyaya erkek gelmediğime zaman zaman üzüldüğüm oldu, ama üzüntülerimin hiçbiri erkek arkadaşlarım Gökova yolculuğunu üstün tavırlarla anlatırken duyduğum ezilik, zavallılık duygusuna erişemedi. Yalvardım, yakardım, konforsuzluğa katlanırım, kadın olduğumu belli etmem dedim, sonunda Bodrum'a beni de götürmeye razı ettim dostları. Alev de bize katılınca, dişi cinsten iki insan olduk, böylece her türlü güçlüğe göğüs gerip kadınlığın şerefini kurtarırız dedik.

Bir yıldan fazladır Bodrum sözü ediliyordu dostlar arasında. Bodrum'a gidelim, ama kendi vasıtamızla gidelim. Körfeze açıldık mı, istediğimiz yerde dilediğimiz kadar kalalım, başımızı alıp aklımız nereye eserse oraya varalım, kendimiz kaptan, kendimiz tayfa olalım. *Sessiz Dünya* filmini henüz görmemiştik, gene de biliyorduk ki *Kalypso* yatının başaltında denizin dibine bakmak için bir cam delik vardı, insan oturduğu yerden dipteki bütün cümbüşü görebiliyordu. Ah, keşke bizim de öyle bir kotramız olsa! Bazı dostlarımızın motorlu sandalı bu işe yetmezdi. Moda'dan Adalar'a, Salacak'tan Kumkapı'ya, bir de fevkalade hallerde Poyraz Köyü'ne kadar gitmekten bıkmıştık artık. Dayalı döşeli, kamaralı, ranzalı bir kotrayı hayal ede ede, hayalimiz az daha hakikat oluyordu. Bir dost büyük bir motor satın aldı, onu Salacak'ta karaya çekip başladı onarmaya. Tam Gökova Körfezi'ni gezebilecek gibi bir kayığımız olacaktı. Aylarca sevindik durduk, kotraya Nesimi'nin türküsünden aldığımız "Kime Ne?" adı takıldı. "Kime Ne?"ye sevgiyle, umutla baka baka, birçok yaz akşamlarını Salacak'taki balıkçı meyhanesinde geçirdik. Tatlı tatlı konuşurken, Gökova yolculuğunu yapmış gibi oluyorduk. Hayal gücüyle nice nice yolculuklara çıkılır! Aydın kişiyi avutan bu hayaller bazen hayali gerçekleştirme gücünü alır onun elinden. Her ne ise, son dakikada kotrayı ta Bodrum'a kadar götürmenin hayli güç, hayli masraflı olacağı, kendimiz kaptan, kendimiz tayfa kararının öyle kolay kolay gerçekleşmeyeceği anlaşıldı. Rakı sofrasında, "Gideceğiz! Biz de geleceğiz!" diye öne atılan birkaç dost da fire verince, kaldık yukarıda, adlarını saydığım beş kişiyle. Ne çare, kendi vasıtamızla değil, umumi vasıtalarla gidecektik. Bodrum'a varmak için uçak, otobüs vardı ya. Sonrası Allah kerim, elbette kiralık bir motor bulurduk.

Bu durumda da kimimiz daha çok, kimimiz daha az teçhizatlı idik. Alev'le Mehmet'in deniz gözlükleri, yüzgeçleri, zıpkınları, tüfekleri vardı. Alev hava ile şişirilen bir lastik şilteye bile sahipti. Sabahattin'le benim birer fotoğraf makinemizden başka pek bir şeyimiz yoktu. Mayolar, şortlar, blucin pantolonları ve gece soğuk olursa diye yün kazaklar ve muşambalar aldık yanımıza. Balıkçı, bir şeker çuvalına birkaç gömlekle havlu, atkı, güneş başlığı veya peçete diye kullandığı sarı köylü mendillerinden bir düzine doldurmuştu. Kışlık paltosunu koluna almış, Efes'te gezdirdiği bilmem hangi Fransız vekilinin kendisine hatıra olarak bıraktığı en son Bask beresini başına geçirmişti. Benim tek lüksüm ufak bir kuştüyü yastıktı. O başımın altında olunca, yerde uyuyabileceğime inanıyordum. Ceplerimizde toplayabildiğimiz kadar para da vardı. Uçakla İstanbul'dan İzmir'e gittik. İzmir'de Balıkçı'yı alıp ver elini Bodrum diyecektik.

İzmir'den yola çıktık. Ha unutuyordum, yola çıkmadan önce ev hanımlığım tuttu, gideyim de şu dostlara biraz kumanya düzeyim dedim. Ne olur ne olmaz, Bodrum'a kadar yol uzun, karnımız acıkır, belki bir şey bulamayız. İzmir'de bir bakkal dükkânına girdim. Kutu peynirleri, konserveler, kuruyemişlerle kocaman bir file doldurmak niyetindeydim. İstanbul'dan bir kutu kahve de getirmiştim. O kahve, memleket dışındaki eş dost sağ olsun, Avrupa'yı aşmış da öyle geçmişti elime. Bir kibrit kutusu boyunda bir paketçik kakaom da vardı. Hollanda'dan gelme, üstünde, "İki küçük fincan kakao çıkar" diye yazılıydı. İzmir'in bakkal dükkânında peynirin ne kutulusunu ne de kutusuzunu bulabildim. Konserveler açmadı beni, Bodrum'a sardalye ve tonbalığı götürecek değildik ya. Başka konserve yoktu. Bir kilo kuru üzüm aldım. Annemin yanıma vermek istediği reçel kavanozlarını almadığıma bin pişman, bir kavanoz şeftali reçeli satın aldım. Başka da alacak bir şey bulamadım doğrusu. File yarıya kadar bile dolmamıştı. Eh ötesini Söke'den alırdık, orası milyoner yatağıdır deniyordu ya.

Kutu peynirini herhalde orada bulurduk.

21 Eylül Cuma günü yola çıktık. Cuma günleri İzmir'e *San Marco* veya *San Giorgio* adlı İtalyan vapurları gelir. Halikarnas Balıkçısı turistleri alır, Efes'e götürür, gezdirir. O gün İtalyan turistlerini gezdirmenin bizim için bir faydası da şu idi ki, bu vapurlar yolcularına kâğıt torbalar içinde yemeklerini verirler. Hasır mahfazalı Chianti şarabından tutun da, Parmezan peynirlerine, nefis küçük francalalara, gıcır gıcır jambon ve salamlara kadar neler de neler vardır bu paketlerde! Kılavuz olduğu için Balıkçı'ya da bir paket verilir, ama talihimiz olur da bir paket yerine birkaç paket koparabilirsek, kumanya meselesi hiç olmazsa bir gün için çözülmüş olacaktı. Kendi memleketimizde karnımızı doyurmak için yabancı turistlerin eline bakmamız şaşılacak şey! Ne yapalım ki, Selçuk'taki yağlı ayranla, sonra da Efes kazısı yerinin kır kahvesinde bulunan –çoğu zaman da bulunmayan– kösele sertliğindeki şişkebapları ile doyulmaz ve ta Söke'ye kadar gidilemezdi. Talihimiz olmadığı için elimize bir tek torba geçti, yolculuk da böylece daha ilk gününden yiyecek sıkıntısı ile başladı.

Turizme bakanların dikkatine

İlk durağımız Efes (Ephesos). Bu yaz Efes'e gidenler kazı yerinin şantiye haline geldiğini görmüşlerdir. Avusturya Arkeoloji Enstitüsü bu yılki kazıları büyük çapta tutmuş, en modern bir kazma makinesiyle çıkarılan topraklar elenip elenip, dekovillerle vagonetlere aktarılıyor. Vızır vızır çalışmalar güzelim Mermer Cadde'nin toz toprakla örtülmesine sebep olmakla Efes'in manzarasını biraz bozmuş, ama buna karşılık turist bu yıl Efes'te hem arkeoloji kazılarının hem de restorasyon işlerinin nasıl yapıldığını görebildi. Prof. Miltner'in geçen yıl topraktan çıkardığı Artemis heykeli Selçuk Müzesi'nin bahçesinde dimdik duruyor. Efes'in ve ilkçağ Anadolu'sunun sembolü olan bu Ana Tanrıça heykeli seyircilere parmak ısırtacak kadar güzel. Selçuk Müzesi'ne girerken, turistleri fotoğraf makinelerini kapıda bırakmaya zorlayan karar bence hiç yerinde bir karar değil. Çünkü Efes'i gezen binlerce turist bu Artemis'in fotoğrafını çekip, memleketlerinde gösterseler, bu eşsiz heykelin Türkiye'de bulunduğu daha geniş çevrelerde duyulur ve Efes'e daha çok turist gelir. Ne var ki, Avusturya Arkeoloji Enstitüsü bu heykelin ilk fotoğrafını yayımlamak hakkını kendine saklamak istiyormuş. İlk defa kendisi yayımlayacak da ne olacak? Bilim dünyasının bazı geleneklerine de, bizim müzecilik politikamıza da akıl erdirmek güç vesselam.

Prof. Miltner birkaç hafta önce Efes'in 1957 kazılarını kaparken, bu yılki çalışmalarını anlattı. Artemis değerinde bir heykel daha bulamadı bu yıl, ama Mermer Cadde'nin Pion (Bülbül) Dağı'na yükselen 180 metrelik bir kısmını meydana çıkardı, yol üstünde Roma çağından kalma iki katlı ve sütunlu bir çeşme ve o zamanlar yalnız hamam olarak değil de, aşk âlemlerine de yarayan büyük bir yapıyı ortaya koydu. Sütunları arasında heykeller bulunan çeşmeyi Prof. Miltner hemen restore etmeye koyuldu, burada bulduğu bir düzine kadar heykeli de gene yerlerine koyarsa, gelecek yıla Efes'te yepyeni bir anıtla karşılaşacağız. Nitekim hamamda bir kadın heykelini de kaidesi ile yerine dikmişti bile. Birçok yazıtlar ve kabartmalar da son buluntuların arasında yer alıyor. Ama bu yılki kazının asıl özelliği, restorasyon işine gidilmesi ve San Jan Kilisesi'nde de bir Amerikalı milyonerin sağladığı para olanakları ile büyük kilisenin elden geldiği kadar yeni baştan yapılmasıdır.

İlkçağın Roma ile boy ölçüşebilecek tek kenti olan Efes'in ancak yüzde otuzu toprak altından çıkarılabilmiştir bugün. Bu haliyle bile Efes dünyada eşine az rastlanan zenginlikte ve çeşitlilikte bir kazı merkezidir. Nitekim Efes'in ünü son yıllarda öylesine yayıldı ki, hele fuar zamanında, her gün birkaç otobüs veya taksi dolusu turist Efes'i görmeye gider. İzmir-Efes yolu kusursuz hale gelmiş. Meryem Ana'nın evi sayılan Panaya Kapullu'ya çıkan yol masrafını çıkaramayacak, pahalı bir yol olmakla birlikte, hiç değilse Meryem Ana'yı merak eden bir kısım turistlerin güzel bir gezinti yapmalarını ve çeşitli çağlardan kalma Efes şehirlerini yukarıdan görmelerini sağlıyor. İsa'nın annesi Meryem'in orada yaşadığına da inanan inansın. Papa bile bunu böyle kabul ettikten sonra, bize Efes'in Meryem Ana ile daha çok turist çektiğine ancak sevinmek düşer. Bazı Amerikan savaş gemileri ile İzmir'e gelen denizcilerin papazları ile birlikte Panaya Kapullu'da ayin yaptıklarını, orada akan bir suyun şifalı olduğuna inananların şişelerini doldurmak için çeşme başında sıra beklediklerini gördüm. Hıristiyanlıkla hiç ilişiği olmayan birçok kimselerin bile Meryem Ana evini bir ziyaretgâh saydıklarını da küçük kilisenin defterini karıştırırken oraya yazılı cümlelerden anladım.

Ne var ki, asıl turistik değeri olan Efes, turistleri memnun edecek durumda değil daha. Güneşin altında kazıları üç-dört saat gezdikten sonra kır kahvesine yorgun argın sığınan turist, orada yiyecek içecek bulamıyor. Haydi buna bir şey demeyelim, çünkü turistlerin çoğu akıllanmış, yemeklerini kendileri getiriyor, hatta bazı İzmirliler oraya mesire yeriymiş gibi, dolmaları, börekleri ile gelip yerleşiyorlar. Ama kır kahvesi her nedense temiz tutulamıyor. Birkaç kâğıt sepetin, "Çöplerinizi yere atmayın" diyen bir levha yahut da kahvenin bir ihtarı; o güzelim yeri bir kavun karpuz kabuğu, pis kâğıt ve konserve kutusu mezarlığı olmaktan kurtarabilir. Bu işin sorumlularıyla bu meseleyi uzun uzun konuştuk. Yapacağız dediler. İnşallah!

İzmir Müzesi'nin müdürü Efes'ten bahsederken, hela meselesine dokunduğuma epey şaşmış. Öyle ya, biraz okumuş yazmış kişilerden iri laflar etmelerini bekleriz. Hâşâ huzurdan hela bahsi meselesine gene dönmek zorundayım. Otoparkın karşısındaki beyaz hela binasının içine girerken, yabancı turistlerin her dilden savurdukları dehşet nidalarını duysaydınız siz de bana hak verirdiniz. Bu pislik böyle kalamaz. Su yoksa bu musluklar neden yapılmış? Buraya su getirilemez mi, getirilemezse bile, birinin burasını günde hiç olmazsa bir defa temizlemesi sağlanamaz mı? Helanın pisliği eminim ki, turistlerin Efes'ten edindikleri güzel izlenimin yüzde doksanını silip süpürmektedir. Türkiye'nin görülmeye değer bir yer olduğunu dünya âleme anlatmak için didinip dururuz da, ufak bir ihmalle yaptıklarımızın hepsini bozarız. Heladan çıkan o Alman, o Amerikan kadınlarının hor gören gülüşmelerinde Türkiye'nin pek geri memleket olduğu kanısına vardıkları okunuyor. Meryem Ana'daki hela, kahve ve postane tertemiz olsun da, kazı yerindeki aynı cinsten yapıların içi dışı niçin öyle olmasın? Bu soruyu oradaki birine sorduğumda, "Meryem Ana'ya papazlar, sörler yerleşmiş, onlar bakıyor" cevabını aldım. Efes kazı yeri ise devletin bir müzesi. Temizliği sağlamakta devlet birkaç din adamından geri mi kalacak?

Bu meselenin önemle ele alınacağından hele şimdi artık hiç şüphe etmiyoruz. Turizm işlerinin önemi bizde anlaşıldı. Bu işler için özel bir bakanlık da kuruldu. Turizmin gelişebilmesi için ilk şart turistin gezdiği yerlerin temiz olmasıdır. Temiz otel, temiz lokanta, temiz hela, bunlar Ege'de bile henüz sağlanmış değildir. Bergama'da yıllardır açılamayan otelin bu yıl işlediğini görünce, çok sevinmiştim. Bahçe içindeki lokantasında iyi yemek yedik, yoruldum diye nazik bir adam olan sahibi bana biraz uzanmam için tertemiz bir oda açtı. Fakat... Aşağı kattaki helaya girdiğimde, bu sevinçli duygularımın hiçbiri kalmadı. Kapanmayan kapı, işlemeyen sifon, korkunç bir pislik, fena bir koku. Otelciliğin ilk şartı temizliktir. Bunu ne zaman anlayacağız bilmem? İyi niyetli vatandaşların ödevi, ayıp diye heladan söz açmamak değil, Türkiye'nin bütün helalarında temizliği sağlayıncaya kadar heladan dem vurmaktır bence.

Selçuk'tan Söke'ye

Söke'ye gitmek için Selçuk'tan otobüse bindik. Otobüsümüzün adı neydi? Telaştan bakmamış olacağım, ama yolda karşımıza çıkan otobüslerin, kamyonların adlarını okumakla epey eğlendiğimizi hatırlıyorum. Anadolu'da taşıtlara takılan adlarla bir kitap yazılabilir. Bu kitap dört tekerlekli, motorlu taşıtın taşra hayatında oynadığı büyük rolü de, tek tek kişilerin ve halkın psikolojisini de aydınlatır. Adamın biri kamyonuna "Yolların Bülbülü" demiş, öteki "Tapon" adını takmış, nazar değmesin diye olacak, yoksa kamyonu hiç de tapon değil. Toz bulutları arasında çıkagelen "Gangster" arabasının gücünü insanlaştıran bir sinema meraklısınındır herhalde, şu güzel ve ferah otobüse "Hicran" adını takan adam da olsa olsa bir alaturka şarkı düşkünü. Çoğu adlardan tabiat sevgisi ve şiir fışkırıyor: İşte "Doğan Şafak", işte "Açılın dağlar, çiçekler", "Yol ver yeşile, gitsin işine" diye bir beyit bile düzmüş birisi. Ya "Yollar hiç tükenir mi?" adına ne dersiniz? Beni çok düşündürdü. Ömrünü volan başında geçiren bir şoförün yorgunluğunu, bezginliğini dile getiriyor. Otobüs şoförleri ile biraz konuştunuz mu, bu bezginliğin ne kadar derine gittiğini anlarsınız. Gece Bursa'dan İzmir'e geldikten sonra, sabah İzmir'den turist alıp Bergama'ya götüren bir şoförün arabasına iki defa bindim. "Dört gündür uyumadım, affedersiniz, çoraplarım ayağıma yapıştı" diyordu.

Efes'ten Söke'ye giden yol yer yer düzeltiliyor, genişletiliyor. Selçuk'la Kuşadası arasında nice nice kumsallar var. Akdeniz'i müjdeleyen masmavi bir deniz, ıssız kıyılarda köpüklenip duruyor. Ufukta Sisam Adası'nın oynak çizgileri beliriyor. Kilometrelerce uzanan bu kıyılarda turistik oteller, şipşirin evler, renk renk tenteli lokantalar, gazinolar, plajlar hayal ederken, bir de bakıyorsunuz üç-beş Yörük çadırı, kapkara bir sefalet manzarası. İki-üç yıl önce Kuşadası'na, denize girmeye gelmiştik.

Küçük kabineleri hasırla döşenmiş güzelim bir plaj vardı. Bu defa hepsi kaldırılmış. Ege halkı eylülde mevsimi geçmiş sayıyor. Buralarda deniz bizim Marmara'nın en sıcak günlerinden daha ılık olduğu halde, kimsecikler denize girmiyor. Bodrum'da bile bizim saatlerce yüzüp de doyamadığımız denize soğuk diyorlardı. Peki, daha sıcak olduğu zaman aileler çoluk çocukla, kadınlarla plaja gelir de denize girerler mi? Ege kasabalarının sokaklarında kadınlara hemen de hiç rastlamadığımıza, rastlanan tek tük kadının da peştamallarıyla yüzlerini sımsıkı kapadıklarına bakılırsa, yazın ortasında bile yerlilerin bu plajlara pek rağbet edeceklerine inanamıyorsunuz.

Kuşadası'nda bir han var, bunu XVIII. yüzyılda Öküz (Öksüz olacak) Mehmet Paşa yaptırmış. Anadolu'nun birçok hanları gibi bu da harap, ama mimarisinin güzelliği, hele avlusunun dört köşesindeki kemerleri, kubbeleri ve dimdik yükselen merdivenleri ile bu han dikkati çekiyor. İçerisine girdiğimiz zaman, birinci katın bir köşesinde insan oturduğunu gördük. Saksılarla, çiçeklerle süslenmiş taraçada kadınlar, kızlar cıvıl cıvıl. Bu hanın fotoğrafını çekmek istedik, meskûn köşesini çekelim mi, çekmeyelim mi diye bir an düşündük. Aralarında erkek yok, belki istemezler. Hoş, makinelerimizi görünce, kızlar başlarındaki peştamalları düzeltmeye koyuldular, poz vermeye hazırlandıkları besbelli. Ama biz ne olur ne olmaz, makineyi hanın metruk köşesine yönelttiğimizde, taraçadaki kocakarılardan biri seslendi:

"Niye oranın fotoğrafını çekiyorsunuz? Harap diye propaganda yapacaksınız, değil mi?"

Donakaldık, şaşakaldık. Birkaç yıl önce başıma gelen olayı hemen hatırladım. Kumkapı'da Jüstinyen Sarayı'nın kalıntılarının fotoğrafını çekmek istemiştik. Öğretmen olacak bir kadın karşımıza dikilmiş, "Bizim sefaletimizi tespit etmek istiyorsunuz, bize menfi propaganda yapacaksınız" diye aynı nakaratı tutturmuştu.

Hiçbir propaganda gözetmediğimizi, yalnız tarihi değeri olan bir yerin fotoğrafını çekmek istediğimizi, eski duvarlara karışmış kendi evini ve komşularının evlerini de güzel bulduğumuzu öğretmene anlatmak için boşuna uğraşmış durmuştuk. Gözleri alev alev kin saçıyordu kadıncağızın. Mesele çıkmasın diye o gün fotoğraf çekmekten vazgeçtik. Kuşadası'ndaki kocakarıya bir şey demedik. Fotoğrafı çekip uzaklaştık. Kötü propaganda yapmak şöyle dursun, yok olmaya yüz tutmuş anıtlarımızı hiç değilse kâğıt üstünde saklamak amacını güttüğümüzü, bir gün bir yazıda Öküz Mehmet Paşa Hanı'ndan söz açarak, belki yıkılmasını önleyebileceğimizi kadıncağıza nasıl anlatalım?*

---

* Öküz Mehmet Paşa Hanı, Fransız tatil köyü Club Méditerranea tarafından restore edilmiş, bu kulüp tarafından işletilmektedir. Üye olmayan biz Türkler de içeriye girememekteyiz! [Han'ın işletmesi, 2017 yılında Kuşadası Belediyesi tarafından alınmıştır. Günümüzde otel ve

Söke için milyoner yatağı demişlerdi, zengin toprak sahipleri her İstanbul'a gelişlerinde bir Cadillac satın alırlarmış. Bunu duyunca Söke'yi oteli, lokantası, bakkalı, dükkânı olan bir yer sandım. Amma da yanılmışım! Söke'ye geldik ki, yamru yumru sokaklarında traktörler dolaşıyor, palas adını taşıyan iki oteli ve dört tane de sineması var. Birinde *Moby Dick* (Beyaz Balina) filmi oynuyordu. Gidelim dedim. Açık havada güzel bir sinema, panoramik perdesi var, ses tertibatı iyi. Yalnız altmış kuruş ödediğimiz arka sıra iskemlelerde zevkle giyinmiş kadınları, kızları ile aileler oturuyor. Söke'de ertesi sabaha kadar her şey yolunda gitti. Sonra da güçlükler başladı. Medeni dünyada kahvaltı etmek diye bir şey var, Söke palasları bunu hiç hesaba katmamışlar. İndik baktık ki, lokanta kapalı, otelin birkaç adım ötesinde harap bir kahve ocağı vardı; akşam, kahvemizi oraya götürüp pişirmiştik. Sabah orası da kapalı. Meğer Söke'de çay da bulunmuyormuş. Otelci ile bir gece evvel konuşurken, kendisinin bilmem nereden çay getirttiğini, sabah bize ikram edeceğini söylemişti. Bekledik. Bu ikram da gelmeyince, kahvaltısız kaldık. Öteberi almak için Söke'nin anacaddesini bir aşağı bir yukarı boyladık, dişe dokunur bir şeyler aradık. Çörek biçiminde ekmekler ve kötü yağ kokusu burun direklerimizi delen acı bir tulumpeyniri ile üzüm bulduk. Ne beyazpeynir, ne domates, ne hıyar, ne zeytin, ne yumurta, bir şey yok. Hani Cadillac'lı milyonerler? Sinemada gördüğümüz aileler, bunlar aç mı kalıyor? Çoğu zengin toprak sahiplerinin Söke'de oturmadıkları besbelli. Oturanlar da belki haftada bir pazardan alışveriş ediyorlar, yahut da bağları bahçeleri var, yiyeceklerini oradan sağlıyorlar. Ama varlıkları Söke'nin genel hayatını hiç etkilememiş, kasabanın uygarlık düzeyini yükseltmemiş.

---

turistik tesis olarak kullanılmaktadır -e.n.]

İonya'nın Menderes'ten çektikleri

"Göz alabildiğine uzanan" deyimi var ya, sanki Menderes Ovası için uydurulmuş bir deyim. İlkçağda Maiandros kıvrıla kıvrıla akan bir ırmak anlamına gelirdi, öyle ki, "Maiandros" adı özel ad olmaktan çıkmış, mimaride yılankavi motifler, dilde dolambaçlı konuşmalar için kullanılagelmiştir. Bugün, eylül ayının sonunda bile Menderes'in akışını, sularını gördüm desem yalan olur. Menderes Ovası'na yaklaştınız mı, iki yanı yüksek dağlarla kapalı denize doğru uzanan geniş bir düzlük görürsünüz. Bu ova ve yazın kuruyan bu ırmak ne büyük bir tarih taşır! İzmir Müzesi'nde heykeli, dirseğine yaslanmış, elinde hafif eğik bir testi tutan gür saçlı, gür sakallı bir ırmak-tanrı biçiminde gördüğümüz Menderes birçok İonya şehirlerinin alınyazısını toptan değiştirmiştir. Yüksek dağlarda buzullar var ya, suları donmuş, üstü yosunlu, katı bir buz ırmağı olmuştur. Menderes Ovası'na girer girmez aynı şeyi görür gibi olursunuz: Koca Menderes bir toprak seli haline gelmiş, ova olan ırmak bir zamanlar deniz kıyısında püfür püfür esen rüzgârlarla çalkalanan nice liman, nice ada bu toprak yığınlarının altında boğulmuş kalmış! Sağınızdaki şu Priene şehrine bakın. Akdeniz'in bir incisi imiş o. Birbirini dikine kesen düzgün sokakları, güzelim evleri ile bir şehircilik şaheseri olan Priene, toprak sellerinden kaçmak için, bir bir daha yer değiştirmiş, nereye yerleşmişse olmamış. Menderes hep gelir, limanını millerle örter kurutturmuş. Sonunda arkasındaki koca dağa tırmanmış şehircik. Artık liman olmaktan vazgeçip kadere boyun eğmiş. Denizin gün geçtikçe uzaklaştığı Priene can çekişe çekişe ölmüş. Ufukta düzlüğün ortasında bir tepecik gibi yükselen Lade Adası'nı da bir zamanlar deniz çepeçevre sarardı. Ya Milet (Miletos), yeryüzüne gelmiş ilk filozofların yurdu, Anadolu'nun en zengin ticaret merkezi, ta Karadeniz'den Atlantik Okyanusu'na kadar kurduğu kolonilerle mallarını dünyanın dört bucağına süren Milet ne olmuş? Toprak içine gömülmüş küçücük Balat Köyü, ilkçağda Miletliler Menderes'in bu oyunlarına karşı ayaklanmaya kadar gitmişler. Tarlalarını bataklık, limanlarını ova haline getiren ırmağa dava açmışlar. İşin garibi de şu ki, davaya bakan yargıç Menderes'i Miletlilere ceza ödemeye mahkûm etmiş. Irmak-tanrının tapınağında para bolmuş, Menderes cezayı ödemiş, ama gene yapacağını yapmış.

Güllübahçe'ye geldik. Eski Priene şehrinin kalıntılarını gezeceğiz. Koca bir dağın yamacına kartal yuvası gibi konmuş Priene'ye tırmana tırmana çıkılıyor. Bir bekçi önümüze düşmüş, bize yol gösteriyor. Yol boyunca nartheksler! Ateş otu deseler, daha iyi olmaz mıydı? İlkçağdaki efsanelerini anmış olurduk bari. Bakın, ne güzel, ne insanca bir efsane: Tanrılar dünya egemenliğini paylaşamıyorlarmış, iki tanrı kuşağı gelip geçmiş, sonunda Zeus, babası Kronos'u devirmiş ve gök tahtına oturmuş. "Şimşek savuran", "Gök gürleten" Zeus yetkilerini kıskançlıkla elinde tutuyor, insanları hiç umursamıyormuş. Oysa, iktidar değişeli beri ateşsiz kalmış insanoğulları.

Devrilen tanrıların soyundan olan Prometheus acımış onlara, Zeus'un şimşeğinden çaldığı bir parça ateşi nartheksin lifleri arasında saklamış, yeryüzüne inip insanlara vermiş. Bunun üzerine büyük tanrının öfkesi korkunç olmuş: Prometheus'u Kafkas Dağı'ndaki bir kayaya demir zincirlerle bağlamış. Her gün bir kartal gelir, iktidara karşı ayaklanmaya yeltenen insan dostunun karaciğerini gagalar dururmuş. Nartheks işte böyle ateş taşıyan, uygarlık taşıyan bir bitkidir, çünkü insanoğlu uygarlığı ateş sayesinde kurabilmiştir. Ne garip ki, ateş otuna yalnız toprağın yıkık bir kenti örttüğü yerlerde, mermer ve taş kalıntıları arasında rastlıyoruz. Bir zamanlar insanlığa ulaştırdığı ateş, sanki gövdesinden yukarıya, şamdan gibi açılan sarı çiçek tanelerine kadar sinmiş, alev alev parlıyor.

Sağıma bakıyorum, uzakta bugün Samsun Dağı denilen Mykale Burnu, solumda Latmos (Beşparmak) Dağı'nın parmak parmak yükselen dorukları. İonyalıların deniz-tanrı Poseidon'a yaptıkları büyük tapınak şu Mykale dağlarının bir vadisinde imiş. On iki İonya şehrinin birleşerek kurdukları bu tapınağa "Panionion" denirdi. İlkçağ Yunan tarihinde birlik kurmak pek olağan iş değildi biliyorsunuz, bağımsızlığı her şeyden üstün tutan şehir-devletler ne ırk, ne din, ne de politika çevresi içinde birleşmeye yanaşırlardı. Asya'dan gelen büyük kuvvete yenilip yıkılmalarının başlıca nedeni de bu olmuştur. Yine de Panionion'da birleşmiş İonyalılar. Acaba yabancı kavim akınları ile kaynayan Anadolu'da başka türlü tutunamayacaklarını anladıkları için mi, yoksa her varlığı denizden bekleyen bu insanların denizin tanrısı bildikleri Poseidon'a kendilerini emanet ederken, politik bir birlik kurduklarını bile düşünmedikleri için mi?

İonyalıların her yıl büyük bayramlarla kutladıkları, şenlikler yaptıkları Panionion nerede? Tapınağın yeri bulunamamıştır henüz. Freya Stark adlı İngiliz yazarı birkaç yıl önce Priene'den kalkmış, İonyalıların bayram günleri gittikleri kutsal yol boyunca Mykale Burnu'na doğru sokulmuş. Hava yağmurluymuş, kadın yazarın kiraladığı cipin şoförü ise İngilizce anlamıyormuş. Çamura bata çıka gitmişler, gitmişler, en ufak bir taş parçasına rastlayamamışlar. Panionion Tapınağı acaba tam gerçekleşememiş bir birliğin timsali olarak yeryüzünden silindi mi dersiniz?

Priene, Yedi Bilgeler'den birine yurt olmakla ün salmıştı. Bunlardan birinin adı Bias'mış. Onun üzerine anlatılan bir-iki fıkradan başka bir şey bilmiyoruz. Yurttaşlarının yaptıkları bir toplantıda Bias söz almış. İonya Pers akınına dayanamayacak, demiş ve Prienelilerin hep birden Sardinya Adası'na göçmelerini salık vermiş. Prieneliler, Bias'ı dinleyip de, Marsilya'yı kurmaya giden komşuları Phokaialılar gibi göçselerdi, daha iyi etmezler miydi? Herhalde şehirleri ırmağın taşıdığı topraklar altında boğulmaz, belki tarihte daha büyük bir ad bırakırdı. Tarihçi Plutarkhos, Bias üstüne şu fıkrayı anlatır: Mısır Firavunu ona bahtsız bir uyruğunu göndermiş, bu adamın en kötü yeri ne ise, onu kesmesini söylemiş, bilge de adamın dilini kestirip Firavun'a geri göndermiş.

Priene, İonya örenlerinin en sevimlisidir. Tiyatrosu, tapınakları, meclis binası küçücük, ama öylesine ölçülü, ahenklidir ki, insanı sıcak bir canlılık sarar, bu şehir hâlâ var yahut da dün uykuya yattı sanırsınız. Miletli mimar Hippodamos'un çizdiği şehir planı bugün çizilmiş kadar moderndir; tiyatroda duran koltuklara adları yazılı devlet memurları, rahipler daha dün oturdu dersiniz. Gümüşi taşları da Priene'ye bir kuytuluk, bir cana yakınlık verir. Yalnız Athena Tapınağı'ndan aşağıdaki ovaya doğru yuvarlanmış koca sütun parçalarını gördüğünüz zaman bu şehrin yaşadığı dramın ne büyük bir facia olduğunu anlarsınız.

Sputnik'ler Balat'tan çıkmış

Öğle güneşinde Priene'den aşağı inerken, başımı eğmiş, ayaklarımın altında otların bürüdüğü taşlara bakıyorum. İçimde sevinçle üzüntü karışık bir duygu var. Başımı kaldırıp da, Atina Akropolü'nü andıran Priene Akropolü'ne bakamıyorum bir daha. İnsan eliyle yapılmış surları, kuleleri kayalara karışan, şurada burada birkaç çam ağacının mum gibi dikildiği Akropol'ü ne kadar güzel! Yaradılışla sarmaş dolaş olmuş bu dik tepenin güzelliği ne var ki, dillere destan olmamış. Renan buraya gelip Akropol'ün üstündeki duayı okumamış. Priene diye bir şehir kalıntısının varlığını biliyoruz ancak, onu da kaç kişi biliyor Türkiye'de? Yerliler Priene'ye Güllübahçe demişler, ortada ne gül var; ne bahçe, ama güzelliğini sezdikleri bu yere Güllübahçe'den daha uygun bir ad takabilirler miydi? Güllübahçe, sevimli Priene! İlkçağın ölçü güzelliğine vurgun şairleri sana gelmemişler, gelselerdi Atina Akropolü'nde bulamayacakları değerleri sende bulurlardı. Aklın ışığı altında insanın rahatı için kurulmuş bir şehircik, sanatı patırtısız gürültüsüzce en ufak sokak köşelerine kadar yaymış bir kültür ocağı!

Otomobile binmiş, Menderes Ovası'nda ilerliyorduk. Güzel bir köprünün üstünden geçtik. Birkaç yıl öncesine değin burada köprü yokmuş, Menderes salla geçilirmiş. Şoförle yanına aldığı arkadaşı asıl Menderes Köprüsü'nün, bu geçtiğimiz köprü olup olmadığı üstünde tartışmaya başladılar. Yeni köprü işte budur, diyordu şoför; hayır, ileride daha büyük bir köprü var, diyordu arkadaşı. Başka köprü çıkmadı karşımıza ama bu ovada insan gözü, asıl suyu ve suyun üstündeki asıl köprüyü arıyor boyuna.

Araba tatlı tatlı sallanırken, tarih olayları topraktan yükselen bir ninni gibi geliyor kulağıma. Bakın şu Lade Adası'na, önemsiz bir tepecik gibi duruyor şimdi, oysa ne büyük olaylara sahne olmuş bir zaman! İsa'dan önce 494 yılı, mevsim yaz. Doğu Akdeniz'in en büyük ticaret merkezi Miletos'un Doğu ile Batı dünyaları, Yunanlılar ile Persler arasında kurduğu denge politikası iflas etmek üzere. Yıllarca egemenliğine saygı gösteren Pers Kralı, İonya Birliği'nin çok zengin, çok güçlü ve Yunan davasını gitgide benimseyen bu şehre haddini bildirmek niyetinde. 600 Pers gemisi Lade Adası'nın önüne geliyor. Anadolu şehir-devletlerine yardımda hep gevşek davranan Atina ve Sparta ancak birkaç gemi göndermişler, İon donanması 353 gemi çıkarabilmiş. Perslere feci şekilde yeniliyor. Pers ordusu Milet'e giriyor, kadın, erkek, çoluk çocuk, hepsini kılıçtan geçiriyor, geri kalanları da esir ediyor. Koca Milet şehri boydan boya yıkılıyor. Didyma'daki Apollon Tapınağı'nı yağma ediyor düşman. Felaket haberi Atina'ya varınca, Yunanistan anlıyor ki, Milet'le birlikte Anadolu da elden gitmiştir. Derken açıkgöz bir tragedya yazarı bu konuyu kullanmaya kalkışmış. Phrynikhos birkaç ay sonra Dionysos bayramlarında *Miletos'un Yıkılışı* diye bir tragedya oynatmaz mı? Efsaneleşmiş facialarıı sahnede görünce sinirlerine hâkim olamamışlar, oyunu durdurmuşlar, Phrynikhos'a da 1.000 drahmi ceza ödetmişler. Yenilgisini sahnede görmeye katlanan bir millet var mı? Sanmam.

Miletos yalnız büyük bir ticaret merkezi değil, ilkçağ felsefesinin de beşiğidir. Thales, Anaksimandros, Anaksimenes... Biraz felsefe okumuş her insan bu üç adı bir tekerleme gibi belleğinde taşır. Fizikçi deniyor dünyamızın bu ilk filozoflarına. Yaşadıkları İÖ VI. yüzyılda düşünce henüz doğmuş değildi. İnsan insan olalı gerçi düşünür, ama fizikçi filozoflar öncesi insanların düşündükleri din kavramlarını, şiir kalıplarına dökmekten başka bir yolu Miletliler bulmuş, "Işık Yolu" diyeceğim buna. Ege'nin aydın güneşi bu insanlara doğaya yalnız gözle bakmayı, sonra da gördüklerini dile getirmeyi öğretmiş. Doğanın sırlarını dumanlı inançlarda aramaktan vazgeçmişler, önlerine serili toprağa, bitkiye, denize, güneşe, aya, yıldızlara baka baka var olanın ne olduğunu, nasıl meydana geldiğini anlamaya koyulmuşlar.

Thales'e, Anaksimandros'a, Anaksimenes'e değin de insanlar doğaya bakmışlar, onda varlıklarına akıl erdiremedikleri birtakım kuvvetler sezmişler, görmüşler, ama her kuvvete bir tanrı adı takıp, bir sürü tanrılara tapınmaktan ileri gidememişlerdi. Miletli fizikçiler doğayla insanüstü hiçbir kuvvete başvurmadan, doğrudan doğruya varlığın özüne gitmeye ve doğanın temeli olan ilkeyi aramaya girişmişler. Thales dünyanın çıkış noktası, doğanın ilkesi "su"dur demiş, Anaksimenes "hava"dır demiş, Anaksimandros daha soyut bir düşünceye varıp "to apeiron" dediği bir sonsuzluk kavramı düşünebilmiştir. Her biri "Yaradılış üstüne" bir eser yazmış, araştırmalar, denemeler yapmış, Miletliler kadar devrimci filozoflar bir daha gelmemiştir bu dünyaya. Thales'ten 27 yüzyıl sonra bugün fezaya Sputnik'ler atabiliyorsak, bunu bize bilim yolunu açan Miletli fizikçilere borçluyuz. Tozlu Balat Köyü'ne bakarken, kim der ki, insanlığın en büyük mucizesine sahne oldu burası?

Balat'a vardığımızda koca bir tiyatro ile karşılaştık. Milet'in Yunan çağından kalma bütün anıtları yok olmuş da, Roma zamanında yeniden yapılan bu tiyatro her nedense dimdik kalmış. Güzel bir tiyatro, sahnesi kat kat, seyirci sıraları, üstü kapalı yüksek galeriye çıkan merdivenleri pek az yıkılmış. Burada azıcık hazırlıkla hemen bir piyes sahneye konabilir. Geçen yıl Atina'ya gitmiştim, Akropol'ün yamacındaki Odeon Tiyatrosu'nda tragedya, komedya ve opera temsilleri veriliyordu. XIX. yüzyılda biraz restore edilen bu Odeon ile bugünkü haliyle bile Milet tiyatrosu arasında çok büyük bir fark yok; asıl fark, Milet'e ayda bir, iki-üç turist uğradığı halde, Avrupa'nın en seçkin orkestra ve operalarının Atina klasik tiyatro topluluklarının temsil verdikleri Odeon'a binlerce turistin her yaz akın etmesidir. Hep aynı mesele: Yaşatılmaya en elverişli yapıtlar bizde vardır, ama biz onları değerlendirmeyi, bize fayda verecek şekilde yaşatmayı aklımızdan geçirmeyiz.

Roma tiyatrosunu yaşatmak şöyle dursun, Balat Selçuk çağından kalma şu güzelim caminin yok olmasını bile önleyemiyoruz. Minaresi yıkılmış, kapısı yok, avlusundan içeriye sızan otlar, dikenler tek ziyaretçisi. Oysa incecik süs motifleri ile ne sevimli bir cami bu! Yurdumuzdaki Yunan eserlerine bakmıyor da, Türk eserlerine bakıyor muyuz biz? Nerede? Hep aynı kayıtsızlık. Efes'te Meryem Ana'ya giden yola milyonlar dökmüşüz, ama Selçuk mimarisinin bir şaheseri olan İsa Bey Camii yıkılıyor, her yıl biraz daha eğilen, birkaç tuğlası daha dökülen minaresi, "İmdat!" diye bağırıyor. Kimse oralı değil. Söke'de milyonerler varmış, aralarından dünyalığını düzeceği kadar düzmüş, ahretini düşünen bir Müslüman çıksa da şu Balat Camii'ne birkaç bin lira bağışlayıp onu kurtarsa.

Bir kayık arıyoruz

Dolaşmaktan içimiz kurumuştu. Balat'ta bir çay veya bir gazoz içecek yer bulamadık. Taksiye binip Akköy'e vardık. Adı gibi ak pak bir köyceğiz. Kahvesinde soğuk gazoz da, demli çay da var. Bol bol içerken bir tepsi dolusu incirle bir köylü çocuğu geldi. İzmir'den beri kafama saplanan kumanya derdi vardı ya, aman şu Akköy'den biraz incir alalım dedim. Çünkü Didyma'yı gezdikten sonra niyetimiz Kovela Limanı'nda bir kayık aramak, bulursak Torba'ya kadar gitmekti. Evdeki pazar çarşıya uymaz derler ya, bizim İzmir'de hayal meyal kurduğumuz program da pek gerçekleşeceğe benzemiyordu. Evet, Kovela tabii bir limandı, Torba'da Mandalya Körfezi'ni Kerme veya Gökova Körfezi'nden ayıran burun da, tam Bodrum'un arkasına düşüyordu; öyle ki, Torba'ya bir çıktık mı, Bodrum'a karadan kolay kolay varabilecektik. İyi ama bu iş Bebek'ten Kandilli'ye Boğaz'ı geçmeye benzemiyordu. Bu küçük kıyı köyleri arasında yol çok uzun, vapur seferleri de yoktu. İzmir'de Bodrum'a denizden gitmek niyetimizi kime açtıksa, deli misiniz, karadan başka yol yoktur, ister istemez Söke'ye dönecek, bir daha otobüse bineceksiniz demişti. Ama biz güveniyorduk işte. Bodrumluların denizciliğine güveniyorduk. Kayıklarına Marmara'da, İskenderun'da rastlanır ya, İstanbul'da kayıkçılar ya Trabzonludur, ya Rizeli. Ege'de ise bir denizcinin nereli olduğunu araştırdınız mı, ya Bodrum'un, ya Marmaris'in adı çıkar karşınıza. Sonra Halikarnas Balıkçısı vardı yanımızda, o bu kıyıları karış karış bilir, denizlerde dolaşan kayıkçıları soy sop tanırdı. Adı bir tılsımdı her kapıyı açmak için. Epey bekledikten sonra incirler geldi ve yola çıktık.

Dosdoğru Kovela. Limancık uzaktan göründü, masmavi ve bomboş! Ne bir kayık, ne bir yelken. Eh, ne yaparsınız? Yoran'a gidip Didyma Tapınağı'nı gezmekten, sonra da gerisingeri Söke'ye dönmekten başka çare kalmıyordu. Hayal kırıklığından mı ne, Didyma'yı sevmedim ilk bakışta. Gözlerim Priene'nin gönlümce ölçüleriyle doluydu. Yoran bir tepe üstündedir, köye vardığımız zaman genişçe bir sokağın solunda Bizans zamanından kalma bir bazilika, sağında Apollon Tapınağı'na giden dar, ezici bir geçit görürsünüz. Önümüzde, biraz yüksekte insan dolu bir kahve taraçası. Üç sütunu göklere yükselen koca Apollon Tapınağı, köy evleri, bazilika, her şey karmakarışık, öyle ki, aman bu köy buradan kalksa diyesi gelir insanın.

Didymaion, ilkçağın en ünlü iki kehanet merkezinden biri idi. Gaiplerden ses veren kâhin, tanrı Apollon insanlara geleceği ya Delphi'den ya da Didyma'dan bildirirmiş.

Delphi iki dağ doruğu arasına sıkışmış, sarp kayaları koyu çalılara karışan, su fısıltıları, rüzgâr uğultuları ile yankılanan ve bembeyaz bir güneşin altında alev alev yanan bir yerdir. Delphi'nin Apollon Tapınağı'nda arzın göbeğine açıldığı söylenen çukura vardınız mı, üç ayaklı iskemlesi üstünde topraktan yükselen buharlarla sarhoş olmuş kadın-kâhin Pythia'yı duyacak, görecek gibi olursunuz. Bu hava Didyma'da yok. Burada güneş-tanrının yalnız büyüklüğü dile geliyor, İon kavimleri Anadolu'ya gelmezden çok önce, Didyma'da Apollon'a tapılırmış. İlkçağ Helenlerinin kendi uygarlıklarının bir sembolü diye benimsedikleri Apollon, demek ki, Kybele gibi, Dionysos gibi Anadolu'dan doğup gelmedir.

Didyma'da göze çarpan özellik şu; irilik, ağırlık, sağlamlık. Aklımda sayı kalmaz, ama her sütunun boyu 20 metre, kutru 3 metredir sanırım. Hiçbir Yunan tapınağında Didyma'daki kadar çeşitli süs motifleri görmedim. Bugün ayakta duran sütunların, kaidelerin, dümdüz serilmiş mermer döşemelerin, basamak basamak merdivenlerin bir zamanlar üstünde değirmenler dönen bir tepeden ve altında da bir taş mezarlığından başka bir şey olmadığını hatırlayınca, insan geçen yüzyılda başlayan kazı ve rekonstrüksiyon* işlerinin görkemine şaşıp kalıyor. Didyma Tapınağı ilkçağın Yunanistan ve İtalya'da bile eşine rastlanmayan değerde bir anıtıdır. Bir köyün ortasında bulunuşu iyice meydana çıkmasına engel ise de, tapınak bugün iyi durumda ve bakımlıdır. Didyma'dan çıkan birçok heykeller, kabartmalar müzelere –ne yazık ki, çoğu dış ülkelerdeki müzelere– aktarılmıştır. Tapınağın çevresinde kalmış taşlar arasında çok güzel arkaik bir delikanlı heykeli gördük. Gövdesi ikiye ayrılmış, yüzükoyun yatıyordu. İlgili makamların dikkatini çekeriz: Bu heykel müzeye alınmaya değer.

---

* Yeniden yapım.

Biz tapınağı gezerken, şoförümüz çıkageldi: Kahvedeki köylülerle konuşmuş, o sabah Yoran'da alışveriş etmek için Bodrum'dan bir kayıkla adamlar geldiğini, biraz önce de döndüklerini öğrenmiş. Karakuyu Limanı'na çabuk varırsak, onlara yetişebilir, kayıklarına binebilirmişiz. Büyük çapta mimari, Anadolu, tanrı Apollon ve Didyma'nın turistik önemi üzerindeki konuşmalarımızı olduğu yerde bırakıp taksiye koştuk. Daracık bir yoldan doğru limana! Şoför kahvede edindiği bilgileri sıralıyordu: Karakuyu'da bir plaj yapılıyormuş, bir şirket bu işi üzerine almış, gelecek yaza hazır olacakmış. "Ne plajı? Bu plaja nereden gidilecek?" diye söyleniyorduk ki, Karakuyu karşımıza çıkıverdi. Denizi öyle mavi, kumu öyle ince, öyle güzel bir koydu ki, içimizde bir tek dilek belirdi; denize girmek. İskelede iki sandal duruyordu, biri küçücük, öbürü biraz daha büyüktü ve yelken direği de vardı. Kayıkçıyı bulduk, Bodrumluymuş, akşama mal yükleyip Güllük'e götürecekmiş. Karakuyu'dan olsa olsa birkaç saat ayrılabilirmiş; ama kayıkta motor yok, ortalık da sütlimandı, bizi Torba'ya kadar götürürse, akşama dönebilecek miydi? Halikarnas Balıkçısı pazarlığa girişti, havayı, rüzgârı, milleri hesapladılar. Osman Kaptan bizi 50 liraya Torba'ya götürmeye razı oldu, ama hemen yola çıkmamız gerekti. Saat biri geçiyordu, koy dışında hava çıkarsa dörtte-beşte Torba'ya varabilirdik.

Denize giremediğimize üzülerek kayığa bindik, yerleştik. Kıyıdan ayrılırken yelken birazcık şişti. Güneşle deniz birleşerek öyle ılık, öyle nemli bir serinlik veriyordu ki, birdenbire içimiz yıkanmış gibi oldu. Söke, Menderes Ovası, Priene, Milet, Didyma... Hepsi silindi. Artık Bodrum'a gidiyorduk, denizin adamları olmuştuk, Osman Kaptan'la Balıkçı konuşmaya daldılar. Denizcilerin saatlerce kendi dillerinde ağır ağır konuştukları konular vardır, insanın kulağına dalga gibi hem hafif, hem önemli gelir bu konuşmalar. Karnımız acıkmıştı. Söke'nin o beğenmediğimiz peynirli çörekleri meğer ne lezzetliymiş! Kayık tatlı tatlı sallanıyordu. Osman Kaptan'la Balıkçı'nın sesleri, tekneye vuran dalgacıklar, yelkenin çıtırtısı, hepsi birden bir ninni oluverdi. Başımı Balıkçı'nın bez torbasına dayamış, uyuyakalmışım.

Karantı

Hafif bir ürpertiyle uyandım. Güneş epey alçalmıştı. Rüzgâr düşmüş, Osman Kaptan'la Balıkçı'nın konuşmaları da yelkenimiz gibi gevşemişti. Saate baktım: Dört, buçuk. Hani beşte Torba'ya varacaktık?

"Daha üç mil var" diyordu Balıkçı. "Bu gidişle yolu acaba kaç saatte alabiliriz?"

Osman Kaptan belli belirsiz bir cevap verdi. Denizci kısmı kesin sözlerden hoşlanmaz, denize açıldı mı hangi saatte varacağını da düşünmez. Akşam Karakuyu'ya dönmesi gerektiğini Kaptan unutmuş gibiydi. Denizin mutlak kuralları karşısında karada yapılan anlaşmaların, sözleşmelerin hükmü mü kalır? Anlatıyordu: Savaş sonlarında İngiliz subayları Bodrum kıyılarına kadar uzanmış.

"Bizimle alışveriş ederler, iyi para verirlerdi" diyor. "Dillerini de anlamazdık ya. Tavuğa 'çirkin' diyorlardı." İngilizce "chicken"ın Bodrumluların dilinde "çirkin" olduğuna epey güldük. Derken Osman Kaptan korkunç bir olayı anlatmaya koyuldu: Balıkçılar Torba açıklarında avlanıyorlarmış, dinamiti attıktan sonra delikanlının biri, ölü balıkları toplamak için dalmış, köpekbalığı bacağını koparmış, çocuğu denizden çıkarabilmişler ama biraz sonra ölmüş. Bir hafta mı, bir ay mı, yoksa bir yıl önce mi olduğunu bir türlü öğrenemediğimiz bu olay günün meselesiydi. Akşam Torba kahvesinde çeşitli yorumlarla bir kere daha anlatıldığını duyduk.

"Bak, uçan balığa bak!" diye bir ses duyuldu. Döndüm baktım, dalgacıkların beyaz sırtlarından başka bir şey göremedim. Gözleri mavi ovayı taramaya alışmış Osman Kaptan'la Balıkçı daha birkaç defa, "Uçan balık!" diye bağırdılar, balığın şeffaf mavi kanatlarından dem vurdular, ne var ki, bizim enginlere yeni yeni açılan gözümüz bir tanesini bile göremedi.

Berzahın koyu dağları karşımıza dikilmişti, ama kayığımız artık hiç ilerlemez olmuştu.

"Karantıya girdik" dedi Balıkçı.

"Karantı"nın ne demek olduğunu o gün öğrendim. Rüzgârınızı, dalganızı kesen bir karaya yaklaştınız mı, onun karantısına girmiş olursunuz. Denize dikine inen bu dağların karantısı sütlimandı. Yelken sarkıyor, kayık yerinde sayıyordu. Akşam, dağlardan inen bir karaltı gibi üstümüze geliyordu. Koyun dibinde Torba, manzaranın tek aydın noktasıydı. Gün batışıyla birlikte konuşmalarımız da kesildi. Osman Kaptan küreklere davrandı. İçimizi sessizlik kaplamıştı. İnsanı çevresinden ayıran, tabiatla tek başına bırakan gece kulağıma yarı korkulu, yarı sevinçli haberler fısıldıyordu. Bodrum'a geliyorduk, bunca yıldır özlediğim Bodrum'a, Herodotos'un yurduna! Denizle sarmaş dolaş olmuş bu topraklar güneyin sıcak kuytuluğunda ilkçağın ruhunu daha iyi saklamıştı. Arşipel bana da açılıyordu. Ama ne kadar karanlık? Dipten gelen yeşil ışınlar denizin yüzeyine yayılmış gölge tabakasına vurdukça kayboluyordu. Dümende Balıkçı, "Venüs!" diye bağırdı. Hiç bu kadar büyük, bu kadar parlak görmemiştim Çobanyıldızı'nı. Biraz geçmeden daha birçok yıldızlar yandı. Kıyıya epey yakın gelmiştik. Sırtında heybe taşıyan bir adam yolda yürüyordu. Osman Kaptan kayığı ona doğru yöneltti, konuştular:

"Kızı hastaneye yatırdım, köye dönüyorum" dedi adam. "Evdekilere ne diyeyim?"

"Hiç, selam söyle."

Adam, Osman Kaptan'ın kaynıydı. Bacağında bir çıban çıkan, yıllar yılı iyileşmeyen kızını şimdi İzmir'e bırakmış geliyordu. Gece, köyüne varacaktı. Bizim kayıkçı ise köyden ne zaman ayrılmış, evine ne zaman dönecekti? Bana öyle geldi ki, onun yolculuğu İzmir'e gidip gelen kaynınınkinden daha uzun sürmüş, daha da sürecekti.

Torba'nın kıyısında yalnız iki beyaz ev görülüyor, ötesini orman sarmıştı. Karakoldan birkaç jandarma bizi karşıladı. Bodrum'a bir cip göndermeleri için telefon edeceklerini söylediler. Yaya veya eşekle de gidebilirmişiz, ama ciple daha rahat edermişiz. Eşek sırtında Bodrum'a girmek fikri hoşuma gidiyordu, ne var ki, Torba-Bodrum yolculuğunun ne kadar sürdüğünü kesince öğrenemedim. Kimi on dakika, kimi yarım saat, kimi iki saat diyordu. Bu yolu sık sık yapmış olan Balıkçı bile süresini unutmuştu.

Yorgunduk, çardak altına kurulmuş kahveye gittik oturduk. Hemen çaylar geldi. Balıkçılar, jandarmalar yerde bağdaş kurmuş konuşuyorlardı. Sarnıcın üstüne bağlanmış lüks lambasının sallanan ışığında adamların ağzından çıkan tek tük sözler gevşek gevşek gidip geliyordu. Uzun gecelerini böylece geçirmeye alışmış kıyı köylülerinin uyuşukluğu bizim içimize de sinmiş olacak ki, saatlerin geçip, cipin gelmediğinin uzun zaman farkına bile varmadık. Bir de baktık ki, saat sekiz olmuş. Jandarma karakolundan ettiğimiz ikinci ve üçüncü telefonla, cipin gönderilmediğini ve gönderilemeyeceğini anladık. Bodrum'daki tek otele geleceğimizi yazmamıştık. Lokanta kapanır, aç kalırız diye telaşa düştük. Nem iliklerimize siniyordu. Bu kahvede geceleyemezdik ya.

"Hemen eşeklere binelim" dedim.

Ama eşekler nerede? Kayıkta, "Eşek çok, biner gidersiniz" diyen Osman Kaptan da karanlığa dalmış, bizimle ilişiğini kesmiş gibiydi. Sonunda kahveci, "Oğlum Hasan, git babana söyle, eşeği versin, beyler Bodrum'a gidecek" diye seslendi.

Bir kıpırdama, yarım saatlik bir bekleyiş daha, derken bir tek eşek çıkageldi. İki çocuk, sırtına bavulları yüklediler, en üstüne de beni bindirdiler. Ötekiler Bodrum'a kadar yaya gideceklerdi.

Dik dik tırmanan, büyük sivri taşlarla dolu, çalılıklar arasından süzülen bir patikadan ben eşeğimin üstünde sallana sallana ve her an düşeceğim diye korka korka giderken dostlar arkadan yürüyordu. Aramız bazen seslerini duyamayacağım kadar açılıyordu. Hasan ile Mehmet eşeğin yanında sekiyorlar. Bodrum'a varınca lokantada rakı içmeyi kuruyorlardı. Tepemdeki ışıl ışıl yıldızlarla yapayalnızdım kara ormanın içinde. Halimden ne Hasan anlıyordu, ne Mehmet. Eşeğim de hiç cana yakın değildi. Bir-iki saat böyle gittik. Saat on bire doğru bir tepeye vardık. Bodrum'un ışıkları düz beyaz bir çizgi gibi ayaklarımıza seriliydi. Şehre inen yol açıldıkça açılıyordu. Bu yol İstanbul'un geniş caddelerinden daha ferah, daha şahane göründü gözümüze. Meydana geldiğimizde bizi birkaç kişi karşıladı. Cevat Şakir Bey'in geldiği duyulmuştu; ne var ki, Bodrum'u çoktan beri yatmış olduğu uykudan uyandırmak imkânsızdı. Polis otelciye, lokantacıya haber gönderdi, ama otelde boş oda yok, lokantada da yemek kalmamıştı. Handa yer var dediler, gittik ve o geceyi geçirdik.

Bodrum

Sabah pencereden başımı uzatınca, bulutsuz bir göğün altında bembeyaz bir sokak gördüm. Kahveci, bakkal, berber, hepsi dükkânlarının kapısına çıkmış güneşleniyorlardı.

Sokağın ucundaki meydandan Halikarnas Balıkçısı elinde bir dizi balıkla, sağa sola merhabalar fırlatarak geliyordu. Bodrum'da bizi ağırlamak için sabahın altısında sokaklara düşmüştü.

"Merhaba! Haydi kahvaltıya gelin yahu" diye bağırdı.

Gece aç karınla yattığımızı, gözümüze pek uyku girmediğini, handa yüzümüzü yıkamak için bir damla su bulamadığımızdan rahatsız olduğumuzu ve hanı saran, Balıkçı'nın da akşam, "Ne güzel koku!" diye övdüğü tatlımsı harnup kokusundan pek hoşlanmadığımızı belli etmenin sırası değildi. "Her türlü meşakkate dayanırız" demiştik ya. Alev'le giyindik, aşağıya indik. Tatlıcı dükkânının önünde kazanla süt kaynıyordu. Dükkâncı çocuğa Balıkçı rafadan yumurta pişirmesini de öğretmişti. Bodrum'un ekmeği francala kadar pişkin ve lezzetli idi. O sabah yediğimiz yumurtalar, bardak bardak içtiğimiz kaynar süt canımıza can kattı. Asıl maceramız şimdi başlayacak diye seviniyorduk: Bodrum'u gezeceğiz, kaleye çıkacağız, sonra da belki bir kayık tutacak, Gökova'ya açılacaktık. Ama sabırlı olmak gerekti; bir yıldır Bodrum'a gelmemiş Balıkçı'ya dostları, ahbapları ile görüşmek, dertleşmek için vakit bırakmalıydık. Alev, Mehmet, ben Bodrum'u keşfe çıktık.

Bodrum yuvarlak bir koya yayılmış, beyaz badanalı evleri göz kamaştıran apaydın bir şehirciktir. Halikarnas Balıkçısı bir zamanlar Avrupa'dan, Amerika'dan tohumlar getirtip Bodrum'u tropikal bir bahçe haline koymuştu. Geniş gölge veren bellasombralar, okaliptüsler, grevilyalar, şamfıstığı ağaçları, çeşit çeşit palmiyeler, cins cins kaktüsler, neler de neler dikmiş Bodrum'a! İklimi elverişli diye burasını Rivyera'da bile eşi görülmeyen bir bitki cennetine çevirmek istemişti. Yıllar yılı şuraya buraya diktiği ağaçların büyümesini, gelişmesini seyretmişti. Ne var ki, günün birinde de

Bodrum'dan ayrılıp, İzmir'e taşınmıştı. Balıkçı'nın bıraktığı emanete Bodrumlular çok iyi baktı denemez. Belediye bahçesine dikilen ağaçlar, dev kaktüsler az çok bakımlı olarak duruyor, ama meydanlarda, sokaklarda ve rıhtımda birçok palmiyeler sökülmüş. Brezilya'nın en nadide bir ağacı olan bellasombraların biri gitmiş, yalnız biri kalmış; şamfıstığı ağacının erkeği getirilemediğinden dişi ağaçlar meyve vermiyor, oysa Bodrum da tıpkı Antep gibi, Türkiye'nin şamfıstığı yetiştiren bir bölgesi olabilirdi. Şurada bir palmiyenin, burada bir okaliptüsün kesildiğini gören Balıkçı, Bodrum sokaklarında durup durup üzülüyordu. "Ağaçların üçte biri yok" diyordu. Bu ağaçlar niçin kesildi diye araştırdık: Meydan açmışlar, pazaryerini büyük beton kaldırımlarla döşemişler, evler yapmışlar, bu işleri yaparken de karşılarına bir ağaç çıktı mı, kesmişler. Hep işin kolayına gidilmiş. Ağacın değerini anlayacak kültür düzeyine ulaşmadık henüz bizler. Her köşe başında Halikarnas Balıkçısı'na rastlayıp, "Sen bizim babamızsın!" diye boynuna sarılan Bodrumlulara biraz gücenmemek elden gelmiyor doğrusu: Bunca emekle şehirlerini cennete çeviren Cevat Şakir'i Bodrumlular sevinç ve sevgi çığlıkları ile selamlayacaklarına, diktiği ağaçlara saygı gösterseler daha iyi etmezler miydi? Zevksizliği daha da ileri götürerek, kesilen uzun gölgeli ağaçların yerine ne diksinler beğenirsiniz? Ufak, cılız akasyalar, hani toprağı kurak diye Ankara'da bile yetişen akasyalardan. Rivyera veya Kaliforniya gibi olmak varken bozkır manzarasına dönmek cehalet değil de nedir? Hem Bodrumlular bunun sorumluluğunu gelen geçen belediye başkanlarına yüklemekle de temize çıkaramazlar kendilerini. Halikarnas Balıkçısı'nın mektebinde yetişmiş olan Bodrumlular dışarıdan gelen memurlara ders verselerdi ya!

Var olanın yıkılıp yerine daha az değerli bir yapının

yapılması Bodrum'un oldum olasıya alınyazısı gibi görünüyor. Zengin Karya bölgesinin başkenti Halikarnas, ilkçağda dünyanın yedi harikasından birini taşırdı: Mausolos'un Anıtkabri. Kral Mausolos'a bu mezarı karısı ve aynı zamanda kız kardeşi olan Kraliçe Artemisia yaptırmıştı. Pitheus, Sparaksis, Satyros adlı Anadolulu mimarlar elli metre yüksekliğindeki bu anıtı o zamana kadar görülmemiş bir görkemle meydana getirmişlerdi. 20 metre enindeki bir dörtgen kaide üzerine İon üslubunda sütunlarla çevrili bir çeşit tapınak kurulmuş, daha üstüne basamak basamak bir uçan ehram dikilmiş, tepesine de dört atlı bir mermer arabaya Mausolos'la Artemisia'nın heykelleri konmuştu. Bu anıt yapılırken, günün birinde para tükenmiş, sanatçılar da böyle büyük bir esere başladık, ücret almadan da bitireceğiz deyip işe devam etmişler. Eserlerinden bugün bir şey kalmamışsa da adı ölmezliğe erişmiş ya: O gün bugün büyük çapta anıtkabirlerin hepsine "mozole" denir. Mausoleum'un bulunduğu yer bugün bomboş bir tarladır. Yüzyıllarca dayanan koca yapı, Bodrum'da Sen Jan Şövalyeleri'nin kurdukları kaleye malzeme verdikten sonra, 1865'te Newton adlı bir İngiliz'in yağmasına uğramış, böylece kalan kabartma, sütun ve heykel parçaları da British Museum'a aktarılmıştır.

XIV. yüzyılda Rodos Adası'na sığınan ve iktidarı Cenevizlilerden alıp, askeri bir papaz idaresi kuran Sen Jan Şövalyeleri Bodrum'da da bir kale kurmuşlar. Çoğu malzemesini Mausoleum'dan sağladıkları bu üsle, Şövalyeler Kanuni zamanına kadar karadan ve denizden saldırılara karşı koyabilmişlerdi. Deniz kıyısında koca bir alan kaplayan Bodrum Kalesi –"Bodrum" adı da "Aziz Petro'nun Kalesi" anlamına gelen "Petronium"un Türkçeleştirilmiş şeklidir– ortaçağın Anadolu'da bıraktığı en sağlam yapılardan biridir. Yüksek burçlarından aşağıya bakıp beyaz dalgaları seyretmek, ne kadar hoşsa, şehrin süsü ve özelliği olan bu kalenin denizden görünüşü, hele sabah gün doğarken koya saldığı pembe, mavi ve sarı yankılar o kadar güzeldir.

Bodrum her çağda ünlü evlatlar yetiştirmiş: Herodotos, Turgut Reis, Neyzen Tevfik. Çatal Adaları'nın karşısındaki kıyıda Turgut Reis'in bir anıtı var. Neyzen Tevfik'in de adı anılır; anılmasa bile, neyinin sesi rüzgârın üfleyişinde duyulur sanki. Dünyanın ilk tarihçisi, ilk hikâyecisi, ilk seyyahı, bugünkü anlamda ilk röportaj yazarı Mısır'dan Yunanistan'a ilkçağ üzerine bize bilgilerimizin hepsini veren Herodotos'un Bodrumlu olduğunu kim bilir? "Halikarnaslı Herodot" derler ona, ama kitaplarını Yunan dilinde veya çeşitli çevirilerinde okuyan okuyucularının pek azı "Halikarnas"ın bugünkü Bodrum olduğunu düşünür. Avrupalıların çoğu Halikarnas'ı Yunanistan'da bilirler.

Öğleden sonra tek başıma Fener'e yaptığım bir gezintiden dönerken bunları düşünüyordum. Güneş batıyordu ki, arkadaşların bulundukları çardak altındaki kahveye vardım. Lokantada balıklarımız pişirilmiş, soframız kurulmuştu, otelci bize oda ayırmıştı. Ertesi sabah Gökova'ya açılmak için kayık da tutulmuştu. Arkadaşlar bana bunları müjdelerken yanlarında sarkık bıyıklı, başı bezden bir sarıkla sarılı, gözleri fıldır fıldır dönen yaşlıca bir adam oturuyordu. Halikarnas Balıkçısı, "Paluko" diye tanıttı.

Bodrum'un tipik bir denizcisi diye adını dostlar arasında sık sık andığımız Paluko'nun ellerine sarıldım.

"A bre Paluko, sen de bizimle yarın gelecek misin?"

"Gelezeim, gelezeim" dedi Paluko.

Kambersiz düğün olmadığı gibi Paluko'suz Gökova yolculuğu olamazdı. O gece rakı sofrasında geç vakte kadar konuşuldu. "Orfos, sinagrit, vlahos, skaros, barrukada, sirti, tirandil, gangava" gibi sözler sık sık geçiyordu. Bize açılan yeni dünyanın belli başlı kavramları idi bunlar.

Körfez'e açılıyoruz

Gökova Körfezi'ne açılmak öyle bir-iki saatte olacak iş değildi. İbrahim Kaptan'la pazarlığı yapmak, tirandilinin deposunu mazotla doldurmak, eşyalarımızı toplamak, üç günlük yolculuğa yetecek kumanyayı düzmek, içine yatak yorgan sağlamakla ikindiyi bulduk. Güneş sıcacık, deniz masmavi ve dümdüzdü. Denize açılmak iyi, ama denize girip yüzmek isteği de var; denizcilerin bunu anlamadıklarını Karakuyu'da bir kere denemiştik. Onun için, ne olur ne olmaz, bir dalalım dedik. Bodrum'da da on-on iki yaşındaki çocuklardan gayri kimsecikler denize girmiyordu. Nazik bir Bodrumlu bize şehir kulübünü açtı, Alev, Mehmet ve ben orada soyunup Bodrum denizi ile bir güzel tanıştık. Limana döndüğümüzde arkadaşları önemli bir meseleyle karşı karşıya tartışır bulduk: Sirti meselesi. On beş ekmek, otuz yumurta, üç kilo patates, üç kilo soğan, bir şişe zeytinyağı, bir damacana su, rakı, çay, şeker, kavun, karpuz vesaire alınmış, tirandile yerleştirilmişti. Ne var ki, bütün bunlar ancak katık sayılırdı, balığa katık. Balığımızı kendimiz tutmalıydık. Ama nasıl? Herkesin ağzında sakız olan "sirti" sözünün önemini işte o zaman anladım. Sirti tahtadan yapılmış, dört bir yanından voltalar sarkan, kırmızılı, mavili, yeşilli bir balık, yani suni bir yemdir. Volta sicimiyle denize sarkıtılan sirti, kayık giderken de balık avlamaya yarar. Sirtisiz yola çıkmak, balık tutamamak, aç kalmak demekti. Gerçi Mehmet'in zıpkınlı tüfeği vardı, ama Bodrum balıkçıları bu amatörce icatla balık tutabileceğine inanmıyorlardı. Bodrum kazan biz kepçe, sirti arıyorduk. Sonunda ödünç bir tane bulduk, ama saat üç olmuştu ki, yola çıkabildik.

Brobro Kaptan (İbrahim'e Brobro, Mustafa'ya da Paluko diyorlar Bodrum'da) dümene, muçosu da dambuçonun içindeki makinenin başına geçtiler. Paluko söz verdiği şilte ve yorganları henüz getirmemişti. Onları almak için Bodrum'un ikinci koyunda Rum Mahallesi denilen bir yerde demirlememiz gerekti. Paluko botla karaya çıktı. Omzunda bir denkle kıyıya gelen karısına bir şeyler söylediğini, kadıncağızın eve bir daha girip, ikinci bir denkle çıktığını gördük. Yarım saat sonra denkler ambara atılmış, demir alınmış ve kayığımız bir daha durmamak üzere yola çıkmış bulunuyordu.

Üç günlük evimizde yerleşmek Bodrum'un çıkış manzarasına bakmaktan daha eğlenceli geldi bize. Ambarda yatacak, yemeğimizi bir gaz tenekesinin üstünde duran koca tencerede pişirecek, sofaramızı ambar kapağına kuracak, çevresine bağdaş kurup yiyecektik. Paluko'nun karısı iki şilte, işlemeli kılıflarla iki yastık, tertemiz kaplanmış yorgan ve çarşaflar vermişti. Güverteden ambara inen direğin tahta çıkıntısına bir ayağımızı dayayarak aşağıya atlamak, sonra da kollarımıza yaslanarak gene güverteye çıkmak öyle kolay işlerden değildi. İnmeyi çıkmayı talim ede ede ambardaki köşkümüzü düzdük. Mayolarımızı giydik. Ambarda soyunmak, giyinmek de epey talim isteyen bir işti. Önce birbirimize perde niyetine battaniye tutuyorduk, sonra dibe sığınarak tek başımıza ve çarçabuk kılık değiştirmekte usta olduk.

Kayığımız Karadağ arasına epey yaklaşmıştı. Bu adada bir mağara vardır, dibinde ılık şifalı sular kaynar. Kaplıca birçok hastalıkları iyi edermiş, hele gözlere çok yararmış. Bodrum'un bir belediye başkanı hasta kızı için adaya bir ev yaptırmış, bu koca yapının şimdi ıssız, metruk, yarı yıkık hale geldiğini görüp üzüldük. Kapri Adası'nın bir mavi mağarası vardır, yılda bilmem kaç yüz bin turist bunu görmeye gider, oysa şifalı suyu bile yoktur onun.

Mayolarımızla güvertede duruyor, mağaraya gidip yıkanalım diye sabırsızlanıyorduk. Derken Halikarnas Balıkçısı gülerek, "Hey hanımlar, fok balığına rastlarsanız, sakın çapkın bir erkek diye korkmayın" dedi.

Meğer bundan birkaç yıl önce mağaraya sabahları erkekler, öğleden sonraları kadınlar gelirmiş. Günün birinde bir kocakarı loş mağaraya girince, dibinde bir karaltı görmüş, sabahtan orada kalmış palabıyıklı bir erkek sanmış ve "Edepsiz, çapkın herif!" diye çığlığı basmış.

Mağaranın kararmaya başlayan yosunlu sularından içeriye dalabildikçe daldık, sırtüstü yatarak, kendimizi akıntıya bıraktık, başımızı ılık suya koyup gözlerimizi açıp kapadık, ömrümüzde az tattığımız bir zevkle bıraktık kendimizi, ta ki karanlık bastı ve tirandilden, "Yeter artık, dönün!" çağrısı duyuldu.

Brobro Kaptan Bodrum'dan aldığımız balıkları soğanlı bir salça ile pişirmişti. Pantolonları, yün hırkaları geçirdikten sonra, çini sahanın çevresine oturduğumuzda yeniden dünyaya gelmiş gibiydik. Hiçbir yemek, suyuna ekmek batırıp ellerimizle yediğimiz bu balık çorbası kadar lezzetli olamazdı. Kanım mağaranın ılık suyu gibi kabarcıklar yaparak fıkır fıkır kaynıyordu. Gövdemi henüz bilmediğim, duymadığım bir ahenk kaplamıştı. Şifalı suyun etkilerini hemen ertesi günü gördük. Mehmet'in yüzünde ve kollarında İstanbul'dan beri bir çeşit egzama vardı. Günde iki-üç kere merhem sürdüğü halde iyi olmuyordu. Ertesi sabah baktık ki, kırmızı lekeleri bir hayli ağarmış, iki gün sonra da artık lekeden iz kalmamıştı.

"Fosforlu koya gidelim" diyordu Eyüboğlu.

Bir yıl önce Gökova'ya geldiklerinde öyle bir koyda demirlemişler ki, denize atılan her cisim altın ve gümüş kesilmiş gibi parlıyor, insan denizde bir yıldız gibi yüzüyormuş.

"Fosforlu koy diye bir yer yok" dedi Balıkçı. "Bazı gece denizin her tarafı fosforlu olur, bazı gece olmaz."

Paluko'ya, Brobro Kaptan'a sorular sorarak, denizin ne zaman, hangi şartlar altında fosforlu olduğunu araştırdık. Ne var ki hiçbir sonuca varamadık.

"Olunca olur" diyorlar, başka bir şey demiyorlardı.

Ama olunca da, insan güverteden denize su dökse sanki yıldızlar dökülürmüş. Sabaha kadar beklediğimiz geceler oldu, fosforlu koyu bulamadık gene de.

Yamyassı denizde Tekirburnu'na doğru ilerliyorduk. Burası Anadolu'nun güneybatıya sarkmış bir ucudur. Sancakta İstanköy'ün ışıkları parlıyordu, ada öyle yakın, öyle yakındı ki, biraz daha gitsek, evlerini, sokaklarını göreceğiz gibimize geliyordu. Tekirburnu'nda eski Knidos'un yıkıntılarını görmeye gidiyorduk. Burun gökten denize sarkan bir dağ gibi tepemizde duruyor, ortalığı kapkara bir gölgeye boğuyordu. Yavaş yavaş burnu geçtik. Derken üç gümüş tepsi serildi önümüze: İlkçağda "Triopion" diye anılan Knidos'un üç limanı. Parıltıdan gözlerimiz kamaştı. Altın Aphrodite'in şehrine gelmiştik. Denize atılan demirin zinciri provada gürlerken, Midillili kadın şair Sappho'nun Aphrodite'e yakarışını mırıldandım içimden:

Tahtı renkler saçan ölümsüz Afrodit
Zeus'un oyuncu kızı, ey ece,
Üzgüler kaygılarla yüreğimi
ne olur ezme.
Gel gene eskiden olduğu gibi
duyunca uzaklardan yakarmamı
bırakıp babanın altın evini
geldiğin gibi.

Sürüp arabanı hızla göklerden
yeryüzüne getirdilerdi seni
sık kanatlarını çırpıştırarak
güzel serçeler.

Konuverirlerdi yere ve sen
gülümseyerek ölümsüz yüzünle
sorardın başına gelenleri, neden
çağırdığını.

Dileğini deli gönlümün, sorardın:
"Peitho kimi getirsin kollarına,
bugün böyle haksız davranan sana
kimdir ey Sappho?

Şimdi kaçsa da tez düşer ardına
armağan almayan gelir sunmaya
sevmese de bugün, istemese de
er geç sevecek."

Gel kurtar ne olursun gene beni
bunca zorlu kaygısından, gönlümün
oldur olmasını dileğini,
katıl savaşıma.*

Pembe beyaz şehir

Kayıkta uyumak, denize dalmak gibi bir şeymiş. Ambarda uzanmış, tepemizdeki yıldızları sayıyor, konuşup şakalaşıyorduk ki, cump diye uykuya dalmışız. Gözlerimi açınca, gök

* *Sappho Üzerine Konuşmalar ve Şiirlerinin Çevirileri*, Azra Erhat ve Cengiz Bektaş, Cem Yayınları, 1978.

kahverengine çalan gümüşi bir nem bulutuyla örtülüydü.

"Sabah-ı şerif, mercan-ı latif, merhaba!" dedi Balıkçı.

Sıcak yorganın içinden sırılsıklam güverteye çıkmak pek latif olmadı. Neye dokunsak yapışıyor; kendimizi de, kayığımızı da çirkin, kirli görüyorduk. Yıldızlar altında parıltılar saçan Knidos Koyu bile güzelliğini yitirmişti sanki. Brobro Kaptan'ın pişirdiği kahveleri içerken, Alev'le ben manalı ve mahcup gülüşlerle birbirimize bakıyorduk. Apteshanesi, akan suyu olan bir banyonun hayali gözlerimizde tütüyordu. Derken Paluka bota atlayıp bizi çağırdı. Balıkçı kıyıda sınır taşları ile bölünmüş tarlaları göstererek, "Bu duvarlar gerçi Knidos'un manzarasını bozuyor, ama sizin işinize yarayacak, her biriniz bir tarla seçer, tuvaletinizi yaparsınız" deyip bizi uğurladı.

Knidos'un iskelesine varmak üzereydik ki, deniz mavi, kumsal pembe, yamaçlar da sarı ışınlarla aydınlanmaya başladı. Gün doğuyordu. Dibi görülen denizden bir avuç dolusu su aldım, yüzüme sürdüm, birdenbire bütün gövdem yıkanmış gibi oldu. Gün ışığı yalnız biz insanları değil, Knidos'u ve uzakta beyaz bir beşik gibi sallanan tirandilimizi yıkamıştı. Kıyıya çıkıp delice bir sevinçle kumsaldan yukarıya koştuk.

Knidos'u anlatmak, anlatabilmek isterdim, ama sözler kısır geliyor bu yıkık şehrin güzelliğini dile getirmek için. Knidos'a kimsecikler uğramamış, burada kazı filan yapılmamış, görünürde ne büyük bir anıt ne de mermerden bir heykel var. Köylüler üç limanı çepeçevre yamaçlarla sarılı bu şehrin kalıntılarını üst üste yığılmış taşlarla duvar duvar bölmüşler. Gene de Knidos doğan güneşin altında pembe beyaz parlıyor, dün yapılmış, ya da ölmezliğe kavuşmuş mermerden bir anıt gibi. Praksiteles'in Aphrodite'i, dünyaya ün salmış o Venüs heykeli, Knidos'ta hâlâ yaşıyor sanki. Dinleyin hikâyesini: İlkçağın en büyük heykelcisi,

Mausoleum'un yapılışını görmek için Halikarnas'a gelmiş, Knidos'la Kos, yani İstanköy, bu gelişi fırsat bilerek, Praksiteles'e bir Venüs heykeli ısmarlamışlar. Knidos'unki çıplak, Kos'unki ise örtülü olacakmış. Heykelci, heykelleri yapmış, ikisi de birer şahesermiş. Ne var ki, İstanköy'ün heykeli pek rağbet görmemiş, oysa Knidos'un Aphrodite'ine tapınmak için ilkçağ dünyasının her tarafından seyirciler Knidos'a akın etmişler. Yazarlar, çıplak Venüs'ün güzelliğini, mermer gövdesinin ahengini anlatmakla bitiremiyorlar. Göğsü, beli, karnı, bacakları, ayakları öyle ince, öyle narin, öyle canlı imiş ki, *Amores* adlı eserinde onu bize anlatan Lukianos'la birlikte Knidos'a gelen dostu Kharikles dayanamamış, heykele sarılıp, onu öpmüş. İsa'dan sonra V. yüzyıla değin heykel Knidos'taki tapınağında kalmış, sonra Hıristiyan dininin bağnazlığıyla gözleri kararan Bizans İmparatoru Theodosius onu İstanbul'a getirtmiş ve *İlyada* ile *Odysseia*'nın eşsiz birer elyazmasıyla birlikte yaktırmış. Ünlü heykelin birçok kopyaları vardı; bugün Vatikan Müzesi'nde bulunan, Roma çağından kalma kopyası da bunlardan biridir. Ama Praksiteles'in o şaheserini o kopya değil, heykelin Knidos yıkıntılarına sinmiş güzelliği daha iyi canlandırıyor bence.

Anadolu'da ilkçağın eserlerini hep Hıristiyanlar yok etmiş. Bizanslılar dünya harikalarının taşlarını, mermerlerini taşıyıp kilise yapmışlar, heykelleri parçalayıp yazı anıtlarını yakmışlar. Hıristiyan ortaçağının yıkıcılığından, yağmacılığından ne kurtulmuşsa, onu da XVIII.-XIX. yüzyıllarda Fransızlar, İngilizler, Almanlar gelip almışlar, müzelerine götürmüşler. Sonra da barbar Türkler, yıkıcı Türkler deyip suçu bize yüklemişler. Bu haksızlığı temizlemek yalnız hakkımızdaki kötü kanıyı değiştirmekle olmaz. Avrupa bir gün, bizden aldığı bunca eserleri bize geri vermelidir.

Tirandilimiz Tekirburnu'nu döndükten sonra Gökova bize bütün cümbüşüyle açıldı. Her birimiz güvertenin bir köşesine uzanmış, gözlerimizi dört açmış bakıyorduk. Paluko sirtiyi denize bırakmıştı, kıyı boyunca yavaş yavaş ilerliyorduk. Yer yer nefti lekelerle açık menekşe renginde koylar, modern heykelciliğin özenip de beceremeyeceği bin bir biçimlerle sudan fışkıran kayalar, göğe dikine tırmanan dağlar, yamaçlarında dalları, gövdeleri dantelalar çizen ağaçlar şaşkın bakışlarımızın önünden geçiyordu.

"İşte Vunara, yani Körmendağı, bu bir şey değil, birazdan Lavaro'ya geleceğiz, o daha da yüksektir. Hele yarın göreceğiniz Kıran Dağları hepsinden haşmetlidir" diyordu Balıkçı.

Ama gördüklerimiz bizim görme gücümüzü çoktan aşmıştı. Sarhoşlar gibi, güvertenin bir ucundan öbür ucuna koşuyor, biçimleri, renkleri bilincimize yerleştirmeye çalışıyorduk. Derken Paluko, "Vurdu!" diye bağırarak, voltayı telaşla çekmeye başladı. Etrafına toplandık, heyecandan titriyorduk. Koca bir yılan gibi uzun bir balık güverteye cumladı, debelendi durdu.

"Barrakuda, okyanusların balığı. Bu balık yalnız Amerika kıyılarında var sanırlar. Gökova'da da bulunduğunu söylerim de kimse bana inanmaz" diyordu Balıkçı.

Halka halka kara çizgileri, sivri burnu ve keskin dişleri ile barrakuda bir metre kadar boyuyla güverteye uzanmıştı. Balık gökkuşağının bütün renkleriyle birkaç dakika parladı, sonra yavaş yavaş sönüp külrengine girdi. O gün bir barrakuda daha, bir vlahos ve küçücük bir skaros tuttuk. Barrakudaları pişirdik, yedik, sonra da güverteye uzandık. Hafif rüzgâr çıkmıştı, tatlı tatlı sallanıyorduk. Kaç saat geçtiğini bilmiyorum, Karaefe Koyu'na vardığımız zaman güneş epey açılmıştı. Çalılıkların arasında küçük bir kumsaldı Karaefe. Denize girdik, Mehmet'le Alev balık tuttular. Bir ara deniz gözlüklerini ben de taktım, sütbeyaz kayaların arasında karınları siyah çizgili, gövdeleri turuncu renkte kadife gibi parlayan balıklar; renk renk yosunlarla sallanan denizkestaneleri, deniz fareleri gördüm. Kumsalda ömrümde görmediğim çakıl taşları, acayip kabuklar; minareler vardı; çalılıklarda yeşilin, sarının, turuncunun çeşitleri. Her birimiz bir tarafa sapmış, avare dolaşıyor, elimize geçeni ceplerimize dolduruyorduk. Kumsaldan bir ses yükseldi:

"Çocuklar, gelin, balıklar pişecek!"

Çalı çırpı toplanmış, ateş yanmıştı. Her birimiz bir balık aldık, çakı ile rendelediğimiz bir dala şişledik, ateşin çıtırtısı duyuluyordu. Gene yedik içtik. Eyüboğlu Sümerlerden açtı, bu en eski uygarlık üzerine okuduğu bir kitabı anlattı. İnsan ayağının pek basmadığı bu koyda uygarlık sözünün bir başka tadı, tatlılığı vardı. Derken kayığa bir şey almak için gidip gelen Mehmet, bottan kumsala atlarken, "Mazot kalmamış, Bodrum'a dönecekmişiz" diye seslendi.

Anlamını kavrayamadığımız bu haber kafamıza balyoz gibi indi. Hemen kayığa döndük, baktık ki, Paluko, Brobro Kaptan ve muçosu başaltında derin bir uykuya dalmışlar horluyorlar.

Altmış Altı Bük

Daha yirmi dört saatlik yolculuk hakkımızdı. Üç gün üç gece için pazarlık etmemiş miydik? Pazarlık bir yana, Gökova ile haşır neşir olduğumuz, denizi, havası, bitkisi ile büsbütün kaynaştığımız şu anda yolculuğun sona ereceğini aklımız almıyordu. Paluko'yu, Brobro Kaptan'ı uyandırdık, ık dediler, mık dediler, kesin bir şey söyleyemediler. Mazot tenekesine bir tahta parçası soktuk, depo yarıdan aşağı boştu, ama bu ne demek? Daha bir gece iki gün yolculuk için ne kadar mazot gider, biz nereden bilelim? Paluko, "Eh yeter, yeter, yarın Keramos'a gideriz, orada gangavalar var, birinden mazot alırız" diye işi tatlıya bağlamaya çalışıyordu.

Bizim keyfimiz kaçmış, mürettebatımıza güvenimiz kalmamıştı. "Hemen yola çıkalım" dedim, böylece Gökova Körfezi'ne daha çok girmiş, karşı kıyıdaki Keramos veya Germe'ye yaklaşmış olurduk. Ertesi günü Altmış Altı Bük'ü gezmek ve Şehiradası'na çıkmak vardı programımızda.

Karaefe Koyu'ndan çıkar çıkmaz, sert bir rüzgârla karşılaştık. Tirandilimiz sallanıyor, dalgalar güverteyi ıslatıyordu. Alev'le Mehmet hemen ambarda kayboldular. O gece de fosforlu koya varmaktan umudunu kesen Eyüboğlu lastik şilteyi güverteye serdi, muşambasına bürünerek uykuya daldı. Balıkçı ile ben ambar kapağında oturmuş, dümendeki Brobro Kaptan'la pruvadaki Paluko arasında geçen tartışmalı konuşmaya kulak kabartıyorduk.

"A bre kırk senedir Cova'da (Bodrum halkı 'Gökabad' veya 'Gökova' adını taşıyan körfeze sadece 'Cova' derler) gider gelirim, bilmeyecek miyim ki, şurada bir koy var?"

"Eh ben de bilirim" diyordu Brobro Kaptan, "koy yok, kayalıktır."

Provezza şiddetini artırdıkça artırıyordu. Balıkçı, Paluko'yla Kaptan'ın arasını bulmaya çalıştı. Boşuna. Gece yarısını epey geçmişti ki, kapkara bir kayanın arkasında bir açıklık belirdi. Zor bela koya girdik. Ambarda boylu boyunca uzanmış olan çocukları uyandırmak epey güç oldu. Birer yudum konyak içtikten sonra, hepimiz ambara serildik, ağır bir uykuya daldık.

Gökova'nın altmış altı tane bükü vardır. Büke koy demek doğru olmaz, koy yuvarlak bir girintidir, bük öyle mi? Denizin yüzlerce, binlerce küçük koy meydana getirerek, toprağın koynuna yaprak yaprak girip çıktığını düşünün, öyle ki, bu koylardan birine girdiniz mi, artık bitti, sonu geldi, dersiniz de beş kulaç ötede bir koy, bir koy daha açılır gözlerinize. Okulda coğrafya haritası çizmekten hoşlanmazdım. Gökova büklerini görünce, keşke coğrafyacı olsam da, şu büklerin haritasını çizsem diyordum. Kim bilir ne sevimli çiçek motifleri ortaya çıkar? Ya büklerin içindeki adacıklar? Şu senin olsun, bu benim olsun, diye eğleniyorduk. Hele hafif yana eğilmiş çamlarla örtülü tostoparlak bir adacık vardı, tüylü bir tirolyen şapkasına benziyordu. Onu Alev'e verdik de, benim olmadı diye bayağı üzüldüm.

Sabahtan beri Longos* nerede diye tartışma başlamıştı. Balıkçı, Longos Bükü'nün dibinde buhur ağaçları olduğunu söylüyor, biz bir büke girip de, "Aman ne güzel!" dedikçe, o, "Longos'un yanında hiç kalır" diye kesip atıyordu. Ne var ki, Longos'un yeri üzerine Balıkçı ile Paluko bir türlü anlaşamıyorlardı. Yok şuradadır, yok buradadır derken, bir büke girdik ki, derinliğine uzuyor, dibi insan gözünün bile değmediği bir cennet gibi görünüyordu uzaktan: taptaze çimenler, kavak gibi incecik ağaçlar, titreşen açık yeşil yapraklar.

"Bu Longos değil" dedi Balıkçı.

"Zarar yok, Longos olmasın, burası harika, buraya girelim" diye yalvardık.

Her şeyden önce mazotu düşünen Brobro Kaptan hiç oralı olmadı, tornistan edip bükten çıktı. Sonraki bükleri gözümüz görmedi. Longos da fosforlu koy gibi içimizde bir özlem olarak kaldı.

Geceki rüzgâr dinmemişti. Akşam Keramos'a varıp mazot almak istiyorsak, bir an önce Sideri'ye, namı diğer Şehiradası'na gitmek ve sonra da Gökova'nın karşı kıyısı-

---

* Denizciler bu büke Longöz diyorlar, ama Halikarnas Balıkçısı Longos derdi. Doğrusu ne, belli değil.

na geçmek lazımdı. Öğle güneşinde Şehiradası'nın önünde demirledik. Zeytinliklerle örtülü adanın ortasına kadar sokulan bir koy ve dibinde bir sazlık, güneşten bembeyaz kesilmiş bir kumsal vardı. Açıkta pinaların bini bir paraydı.

Mehmet'le Alev pina toplamaya, Eyüboğlu balık avlamaya çıktılar, ben denize atladım, sahipsiz kalan Alev'in şiltesine uzanarak, sazlığa doğru ellerimle kürek çektim. Denizin dibine baka baka yarım saat kadar gittim. Su gitgide azalıyor, dipteki kum ve yosunlar ellerime yapışıyordu. Sıcacık batağa basmak hoşuma gitti. Şilteyi sırtıma alıp kumsala kadar yürüdüm. Oradan tirandilimiz gözükmüyordu bile. Bu adada yalnızdım, ömrümde ilk defa yalnız kalıyordum bir adada. Tabiatın içinde yalnızlığın ne acayip bir tadı vardı! Aman arkadaşlarım gelmeseler, daha, daha da yalnız kalabilsem diye düşünüyordum. Denize girdim, yüzdüm, sırtımı güneşe vererek yattım. Biz de İstanbul'da güneş banyosu, deniz banyosu yaptığımızı sanırız! Denizde yüzmenin, kum üstünde güneşlenmenin tadını ilk defa çıkarıyordum ömrümde.

"Azra! Azra! Neredesin yahu?"

Koyun ağzında botumuz göründü. Kürekte muço, içinde de Balıkçı vardı. Ben sazlığa gireli meğer saatler geçmiş. Mehmet yirmi kadar pina yakalamış, Paluko ormana dalıp kışlık odununu toplamış. Herkes yıkanmış, öğle yemeğini yemişler, benim umurumda mı?

Şehiradası'nda bugün in cin top oynuyorsa, bir zamanlar öyle değilmiş. İçinde, zeytinlikler arasında bir tiyatrosu bile var, hem de çok, çok eski bir tiyatro olsa gerek, çünkü orkestrası tam daire biçiminde. Oysa ilkçağın IV. yüzyılından bu yana Yunan tiyatroları hep yarım dairedir. Tiyatronun arkasında denize kadar uzanan iri taşlarla yapılmış kyklopeen denilen bir duvar da var. Bunları kimse bilmiyor mu?

Arkeologlar bu adaya hiç ayak basmadılar mı?* İlkçağda testi yapmakla ün kazanmış olduğu için Keramik Körfezi adını taşıyan Kerme veya Gökova Körfezi'ndeki bu adacığın eski adını bulamadılar mı? Geçen yıl bu tiyatroyu ve bu duvarı gören Eyüboğlu dönüşünde epey sormuş, araştırmış, adayı bilen kimseye rastlamamış.

Tirandile döndüğümüzde kayık epey yüklüydü. Paluko'nun çalılarından, Mehmet'in pinalarından güvertede geçecek yer kalmamıştı. Pina 70-80 santimetre boyunda, içi yarı beyaz, yarı kırmızı, sedefli büyük bir midyedir. Kumda dikine durur. Mehmet deniz gözlükleri ile dalıyor, iki eliyle pinayı tutup sarsıyor ve kumdan çekip kayığa getiriyordu. O gün tuttuğu on dokuz tane pinayı açıp ayıklamak Paluko'ya düştü. Kocaman bir bıçakla işe koyuldu. Kapakları açılınca, pinanın içinden işkembeye benzer siyah beyaz hayvanlar, iki tane de küçük karides çıkıyordu. Meğer gözü olmayan pina, kabuklarının içinde asalak bir çift karides beslermiş, açıldığı zaman karidesler çıkar, bir tehlike gördüler mi, pinanın etine kıskaçlarını sokar haber verirlermiş. Pina da hemen kapanır, kurtulurmuş. Balıkçı, çıkan karidesleri çiğ çiğ ağzına atıyor, tıkır tıkır yiyordu. Kabukları İstanbul'da dostlarımıza götürecektik, içindeki hayvanlar da akşama yemek olacaktı. Pinalardan inci de çıkarmış, ama bizim talihimiz olmadı, on dokuz tane pinadan iğne başı boyunda bir tek kara inci çıktı.

Bu yaz Gökova'ya gelin!

---

* Bu yazı dizisi çıktıktan sonra, Kedrai, Şehiradası'nda bazı araştırmalar yapılmıştır. Bkz. Prof. Dr. Mükerrem Anabolu, "Issız Bir Adacığın Koynunda Uyuyan Antik Şehir Kedrai", *Belleten*, c. XXIX, sayı 114, T.T.K., Nisan 1964.

Açıkta fırtına dinmemiş olacak ki, koyun içinde bile kayığımız sallanıyordu. Akşam, Keramos'a gidemeyeceğimiz besbelliydi. Şehiradası'nın karşısında küçük bir ada ve çalılıkları arasında taş duvarlar görülüyordu. Eyüboğlu, çocuklar ve ben, kayıkta durup beklemektense, o adayı keşfe gidelim, dedik. "Gidemezsiniz hava kötü" dedi Paluko, ama biz dinlemedik. Bota dört kişi bindik. Daha güneş batmadığı halde, fırtınanın verdiği bir koyuluk ortalığı sarmıştı, karşıda Kıran Dağları yer yer pembe ve mor harelerle koyu kahverengi bir duvar gibi Gökova'yı kapıyordu. Mehmet kürekteydi. Adsız adaya fazla güçlük çekmeden yanaştık. Botu bir kayaya bağlayıp, çalılardan içeriye daldık. Dalları, dikenleri kaldıra kaldıra güç bela ilerliyorduk. Derken, karşımıza alçak bir duvar çıktı; eğildik, ne görelim, duvar çizgi çizgi mozaik motifleriyle süslü. Yumurta boyunda siyah çakıl taşları çapraz iki sıra halinde dizilmiş, kesinti yerlerine kırmızı çakıllar yerleştirilmiş; taşlar duvara harç ile yapıştırılmıştı. Duvar büyük bir alanı çevirmişe benziyordu.

Neydi bu duvar? Ne zamandan kalmaydı? İlkçağdan pek olamaz, diyorduk. Bizans mı, yoksa daha yeni mi? Motifler basit, eldeki derme çatma malzemeyle meydana getirilmişti. Tırmıklar içinde kalmak pahasına daha da ileriye daldık. Denizden görülen taş yapılara vardık; büyük, kemerli pencerelerle açılan iki tane dört köşe yapıydı bunlar. Birinin yıkılmış duvarı dışarıya doğru bir kavis çizer gibiydi. Kalan duvarlarda düşmüş kabartmaların izleri vardı sanki. Merakımız son haddine varmıştı. Bir küçük kilise mi bu, yoksa Bodrum çevresinde çok rastlanan sarnıçlardan biri mi? Duvar da manastırı çevreleyen sınır olmasın? Habire tahminler yürütüyor, fotoğraflar çekiyorduk. Ama güneş ha battı, ha batacak. Her birimiz bir tarafa saptık, kaybolmamak için ikide bir, "Hu!" diye sesleniyorduk. Birdenbire içime bir korku girdi; deniz çok çırpıntılıydı, ya bu adadan kayığa dönemezsek? Korktuğum kadar varmış. Yola çıktığımızda fazla yükü olan bot su almaya başladı, yanımızda bir kap yoktu ki, suyu boşaltalım, zaten kıpırdamaya gelmezdi, yoksa bir dalgayla devrilirdik. Bir ara ıskarmozun biri denize uçtu. Mehmet kahraman kesilmişti, bir tek kürekle ıskarmozun olduğu yere kadar gitti, onu aldık, yerine koyduk. Mehmet büyük bir soğukkanlılıkla kürek çekiyordu. "Yahu şu tirandildekiler halimizi görmüyor muydu? Yaklaşıp da bizi alsalar ya!" diye düşünüyorduk içimizden. Ne bilelim ki, Balıkçı uykuya dalmış, bize gitmeyin demekle Paluko ödevini görmüş sanıyordu. Kan ter içinde gemiye vardık.

Brobro Kaptan akşam yemeğini hazırlamıştı, ama pinaları suda haşlayacağına, yağda kızartmıştı. Kapkara vıcık vıcık bir şey koydu karşımıza. Zaten balık ve deniz hayvanı yemekten bıkmıştık. Rakı mezesi olarak karpuzla patates nemize yetmezdi? Gönlümüz o kadar doluydu ki, bir fikir ve söz şöleni çektik kendimize. Dünya uygarlığının köklerini içinde taşıyan Anadolu toprağının hep yeni filizler verdiğini şu el değmemiş, ayak basmamış Şehiradası'nda görmemiş miydik? İnsanı durmadan bir şeyler aramaya, bulmaya çağıran bu toprak karşısında, bulunanı bilineni gözden geçirmek canlı bir zevk olmakla kalmıyor, Hitit'ten, Yunan'dan tutun da Mevlana'ya, Ömer Hayyam'a kadar şiir dünyasında dolaşırken, Anadolu'da birer sınır taşı gibi yükselen bu anıtlar arasında; insanlık düşüncesinin hiç ardı kesilmeyen tatlı bir rüzgâr gibi estiğini görebiliyor insan. Fener ışığında ambar kapağı sanki bir akademiye dönmüştü. Paluko, muço Hasan, Alev, Mehmet çepeçevre bağdaş kurmuşlar, konuşulanları dinliyorlardı. Sonra yorulup sıra ile yatmaya gittiler. Gece yarısını çoktan geçmişti ki, biz daha konuşuyorduk. Söz ve fikirlerimizin tükenmemesi, bitmek üzere olan bu yolculuğu daha da uzatmak içindi belki. Ambara inip yattığımız zaman saat iki olmuştu.

Uykuya yeni dalmıştık ki, yanı başımda makinenin işlediğini duydum. Uyku sersemi yanımdaki Alev'e, "Ne oluyoruz?" diye sordum. "Gidiyoruz" dedi. Aldırmadım, uyudum. Gözümü açtığım zaman, sabahın çamur rengi ışığı ortalığı sarmıştı. Balıkçı'nın bacakları ambar kapağından içeriye sarkıyordu. Eyüboğlu yerinde yoktu. Tirandilin su üstünde hızla kaydığını duyuyordum. Güverteden gergin bir konuşmanın tek tük sözleri geldi. Olan olmuştu. Gece biz uyurken, Brobro, Paluko ve Hasan kalkmışlar, makineyi çalıştırmışlar, yelkeni açmışlar, Keramos'a filan uğramadan doğru Bodrum'a varmaya dört saat kalmıştı. Müthiş üzüldük, ama iş işten geçmişti artık. Kararımız Bodrum'a çıkmak, sonra başka bir kayık tutup Kuşadası'na kadar gitmekti. Öyle oldu. Birkaç saat Bodrum'da gezdik. Biz şehri, şehir de bizi tanıyordu artık.

Bizi Kuşadası'na götürecek kayık, üstü açık bir piyadeydi. Tirandilden çok daha çabuk gidiyordu, ama ambarı yoktu. Açıkta yatacak, yemek pişiremeyecektik. Paluko şilteleri evine götürmüştü. O gece tahta üstünde yatmaktan başka çare yoktu. Kahve pişirmek için bir ispirto ocağı almıştık, ne var ki, Bodrum'dan çıkar çıkmaz rüzgâr öyle sert esmeye başladı ki, artakalan iki-üç kaşık kahveyi de döküp ziyan ettik. Balık çorbası, patates haşlaması ne gezer? Kuru ekmek ve Balıkçı'nın arkadaşı Galip Bey'in verdiği küçük bir teneke dolusu zeytinle yetinecektik. Ama Galip Bey'in zeytinleri nefisti, İstanbul'dan beri bu kadar lezzetli bir meze yememiştik.

Bodrum açıklarında iki dağ arasında bir vadi gördük.

"İşte Hermafrodit efsanesinin doğduğu yer" dedi Balıkçı.

Bir zamanlar burada biri tanrı Hermes'in, öteki Aphrodite'in iki tapınak varmış. Hermes'le Aphrodite'in bir oğulları olmuş, Hermaphroditos. Vadide de bir dere akarmış, derenin su perisi Salmakis bir gün on beş yaşındaki Hermaphroditos'un oradan geçtiğini görmüş, körpe güzelliğine vurulmuş, "Gel derede sevişelim" demiş delikanlıya. Hermaphroditos sevişmek ne demek bilmezmiş, önce korkmuş, kaçmak istemiş, ama sonra derenin çekiciliğine dayanamamış, serin sulara dalmış. Dalar dalmaz da Salmakis'in kolları kıskaç gibi gövdesine kapanmış. Su perisi sevgilisini bir yandan öper, bir yandan da bu sarılışın sonu gelmesin diye tanrılara yalvarırmış. Dileği yerine gelmiş; yeşil sular içinde Salmakis'le Hermaphroditos'un gövdeleri bir daha ayrılmamak üzere birbirine kenetlenmiş, dişi ile erkek bir tek beden olmuşlar. Hünsa varlıklara da o gün bugün Hermafrodit (Hermaphroditos) denmiş.

Açık denize çıktık. Acayip biçimleri ile Çatal Adaları karşımıza her an değişiyor, güneş alçaldıkça koyulaşıyordu. Uzaktan Turgut Reis'in anıtını gördük. Deniz dalgalı, biz yorgunduk. Uyuduk, uyandık, bütün gece böyle geçti. Sabah dokuzda Kuşadası'na çıktık. Oradan otobüsle Efes. Günlerden gene cuma idi. Gökova yolculuğu tam bir hafta sürmüştü. Her güzel şeyin bitmesi insana bir acılık verir. Bizim içimiz gördüklerimiz, yaşadıklarımızla o kadar doluydu ki, taşkın bir sevinç duyuyorduk. Bu yolculuğu nasıl sindireceğiz, sevdiklerimize nasıl anlatacağız diye düşünüyorduk. İzmir'de kendimize biraz çekidüzen verdikten sonra, akşam lokantada şöyle bir konuşma oldu:

"Çocuklar, biz bu yolculuğu yaptık, ama başkaları da Gökova'ya gitmeli. Başkalarını da oraya göndermek için ne yapalım?"

"Yazı yazalım, propaganda yapalım da gitsinler."

"Gidin demekle iş bitmez ki, biz götürelim onları."

"Götürelim, Gökova'yı Sevenler Kulübü kuralım, isteyen bize gelsin, otuz-kırk kişi olur, gideriz. Balıkçı'yı da önden göndeririz, birkaç kayık tutar, bir filo olur, yola çıkarız."

"Her isteyen 100 lira versin, Bodrum'a gelsin. Ondan sonrası bize ait."

Öyle oldu, sevgili okuyucularım, biz kulübü kurduk, manen kurduk. Hepiniz davetlisiniz. Her yaz ağustos ayında Gökova'ya döneceğiz. Bize katılmak istiyorsanız, buyurun, seviniriz. Çok kalabalık gelmenizi candan dileriz.

1958

SALMAKİS EFSANESİ

Nice nice efsaneler vardır ki, kaynaklarının Anadolu'da bulunduğunu kimse bilmez. Bu masallara sahne olan yerler efsane kitaplarında bütün renk ve çizgi özellikleri ile anlatılmıştır, masalı okurken onları gözümüzle görür gibi oluruz. Ama hayal gözüyle gördüğümüz bu manzaraları gerçek dünyamızda aramaya pek koyulmayız. Oysa masal, içinde doğduğu dekora ne kadar bağlı ise, dekor da kaynak olduğu masalın anılması, anlatılması ile canlanır ve asıl kişiliğini ondan alır.

Salmakis efsanesi için de bu böyledir. İlkçağdan bu yana birçok sanatçının şiirine, resmine, heykeline konu olan bu masalı bugünkü çerçevesine yerleştirdiniz mi, masal gerçeğin verdiği anlamla derinlik kazanır, masala sahne olan yer de zamanın akışı içinde sanki duralar, ölümsüzleşir.

Bodrum'un hemen yanında, deniz kıyısında, bir zamanlar "Salmakis" denilen, bugün "Bardakçı" diye anılan bir tatlı su kaynağı vardır. İçecekleri suyun az kireçli olmasına önem veren Bodrumlular sularını ya denizden kayıkla, ya karadan eşekle bu Bardakçı kaynağından getirirler. Su, kıyının iki adım ötesindeki bir kayadan denize akar. Bardakçı iki-üç yüz metre genişliğinde bir kumsaldır, karadan yana kayalı, uçurumlu bir dağ amfitiyatrosuyla çevrilidir.

Bardakçı'da gökten düşme bir cennet parçası gibi küçücük, berrak bir göl varmış. Mersin ve yabani sakızağaçları bu göle yeşil bir çelenk olurlarmış. Bu güzel gölde Salmakis adlı bir su perisi yaşarmış. Salmakis, tanrıça Artemis'in buyruğunda bir dağ veya orman perisi olmadığından, avcılık etmez, yani zavallı hayvancıkları öldürmezdi; onun için de elinde ok ve yay taşımazdı. İşi gücü gölün yemyeşil sularında çırpınıp yıkanmak, çırılçıplak cümbüş etmekti. Uzun saçlarını göl kıyısında biten mersin ağacından yaptığı taraklarla tarardı. Saçlarını tararken küçücük gölden başka aynası yoktu. Salmakis bu aynaya baktıkça kendi güzelliğine şaşakalıp, gülüşünü güneşli yamaçlarda çınlatırdı. Hep göle dalar, yıkanır çıkar, kendi kendine türkü söyleyerek, yamaçtaki dağ çiçeklerini toplar, saçına takar, boynuna ve kollarına dolardı. Suya daldığı zaman su olur akar, takındığı çiçeklerle dağda gezerken dağ yamacının canı olur, ağaçlara karışır, türküsü de salınan dalların yaprak fısıltısı olurdu.

Bir gün Salmakis göl kıyısında çiçek toplarken güzel bir delikanlı görmüş. Delikanlının adı Hermaphroditos'tu. Bardakçı düzlüğünün bir yanında bir Aphrodite Tapınağı varmış. İki tanrı sevişmişler, Aphrodite gebe kalmış ve nur topu gibi bir oğlan doğurmuş. Babasının ve anasının adlarını birleştirerek Hermaphroditos adını takmışlar ona. On beş yaşına varınca genç yerinde duramamış, başını alıp yeryüzünü gezmeye, görmeye çıkmış. Yolu Salmakis Gölü'nün önüne düşmüş.

Körpe delikanlıyı görünce Salmakis'in gönlü sevgiyle harlanmış. Saçını başını şöyle bir düzeltmiş, güzelliğiyle delikanlının gönlünü büyülemeyi tanrılardan yalvarıp, Hermaphroditos'un yanına varmış ve, "Sen bir tanrı mısın, değil misin? Tanrı isen, sevgi tanrısı Eros'un kendisisin herhalde" demiş. "Ne mutlu! Kız kardeşlerin de seni görmekle sevinirler. Annen, sütninen, kardeşlerin mutlu, ama gelin olarak sana varan kız onlardan yüz kere, bin kere daha mutlu. Nice zevkler tadacaktır o! Bugüne değin evlenmedinse, gel birbirimize varalım; yok bir gelinle gerdeğe girdinse, yine de sevişelim şuracıkta, duyacağımız zevk hırsızlama bir zevk olsun."

Salmakis böyle demiş. Ama çocukluk çağından yeni çıkmış olan Hermaphroditos çekingen, sıkılgan bir gençti. O âna kadar böyle şeyleri hiç aklından geçirmemişti. Yanakları utançla kızardı. "Git oradan!" diye öteye dürttü peri kızını. Salmakis, içi acıyla burkularak, bir çalının ardına çekilip gizlendi. Kendini ıssız yerde yapayalnız bilen genç önce ayağını suda çalkaladı, sonra soyundu, çırılçıplak göle daldı.

Dibi görünen serin suda bir fildişi heykeli gibi yüzüyordu. Peri kızının gözleri arzu ateşiyle yanıp çaktı. "Artık benimsin!" diye sevinç çığlığı saldı ve kınından boşalan yalınkılıç gibi çıplak ve parlak gövdesiyle göle atladı. Hermaphroditos'u elleri, kolları, bacaklarıyla sarmış, acıtırcasına kavramıştı. Dudaklarını dudaklarına kenetlemişti. Nasıl yılan, pençesinde tuttuğu kartala büklüm büklüm dolanırsa, nasıl denizin dibinde ahtapot lamisesiyle tuttuğu balığı fırıl fırıl kavrarsa, Salmakis de delikanlıyı öyle sarıp bağrına basıyor, döne döne suyun dibine çekiyordu.

Hermaphroditos kurtulayım diye çırpınırken, peri kızı, tanrılara seslenmiş, "Size yalvarırım, ikimizi birbirimize kavuşturun!" diye yakarmış. Tanrılar dileğini yerine getirmişler: Kızla erkeğin iki gövdesini bir tek gövdede birleştirmişler, öyle ki, o gövde ne erkek, ne dişi, aynı zamanda hem erkek, hem dişi olmuş. Batıda "hünsa" anlamına gelen "Hermafrodit" sözü işte bu efsaneden gelir.

Bugün Bardakçı'da Kaplan Kaya denilen yüksek bir tepe vardır. Hermes ve Aphrodite'in tapınakları olsa olsa bu tepenin üzerinde olabilirdi. Tepenin denize inen yamacında dikilitaşlara, anıtlara, dolmenlere benzeyen dev kayalar yükselir. Bu dik dorukların arasında yer yer yeşil kadife çimen parçaları göverir. Denize varınca, kimi kumsalla, kimi cilalı taşlarla çevrili berrak, tabii havuzlar vardır. Taşlar bu havuzları kemerler ve köprücüklerle aşarlar. Taşların altından denize girer ve irili ufaklı beş-altı havuzu dolaşır. Salmakis Gölü bu havuzlar olsa gerek.

"Bu efsane nasıl doğdu, neden doğdu?" diye soracak olursak, ilkçağ masalcıları, "Salmakis Gölü'nün suyunda gevşetici, erkeklik gücünü azaltıcı bir özellik vardı da ondan" diye karşılık verirler. Belki yalan, belki gerçek bilmiyoruz. Masalda gerçek aranmaz ki, şiirinin tadına varılır yalnız.

BERGAMA

Philemon ile Baukis yahut sevgi ağacı

Evvel zaman içinde, Bergama denilen şehrin bulunduğu yeşil ovanın bir köşesinde ulu bir ağaç varmış; bu ağaç çınar, söğüt, meşe, gürgen veya ıhlamur ağaçlarının hiçbirine benzemezmiş; benzemez, çünkü hem çınar hem de ıhlamur ağacıymış. İri gövdesinden fışkıran iki koca dal birbirine dolanır, düğüm olup kenetlendikten sonra, biri bir yana çınar yaprakları, öbürü öbür yana ıhlamur yaprakları salar, yayıldıkça yayılırmış. Her bahar dalları yeni özlerle beslenip şişen, yapraklarının yeşil kubbesi hışırtılı bir gölge ile toprağı serinleten bu eşi görülmedik ağacın bir masalı varmış. Bu masalı size anlatayım.

Bir varmış, bir yokmuş, Philemon ile Baukis adında bir karı koca varmış. İkisi de yaşlı, çok yaşlıymış. Bunca yıllık karı koca oldukları halde Philemon ile Baukis ilk evlendikleri günkü kadar sevişirlermiş. Gövdelerini ağırlaştıran, yüzlerini kırış kırış eden yaş; gönüllerinin tazeliğini almamış, sevgilerinin ateşini söndürmemişti. Yoksul evceğizlerinde mutluluk, hiç olmayan çiçek gibi açar, serpilirmiş. Gündüz Philemon tarlada, Baukis ocak başında çalışırlar, günlük ekmeklerini çıkarırlar, ufak varlıklarının hem efendileri, hem uşakları olup başına buyruk yaşarlarmış. Katı yürekli, para canlısı adamlar çevrelerini sarmış. Ama Philemon ile Baukis komşularına aldırış etmezler, kendi ocaklarının cömert ateşinde ısınıp, sevgi ve mutlulukla dokurlarmış ömürlerini.

Günün birinde tanrılar tanrısı Zeus yüce Olympos

Dağı'ndan yeryüzüne inmeyi kurar. Oğlu kılavuz tanrı Hermes'e, "Gel şu Frigya Ovası'na gidelim de, ölümlü insanların nasıl yaşadıklarını bir görelim" der. "Kesilen kurbanların dumanı çoktandır göğe yükselmiyor. İnsanlarda tanrı saygısı, sevgisi kalmadı mı yoksa?" Ayakları kanatlı tanrı Hermes bu yolculuğa dünden hazırdır. İki tanrı tanınmamak için eski püskü urbalar giyip hemencecik yola koyulurlar. Bergama Ovası'na inince, tanrı misafiriyiz diye birçok evlerin kapısını çalarlar. Ama ev sahipleri, "Yolunuza gidin, sizi konuklayacak yerimiz yok!" diye karşılık verirler. Böylece çaldıkları her kapı ev sahiplerinin yürekleri gibi kapalı kalır tanrılara. Enikonu taban teptikten sonra, iki tanrı, damı yerden az yükselen Philemon'un yoksul kulübesine varırlar. Kapı hemen açılır ve tanrılar küçücük evin kapısından eğilerek girerler.

Philemon ile Baukis konukları içten gelen bir sevinçle karşılarlar. Onları ağırlamak için alçak sedirin üstüne saman dolu torbalar koyarlar. Baukis ocaktaki külleri eşeleyip, ateşe kuru yapraklarla ağaç kabukları katar. Uzun uzun üfler, sonra alev dillerini çürük zeytin kökleriyle örter. Philemon da bahçeden bir lahana getirir. Baukis lahanayı ayıklayıp ateşe koyarken, kocası asılı duran kuru etten bir dilim keser. Yemek pişedursun, karı koca bir tahta kaba su koyup ateşin yanında ısıtırlar ve konuklarının ayaklarını yıkarlar. Kaba, ama tertemiz havlularla silerler.

Yemek pişince, karı koca titrek elleriyle masaya mis gibi kokan yabani nane sürttüler. Philemon bir ayağı kısa olan masanın altına kırık bir çanak parçası koydu. Sonra da zeytin, kırmızıturp, salata ve külde pişmiş yumurtaları dizdi sofraya. İki tanrı doya doya yiyorlardı. Philemon da arada bir tahta testiden sirkeye benzer bir şarap dolduruyordu taslarına. Ne var ki, taslar doldukça, testideki şarap eksileceğine, çoğalıyordu. Philemon ile Baukis bu mucizeye önce şaşakaldılar, sonra evlerine gelen tanrı misafirlerinin gerçekten tanrı olduklarını anladılar. Dize gelip, yakardılar.

Zeus ayağa kalktı. "Gelin!" dedi Philemon ile Baukis'e. Tanrılar önde, ihtiyarlar arkada, bir yamaca tırmandılar. Bir de dönüp baktılar ki, şehir sulara boğulmuş, yalnız kendi kulübelerinin bulunduğu tepecik yüzüyor, yoksul evceğizlerinin yerine de pırıl pırıl, beyaz mermerden bir tapınak yükseliyormuş. Tanrılar tanrısı dile geldi: "Ey iyi insanlar!" dedi. "Dileyin benden ne dilerseniz. İyiliğiniz, cömertliğiniz karşılıksız kalmayacak." Yaşlı karı koca birbirlerine bir şeyler fısıldamışlar, sonra Philemon şöyle demiş tanrıya: "Tanrım, senden ne dileyelim? Biz bugüne değin bir yastıkta kocadık, yediğimiz yemek, içtiğimiz su ayrı gitmedi. Bugünden sonra da bizi ayırma, birimiz önce ölüp, ötekini kollarıyla mezara taşımak acısını çekmesin. Daha ne kadar yaşayacaksak, yan yana yaşayalım, sonra da ikimiz birden can verip ölelim."

Zeus bu dileği kabul etmiş, Philemon ile Baukis'i Frigya Ovası'nın yüceliğinde kalan tapınağa bekçi yapmış. Aradan birkaç yıl daha geçmiş. Bir gün ihtiyar karı koca tapınağın eşiğinde güneşlenip, Philemon Baukis'e, Baukis de Philemon'a sevgi dolu gözlerle bakarken, birbirlerinin kollarından taze dallar, yeşil yapraklar fışkırdığını görmüşler. İkisinin de ayakları toprağa gömülmekte, gövdelerini kabuk sarmaktaymış. Kollarını birbirlerine dolayıp son bir öpüşle vedalaşmışlar. Ağaç kabuğu dudaklarını artık örtüyormuş ki, oradan geçen bir yolcu bir dalın öbür dala seslendiğini işitmiş. "Ne oluyoruz, ağaçlar mı konuşuyor?" diye duraklamış, kulak vermiş, ama rüzgârda tatlı tatlı sallanan yaprakların fısıldayışından başka bir şey duyamamış.

İSTANBUL-ALANYA

Bir turistle İstanbul'dan Çanakkale'ye

Biz kendi ülkemizi tanımayız. Otomobilimiz de olsa, iç turizmi Boğaziçi, Florya veya Kilyos'tan, bilemediğimiz Bursa veya İzmir'den öteye götüremeyiz. Türkiye'nin birçok şehirlerine ancak işimiz düşerse gideriz, görülecek, gezilecek yerlerini biliriz, ama onları görmek, gezmek için katlanılacak zahmetlerin önünde yılar, tatillerimizi fırsat çıkarsa dış memleketlerde, çıkmazsa İstanbul çevresinde geçirir, dururuz. Kendi ülkemizi bize yabancılar tanıtır desem yeridir. Bu sefer bana da öyle oldu, bakın nasıl?

Geçen yıl Ege çevresinde dolaşırken, Fransız demiryolları idaresinde başmühendis olarak çalışan M. Fellot adında yaşlı bir adamla tanışmıştım. M. Fellot fotoğraf meraklısıdır. Omzunda hep kocaman bir çanta taşır, çantanın içinde biri renkli, öteki siyah-beyaz fotoğraf çeken son model iki fotoğraf makinesi, paket paket filmleri ve çeşitli fotoğrafçılık aksamı bulunur. Dünyada başka bir zevki olmayan M. Fellot her yıl tatil aylarını bir memlekette geçirir, yüzlerce fotoğraf çeker, dönüşünde *develope* ettirdiği fotoğraflarla bir koleksiyon meydana getirir. Bu koleksiyondan ticari bir gaye ile faydalanmaz da, zaman zaman evinde toplantılar tertipler, arkadaşlarına projeksiyon yapar, gördüğü yerleri anlatır. Yani ideal bir turisttir; başkalarının bilmediği, görmediği yerlerin fotoğrafını çekmek için her türlü zahmete katlanır, konforsuzluktan yılmaz, avuç dolusu para harcar, Fransa'ya dönünce, gezdiği yerlerin turistik propagandasını yapar.

M. Fellot birkaç ay önce bana bu yaz Türkiye'ye gelmek istediğini yazmış ve tasarladığı seyahat programını göndermişti. Bu program o kadar yüklü idi ki, başvurduğu bir turizm acentesi; bir ayda bütün Türkiye'yi gezmek, bir gün Antalya'da, ertesi günü Konya'da, iki gün sonra da Kayseri'de olabilmek ve oradaki bütün görülecek yerleri görebilmek için şoförü Fransızca bilen bir taksi tutması gerektiğini, böyle bir yolculuğun da dört-beş bin liradan aşağı olamayacağını bildirmiştir. M. Fellot'ya yardım olsun diye kendisiyle on beş gün kadar gezebileceğimi yazmıştım. On beş günlük programı günü gününe hazırladım. İstanbul'daki turistik acentelerden çok, gideceğimiz yerlerdeki dostlarıma, tanıdıklarıma başvurarak, otellerde yer ayırttım, uçakları, trenleri, otobüsleri, günleri, saatleri ile öğrenmeye çalıştım ve 18 Mayıs Pazar günü M. Fellot ile Yeşilköy'den havalandık.

İlk durağımız Çanakkale idi. M. Fellot Troya harabelerini gezmek istiyordu. Kendisine Troya'nın bulunduğu Hisarlık bölgesinin askeri olduğu, izinsiz gezilemeyeceği, üstelik Troya'nın pek görülmeye değer bir yer olmadığı bildirilmişti. Verilen bu yanlış bilgiyi mektupla düzeltmiş ve Çanakkale Lisesi'nde resim öğretmeni olup Troya'daki küçük müzeyi süsleyen arkadaşım Şadiye Erdölen'e her şeyi hazırlamasını rica etmiştim. Çanakkale turizminin gelişmesine çok değer veren, Troya kazı yerini bugünkü düzgün haline sokan Vali Cemal Tarlan'ın desteğine de güveniyordum. Arada Sayın Tarlan İstanbul Emniyet Müdürü olmuştu. Ama bir rastlantı ile bizim bindiğimiz uçakla Çanakkale'ye gidiyordu. Uçakta konuştuk ve Çanakkale'den ayrıldığı halde, Troya'nın turistik değerinin artması için her zaman canla başla çalışacağını bana söyledi.

Bir saatlik güzel bir uçuştan sonra Çanakkale Havaalanı'na indik. Bütün Çanakkale, eski valisini karşılamaya gelmişti. Arkadaşlarım da M. Fellot'ya Troya'yı gezme iznini hemen uzattılar. M. Fellot için iş çok kolay olmuştu, ne var ki, Çanakkale'de iken bir İngiliz turistine rastladık, izin almak için emniyete gitmiş, kendisinden on altı kuruşluk pul istenmiş. Pazar mağazalar kapalı olduğundan, pulu nerede bulacağını bilmiyor, şaşkın şaşkın dolaşıyordu. Az daha Troya'ya gitmekten vazgeçecekti. Hemen pulunu aldık, işlemini yaptırdık ve adamın Troya'ya gitmesini sağladık.

Troya'ya gidip gelmek turisti memnun edecek kolay bir yolculuktur denmez. Arkadaşlarım çok önceden bizim için bir taksi tutmuş, pazarlığını yapmışlardı. Ama taksi o sabah bir kaza geçirmiş, tamire çekilmiş. Şoförü gelip haber vermediği gibi, meydanda başka taksi de yoktu. Deniz kıyısındaki yeni lokantada Çanakkale'nin nefis mercanbalıklarını yerken meraklanıyordum. Bunca gün önceden, bu kadar yardımla hazırlattığım Troya yolculuğu o gün olmayacak, programımız ilkinden aksaklığa mı uğrayacaktı? Neyse, saat üçe doğru bir otomobil bulduk, eski, kırık dökük bir arabaydı. Troya'ya gidip gelmeye, altmış kilometrelik yol için kırk lira istiyordu. Razı olduk ve yola çıktık.

Boğaz'a bakan çamlıklar arasından geçen Troya yolu çok güzeldir, ne var ki, taksinin iyi kapanmayan kapılarının altından yükselen toz bulutları, arabanın çok yavaş gitmesi, hemen her yokuş başında durması ve hele dönüşte motorun bir türlü çalışmaması Troya gezisinin zevkini bir hayli azalttı.

Troya'nın turistik bir merkez olması için daha çok çalışmak gerek. Broşürler basılmalı, yabancılar için izin meselesini ya büsbütün kaldırmalı yahut çok kolay bir hale getirmeli. Kazı yeri gerçekten bakımlı, müze rahat ve serin, müzenin bitişiğinde Troya'ya gelip kalmak isteyen bilginler, araştırıcılar için temiz döşenmiş odalar var, hatta Alman elçisi son gelişinde burada iki gece kalmış. Bunlar anlayışlı bir valinin güzel başarıları. Çanakkale halkı da biraz ilgi gösterse, örneğin Troya'ya gidecek taksiyi her an sağlayacak bir turizm bürosu kurulsa, fena mı olurdu? Ama böylesi nerede kuruldu ki, Çanakkale'de kurulsun diyeceksiniz. Pazar günleri İzmir Limanı'ndaki bütün turizm acenteleri kapalıdır. İstanbul'da Basın Yayın'ın Hilton Bürosu cumartesi öğleden sonra kapar. Turist hafta sonunda Türkiye'ye gelmemeli demek! Fransa'nın, İtalya'nın en ufak turistik şehrine gidersiniz de, her zaman size yol gösterecek bir belediye turizm bürosu bulunur, bu işle şehrin gençleri uğraşır asıl. Antalya'da da genç lise öğrencilerinin görev aldıkları böyle bir turizm derneğine rastladım da çok sevindim. Çanakkalelilerden de böyle bir işe girişmelerini bekleriz.

Yine de Çanakkale'de turizm bakımından kayda değer gelişmeler olmuş. Doğan Palas diye iyi bir otel kurulmuş, deniz kıyısında temiz ve iyi yemek veren bir lokanta açılmış. Çanakkalelilerin her nedense rağbet etmedikleri güzel bir pastanesi var, bunlar iki yıl önce yoktu, şimdi var. Bu gidişle Çanakkalelilerin Troya'yı iyice değerlendirme yolunu tutup, dünyada bir eşi daha olmayan bu örenden yarar sağlamak olanağını bulacaklarını umarım. Ancak bu iş; iyi niyetlerin baltalanmaması ve şimdiye kadar Troya ile pek ilgilenmemiş turistik kurumlarımızın Çanakkale'yi destek lemeleriyle olur.

Otomobil yolculuğu başlıyor!

Çanakkale'den öteye programımız yüklü idi: Sabah erkenden Çanakkale'den kalkıp, Behram'a gitmek, orada eski Assos şehrini gezmek, Edremit yoluyla da Bergama'ya varıp gecelemek istiyorduk. Çanakkale'de bu yolu yapmak için otomobil bulmak kolay olmadı. Troya dönüşü lokantada bir daha mercanbalıkları yerken ikide bir meydana koşup taksi arayan arkadaşım Muzaffer Erdölen sonunda iyi bir haberle geldi: Bizi Bergama'ya kadar götürecek bir taksi bulmuştu. Hemen gidip pazarlığını yaptık: Üç yüz lira istiyordu, ama Behram'a gidilemez, yol yok diyordu şoför. M. Fellot üç yüz lirayı çok görmedi. Otomobil geniş ve yeniydi. Sabah saat 7:30'da M. Fellot'yu Doğan Palas'tan aldık. Çanakkale uyanmış, 19 Mayıs Bayramı'na hazırlık yapıyordu. Serin bir havada yola koyulduk. Assos'a gidememek sorunu kafamı kurcalıyordu. Midilli'nin tam karşısına düşen ilkçağın bu kalesine çok güzel demişlerdi İstanbul'da. Bizim turist Louvre Müzesi'nde Assos'tan gelme kabartmalar, sütun başlıkları görmüş, ne pahasına olursa olsun oraya gitmek istiyordu. Çanakkale-Bergama yolculuğu için üç yüz lira verdikten sonra Assos'a gidememesi yazık değil miydi? Ne var ki, şoförümüz, "Yol yok, taştan taşa atlanır, belki de bir cip ile gidebilirsiniz, ama o da beş-altı saat sürer ve Bergama'ya akşama yetişemeyiz" deyip duruyordu. Şüphelendim, herhalde bizi bir an önce Bergama'ya bırakıp, paraları almak ve Çanakkale'ye dönmekti emeli. Yağma yok, kardeşim, dedim içimden ve Ayvacık'a sapan yolun önünden hızla geçerken, geri dönmesini, Ayvacık'a uğramasını söyledim.

Ayvacık inişli çıkışlı, sevimli bir kasabadır. Meydana geldiğimizde iki-üç tane cip gördük. Birisinin şoförünü çağırdım, Behram'a nasıl gidildiğini sordum. Meğer yol bir saat kadar sürermiş, yarısından fazlası şose, yalnız bir parçası bozukmuş. Gidip gelmeye yetmiş beş lira istedi, altmış beş liraya anlaştık. Saat 10:30'du. Üç saat sonra dönersek, Ayvacık'ta yemek yiyip yolumuza devam ederdik. Öyle oldu.

Cip Anadolu'da yolculuk etmek için ideal bir taşıttır,

aşamayacağı hendek, geçmeyeceği taş yığını yoktur. Cipte oturunca insan güven duyar, açık havada spor yapıyormuş gibi olur. Cipimiz Tuzla Fabrikası'ndan yeni çıkmış bir makine, şoförümüz iyi bir çocuktu, bu yolculukta rastladığım aslan cip şoförlerinin ilki. Arabasını öyle hesaplı bir ustalıkla kullanıyordu ki, bizim taksi şoförünün deyimiyle taştan taşa atlamak bir zevk oluyordu. Kaldı ki, Ege'nin birçok yerlerinde olduğu gibi burada da güzel bir yol yapılıyordu. Zeytin ağaçları ile örtülü dağ yamaçlarının manzarasına doyum olmuyordu. Bir saat bir çeyrekte Behram'a vardık. Yolda bir yolcu da almıştık, Behram'a bir motor satın almaya gidiyormuş, ötede bir zeytinyağı fabrikası varmış. "Gelin fabrikamı gezin" diyordu. "Edremit'e denizden gidersiniz." M. Fellot pek denizci değildir. Programımıza göre akşam Bergama'da olmamız gerektiğini bin güçlükle kendisine anlattığım delikanlı da sonunda vazgeçip, bize Behram'da çay ikram etmekle yetindi.

Behram, Edremit-Ayvalık Körfezi'ne ve Midilli Adası'na eşsiz bir manzarası olan bir dağ köyüdür. Dik yamacın eteğinde bulunan köy odasından yukarıya tırmana tırmana ilkçağdan kalma kaleye varılır. Muhtarla birkaç köylü bizi karşılayıp önümüze düştüler. Bergama'da kazı yapan Alman arkeologları geçenlerde Behram'a gelirken, Ayvacık Kaymakamı da birlikte gelmiş ve muhtara Assos'ta bekçilik yapma ödevini vermiş. Muhtar bu ödevi iyice benimsemiş olacak ki, bize Assos'un eski surlarını, kalesini, camisini gezdirmek istedi, ama biz o yokuşu inip çıkmayı göze alamadık. M. Fellot birçok fotoğraflar çektikten sonra, köy kahvesine gelip oturduk. Köylüler ille de bizi misafir etmek istiyorlardı. Alman arkeoloğunun geçişi burada epey iz bırakmıştı. Bir gün Assos'ta kazı yapılacağını umuyordu herkes. O arada köylünün biri eski bir sikke getirdi, altındır diyordu. Miğferli güzel bir başla süslü bu para bana da altın gibi göründü. M. Fellot Mısır'da, Lübnan'da yolculuk etmeye alışmış, paranın sahte olduğuna inanıyordu. Güldüm, Behram Köyü'nde kırk yılda bir uğrayan turistlerden para koparmak için kabartmalı sikke basacak hal ne gezer!

Ayvacık'a dönmek için yola koyulmuştuk ki, bir ihtiyar köylü arabamızı durdurdu. Telaşla bir şeyler söylüyordu; oğlu hasta imiş. Ayvacık'a doktora götürecekmiş, onu arabaya alalımmış. Durduk. İhtiyar kollarını sallayarak bağıra çağıra yüz metre ötedeki evine koştu. Gitmeler gelmeler oldu, bir çeyrek saat geçtikten sonra, evden bir kadın, iki de delikanlı çıkageldiler. On dört yaşlarında, iri, kumral bir oğlan güçlükle ve başını dimdik tutarak bize doğru yürüyordu.

"Baba, oğlunun hastalığı nedir?"

"Bilmiyoruz, hanım, bir haftadır başını oynatamıyor. Bir hal oldu aslan gibi çocuğa!"

Çocuğun anası da yana yakıla aynı şeyi anlattı. Oğlanı cipin arkasına yatırdık. Sesi çıkmıyor, ama her kımıldanışta fena canı yandığı yüzünden belli oluyordu. Çocuğa bu hastalığın nasıl geldiğini, neden geldiğini sorup araştırdım, bir sonuç alamadım. Ayvacık'ta yeni gelmiş bir doktor varmış, ona götürecekler, olmazsa Edremit'e gideceklermiş. İbrahim Baba'nın orada bir oğlu polismiş, hastane de varmış Edremit'te. Yolda İbrahim Baba ve Erzurumlu Emine'nin bütün hayat hikâyesini dinledik. On iki defa doğurmuş Emine Kadın, yalnız dokuz çocuğu diri doğmuş, üçü sonradan ölmüş, şimdi altı çocuğu varmış. Benim çocuğum olmadığına fazlasıyla üzüldü. Bir yıldan beri başına gelen bütün dertleri uzun uzun anlattı. Bu arada M. Fellot delikanlının haline bir teşhis koymuş gibiydi, hastayı Ayvacık'ta bırakmaktansa, Edremit'e götürmeyi önerdi. İbrahim Baba ile karısı artık nasıl teşekkür edeceklerini bilemediler.

Ayvacık'a vardığımızda saat ikiye geliyordu. Bir lokanta bulduk. M. Fellot yolda ızgara etten başkasını yememeye kararlıydı. Çanakkale'de et diye bir şey bulamamış, bol balık yemiştik. Ayvacık'ta bize sığır etinden bir çeşit fileto pişirdiler, yoğurtla yedik. Çanakkale'deki şoförümüz hasta çocukla annesini ta Edremit'e kadar götürmek haberinden pek hoşlanır görünmedi, ama biz de fikrini almadık artık.

Haritaya bakarsanız, Edremit-Ayvalık yolunun deniz kıyısı boyunca uzandığını sanırsınız. Harita bizi böylece birkaç defa aldattı. Yollar Ege'de güzel, düzgün, ama hiçbiri deniz kıyısından gitmiyor, vakit vakit uzaktan deniz görünüyor, o kadar. Edremit Körfezi bitmek bilmiyordu. Edremit epey içeride kurulmuş, dar sokaklı, sıcak, havasız bir şehircik. Onu her nedense güzel sanmıştım, pek değilmiş. Bütün körfezi ağır bir zeytinyağı kokusu sarmış sanki.

Erzurumlu Emine'yi ve oğlunu garaj meydanında bıraktıktan sonra, hızla yolumuza devam ettik. İki günden beri aldığımız kilometre sayısı birkaç yüzü geçiyordu. Tozdan saçlarım kirpilenmiş, elbisemizi ve çantalarımızı beyaz bir tabaka örtmüştü. Düz yolda arabamız altmış, doksan, bazen yüz kilometre gidiyordu. Şoförün akşam Bergama'ya varamayacağınız sözü de doğru çıkmadı. Saat altıyı biraz geçiyordu ki, Bergama'nın mezar höyükleri, sonra da Akropol'ü gözüktü. Halikarnas Balıkçısı bizi beklemek üzere İzmir'den saat 13:30 otobüsü ile çıkacaktı. Saat tam 18:30'da Bergama Palas'ın bahçesi önünde durduk. Balıkçı gelmiş, bizi geceden önce beklemediği için odalarımızı ayırtıp çarşıya çıkmıştı.

Bergama'da daha neler olabilir?

Her Ege'ye gelişimde Bergama'ya bir pazartesi uğramaya çalışırım, çünkü pazartesi pazar kurulur Bergama'da, bohçacı kadınlar nefis oyalar, yazmalar satarlar. Bu sefer de gelir gelmez pazara koştum. İstanbul'daki arkadaşlarım benden oya istemişlerdi. Vakit geç olduğundan mı ne, bir tek oya bulabildim, oyalı yemeniler vardı, ama onlar da geçen yıllara kıyasla düşük kaliteli veya ipekli olanları çok daha pahalı idi. 1954'te bohçacı kadınların önünde serili duran renk renk oyalar bir bahçe gibiydi, tanesi yüz yirmi beş kuruştan on kadar oya almıştık o zaman. Bugün bir oyaya insan seve seve iki yüz elli kuruş veriyor, ama bu yerli sanatın kaybolmasına da üzülüyor doğrusu. Bergama Etnografya Müzesi'nin vitrinlerinde serili duran yüzlerce çeşit oya ne oldu, zeybeklerin, efelerin feslerine, kuşaklarına sardıkları ve oyun oynadıkları zaman havada salkım salkım sallanan bu canım çiçeklerin kökü mü kurudu? Dikkat ettim, Bergama pazarında ve sonra Antalya'ya kadar yol boyunca uğradığımız bütün kasabaların dükkânlarında son moda ayakkabılar satılıyor, yani Mahmutpaşa ile bu çarşılar arasında hiçbir fark yok, ama yerli sanat eşyaları azaldıkça azalıyor.

Taşralı şehirleriyle özene özene tam bir zevksizliğe boğulmuş. Korkarım ki, bu gidişle beş-on yıl sonra nefis halk sanatımızdan, müzelerden gayri yerlerde iz bulunmayacaktır. Bu duruma çare yok mudur? Köylü kendisine lazım olan elişlerini yapar ve kullanır, kasabaya ancak sürümü olacak artıklarını getirir, ilgi görmezse, bunları da getirmez olur. Bizim nefis elişlerimizi bugünkü moda ile kullanılacak bir hale sokmadığımıza da ben şaşarım doğrusu. Bergama'dan aldığım bir sarı-siyah oyayı siyah ipekliden bir etolün kenarlarına dikmiştim, her giyişimde bu etolü beğenenler, onu nereden aldığımı soranlar oldu. Fransa'nın güney köylerinde yerli kumaşlarla yapılmış etekler, çantalar, eşarplar ateş pahasına satılır. Geçen yıl bir vapur dolusu Fransız turisti Bergama'ya gelmiş ve pazarı; oyaları, yazmaları, yemenileri, heybeleri, keçeleri ile adeta yağmaya uğratmışlardı, öyle ki, aylarca sonra pazarda alınacak bir şey bulunmuyordu. Paris şalvar modası ile bizim yarattığımız elbise biçimlerini benimserken, bunları ilham kaynağı olarak değerlendirirken, bizim yerli sanatımızı kız sanat okullarından gayri yerlerde canlı tutamamamız, yaratıcı diye bildiğimiz Türk kadını adına acıdır doğrusu.

Bergama'da kermes hazırlığı vardı, ama ilkinden benim neşem kaçmıştı Bergama'da. Odamı gösteren otelciye, "Osman Bey nasıl?" diye sormuş, "A bilmiyor musunuz? Osman Bey sizlere ömür" cevabını almıştım.

Osman Bayatlı ölmüş, onsuz Bergama'nın da, kermesin de ne tadı olurdu? Bir ay önce yorgun, rahatsız olduğu halde, müzesinin koleksiyonunu tamamlamak için uzak köylerin birine gitmiş, yağmura tutulmuş, dönüşte kalp sektesinden ölmüştü. Osman Bayatlı'yı tanımayan var mı bilmem, arkeoloji veya müzecilikle biraz uğraşan her insan onun ne eşsiz bir müzeci, ne canlı bir arkeolog, ne geniş bir bilgin olduğunu bilir. Bergama her şeyini Osman Bayatlı'ya borçludur. Yabancı bilginler kazı yapıp giderler. Osmanlı çağında olduğu gibi buldukları eserleri kendi müzelerine alıp götürmeseler de, kazılarının sonuçlarını Türkiye için değerlendirmek yoluna pek yanaşmazlar, yayınlarını kendi dergilerinde yaparlar, bulma şerefi kendi memleketlerine aittir. Osman Bayatlı Bergama'da yapılmış kazıları Türkiye için değerlendirmek yoluna giden ilk arkeologdur yanılmıyorsam; Asklepion'u restore etti. İlkçağ dünyasının her tarafından hastaların iyileşmek için geldikleri bu eşsiz kaplıcayı, tapınakları, banyoları, kütüphanesinin önündeki sütunla revaklarıyla yerden o kaldırdı. Bu işte sanat bakımından tam bir başarı elde ettikten sonra, Arkeoloji Müzesi'ni ve kermesi kurdu. Arada Bergama'nın bütün tarihini aydınlatan birçok kitaplar yazıp yayımladı. Osman Bayatlı'nın çok yönlü ilgileri vardı, halk inanışlarına, törelerine, sanatlarına merak sarmış, bu alanda topladığı eşyalarla bir Etnografya Müzesi kurmuştu. Bu müze Alevi gelinleri, zeybekleri, yerli dokumaları, Karagöz, silah ve ev eşyası koleksiyonu ile kendi cinsinin güzel bir örneğidir.

Yaptığı eseri yeter sayıp çalışmaya son veren bir insan değildi Osman Bayatlı. Bu sefer Bergama Akropolü'ne çıkarken ne görelim, meydan güzel bir otopark haline sokulmuş, çepeçevre çardaklar, çiçeklerle donatılmış, turistlerin dinleneceği sıralar konmuş; bu Osman Bayatlı'nın son eseri. Bir yandan da Serapis Tapınağı'nın restorasyonuna girişilmiş. Bütün bu işlerle Bergama Ege'nin bir numaralı turistik merkezi olmuştur. Ne var ki, Efes'te Prof. Miltner'in kazı ve onarım işleri hızla ilerliyor. Bir günlük İzmir'e gelen turistlerin çoğu daha yakın diye Efes'e gidiyorlar. Bergama'nın Asklepion'unda gerçi Almanlar yine kazıya başlamışlar, ama şimdilik fazla bir şey bulamamışlar gibi geldi bana. Bergama Akropolü'nde yapılacak daha çok işler var. Dimdik bir yamaç üstüne kurulmuş otuz bin kişilik Bergama Tiyatrosu'nun ufak bir kısmı onarılıyor, bu eşsiz tiyatronun zamanla aşınmaması için daha çok onarım görmesi gerek, tiyatrodan Gymnasion'lara inen yolun daha rahat inilir bir hale sokulması gerek. Bu kadarı ile kalınmaz da, bir zamanlar Berlin Müzesi'ne götürülen Zeus Sunağı'nın yerine dönmesi için girişime geçilirse, iyi olur. Bilindiği gibi Bergama'dan gelme kabartmalarla camdan bir müze içinde yeniden kurulan sunak, İkinci Dünya Savaşı'nın sonunda Doğu Berlin'de kalmış ve uzun zaman halka açılmamıştı. Sunağın Rusya'ya taşındığı söylentileri de dolaşmıştı o sıralarda. Bundan birkaç yıl önce Berlin Film Festivali'ne giden bir arkadaşıma Batı Berlin Müzesi'nin müdürü, Türkiye Bergama Sunağı'nı geri isteyecek olursa Almanlara inat Rusların sunağı belki bize geri vereceklerini söylemişti. O gün bugün Doğu Berlin'de Bergama Müzesi'nin yeniden açıldığını duyduk.* Alınan mal bir daha geri verilmez ama her müze eserlerinin alçıdan yapılmış kopyalarını vermeye yahut satmaya hazırdır sanırım. Doğu Berlin Müzesi'nden bunlar istenebilir ve bütününün bir kopyası değilse de, sunağın bazı kabartmaları elde edilip Zeus Sunağı'nın şimdi bomboş duran yerine konulabilir. Yoksa bugünkü haliyle turist Bergama'da ister istemez bir tuhaflık duyar; ilkçağın son devresini kaplayan ve Avrupa müzelerinde çeşitli örnekleri görülen Pergamon sanatının hemen de hiçbir kalıntısını Bergama'da bulmadığına şaşar. Zeus Sunağı'nın aslını değilse de, bir kopyasını Bergama'ya getirecek olursak, turistler Bergama'yı bütün tarihi ile görmek fırsatını bulurlar. Bergama'nın turistik değeri de böylece kat kat artar. Bu bir öneridir, bugün değilse de belki bir gün gerçekleşme yoluna girebilir.

Bergama Kermesi'ne kalmak, Devlet Tiyatrosu'nun Asklepion'da oynayacağı *Elektra* piyesini görmek isterdim. Fırsat olmadı. Bergama Oteli'nde iki gece kalmıştık. Otelcilik bakımından Bergama'yı ilerlemiş bulduğumu söylemeden geçmeyeyim. Odalarımız rahat ve temizdi. Her odada akan su var ve musluklardan da su akıyor. Bundan iki yıl önce turistin Bergama'ya gelip yatacak otel bulamadığı günleri hatırlıyorum da, Bergama Palas'ın bugünkü haline geldiğine seviniyorum. Bahçeli lokantasında her saatte yemek bulunuyor, servisi biraz yavaş gidiyorsa da, yemek fena değil ve İstanbul'a göre çok ucuz. Kısacası İstanbul'dan otomobille giden turistlere Bergama'da bir gece kalmalarını çekinmeden salık verebilirim.

* Bu yazıyı yazdıktan sonra kendim de Doğu Berlin Müzesi'nde Zeus Sunağı'nı gidip gördüm.

Otelcilik-müzecilik

Bergama-İzmir arasında otobüs seferleri var. Sabahın yedisinde Bergama'dan kalkıp, saat 9:30'da İzmir'e vardık. Gelgelelim İzmir'de otel bulmak kolay iş değil! İzmir turistik bir liman oldu denebilir. İzmir'e çıkan turist Kordon boyunca sıralanmış acentelerin birine başvurmakla hemen her gün Efes'e yahut Bergama'ya gidebiliyor, bu gezilere ayrılmış taksiler, otobüsler kolaylıkla bulunuyor. İzmir bu bakımdan turizmini kurup bir gelenek haline getirmiş, ama turist bir-iki gece İzmir'de kalmak isterse, iş hemen değişiyor, güçlükler baş gösteriyor. Şehirde turistik büyük bir otel henüz yapılmamış, olanlar da NATO'da çalışan Amerikalılara bir çeşit pansiyon haline gelmiş, odalarının çoğu aylar için tutulmuştur. Böyle olunca, sanırsınız ki, bu oteller Avrupa'nın iyi bir pansiyonunda bulabileceğiniz vasıflarla pansiyonculuğu geliştirmişlerdir. Hiç de öyle değil.

İzmir otelleri Anadolu otelciliğinin bakımsız, başıboş karakterini kaybetmemişler, ne aile pansiyonu ne de turistik otel olma yoluna girebilmişlerdir. Hemen hiçbirinin lokantası yoktur. Kaldığımız otelin dışarıdan görünüşüne diyecek yoktu: Güzel bir yapı, caddeye açılan büyük kapısından içeriye girdiniz mi, aydın ve ferah bir hol. Anahtarlarımızı alıp iyi bir otelde kalacağımıza sevinerek M. Fellot ile yukarıya çıktık. Bir merdiven, bir merdiven daha, tam beş kat çıktık. Otel altı kat olduğu halde, asansörü yok. Merdiven halıları pis. Katlarda ne bir garson, ne bir oda hizmetçisi. Oda hizmetçileri sabah geliyor, öğleye kadar iş görüyor, sonra sırra kadem basıyorlar. Anadolu otellerinin çoğunda yataklara temiz çarşaf ancak müşteri odasına geldikten sonra konuyor. Tuttuğunuz odaya girerken başkasının bıraktığı buruşmuş yatağı görüp tiksinti duyuyorsunuz ve çarşaf değişse, oda silinip süpürülse bile, ilk kötü izlenimi üstünüzden atamıyorsunuz. Bu otellerin hiçbirinde bir baş görmedim, kapıda bir sürü çoluk çocuk var, ama bunlara yol gösterecek, işlerini bir düzen içinde görmelerini sağlayacak bir tek idareci yok. Otelin sahibi binasını sanki gelip geçen müşterilere bırakmış. Onlar oteli ne hale sokarlarsa soksunlar demiş ve çekilmiş. İnsan bu kayıtsızlığı, bu mirasyediliği hiçbir mantık çerçevesine sokamadığından daha da çok sinirleniyor. Otelcilik bir ticaret ise, otel sahibinin tüccar olması, yani malının sürümünü artırmak için onu iyi durumda bulundurması gerekmez mi? Yok, bu adam bir misafirhane tutuyor da otelini müşterilere vur patlasın, çal oynasın keyif sürmeleri için açıyorsa, misafirin rahatını düşünmemeli midir? İyi bir otelde bu iki anlayışın birleşmesi gerek. Bizde ise otelci ne tüccardır ne de ev sahibi, çoğu zaman vaktini başka işlerle geçiren, kazancını başka yollardan sağlayan, görünmez, duyulmaz bir kişidir. Belediyenin koyduğu tarifelerle Anadolu'da otel işletmenin çok kazançlı bir iş olmadığını kabul etsek bile, otelcilerimizden ya bu deveyi gütmeleri ya da bu diyardan göçmelerini salık vermekten başka çaremiz kalmaz.

İzmir'de bizi üzen başka bir sorun da, müzede fotoğraf çekip çekmeme sorunu oldu. Müzelerimizde fotoğraf çekmek yasaktır. Bu yasağı Müzeler ve Eski Eserler Umum Müdürlüğü ve dolayısıyla müze müdürleri öyle bir titizlikle korurlar ki, turistin makinesini elinden aldıkları gibi, peşine her davranışını gözleyen bir de bekçi takıp, müzede rahat rahat gezme ve bakma zevkinden de yoksun ederler onu. Bu yasağa akıl erdiremediğimizden, sorunu birçok yazılarımda söz konusu ettim. Hele bu sefer M. Fellot ile yaptığımız gezide fotoğraf çekme yasağı büsbütün üzücü bir hal aldı. M. Fellot geçen yıldan yasağı bildiği için, Paris Müzeler Müdürlüğü ve

Ankara Fransız Elçiliği aracılığıyla bizim Müzeler Müdürlüğü'nden özel bir izin aldırmıştı. İmzalı, pullu izinde Türkiye müzelerinde fotoğraf çekebileceği, ancak İstanbul ve Ankara müzelerinde müdürlerin direktiflerine uyması gerekeceği yazılıydı. M. Fellot fotoğraflarını yayımlamayan bir amatördür, yine de kendisine bu nokta hatırlatılmış, o da çektiği fotoğrafları yayımlamayacağına namus sözü vermişti. Hatta çekeceği fotoğrafların birer kopyasını bana da göndermesini rica ettiğim zaman, gazeteci olduğum için bunları yayımlarım diye, dileğimi yerine getiremeyeceğini bile söylemişti. Ege'de müze müdürlerinin hepsi fakülteden arkadaşlarım, bazıları da eski talebelerimdir. M. Fellot'ya her istediği fotoğrafı çektirebileceğime yüzde yüz güveniyor, daha da ötesini düşünüyordum: Flaşla çekeceği renkli ve renksiz fotoğrafların negatiflerini ondan alıp müze müdürlerine verelim ki, kartpostal bastırabilsinler, müzelerinde satsınlar. Görüyorsunuz ki, ülke yararına tertemiz niyetler besliyorduk M. Fellot da, ben de. Bazı müze müdürleri bu niyetleri anladılar, desteklediler, bazıları anlayışsızlık göstererek bizi kırdılar. Konuyu bu yazımda tartışmaya açarak düşüncelerimi yazacağım. Müzeler Müdürlüğü'nün bu konuda kendi görüşlerini bildirmesini ve yanlışım varsa düşüncelerimi çürütmesini dilerim. Umum Müdürlüğün buyruklarına uyan müze müdürlerine en ufak bir öfke beslediğim yok, ancak bu sorunun bir gün kökünden çözülmesi de candan dilediğim, dileklerimden biridir.

Bergama Etnografya Müzesi'nde M. Fellot sırf benim gönlüm olsun diye flaşla birçok renkli fotoğraflar çekti, bunların diapozitiflerini Müze Müdürü Muhsin Bey'e göndermeye söz verdi. İzmir Müzesi'nde ise, şu eseri filan arkeolog daha yayımlamadı diye M. Fellot'nun fotoğraf çekmesine engel olundu. Belli başlı eserlerin hiçbiri henüz yayımlanmış değildi. M. Fellot da tek tük değersiz eserlerin fotoğrafını çekmektense, hiç fotoğraf çekmedi ve fotoğraflarını yayımlamayacağına dair verdiği namus sözüne güvenilmediği için müzeden küskün ayrıldı. Memleket turizmi için propaganda yapacak iyi niyetli bir turisti gücendirmekte fayda olup olmadığını bir yana bırakalım da, eserlerin yayımlanıp yayımlanmaması üstünde duralım. Robert Klaros'ta, Miltner Efes'te, Akurgal Bayraklı'da eserler bulmuşlar. Bunları yayımlamak hakkını kendilerine kaç yıl saklayacaklar? Buluntularını hemen yayımlamak, sonra da onları kamuya bağışlamak, Türkiye kültürüne daha büyük bir hizmet olmaz mı? Bulmuş olma şerefi eserin bir müzede kapalı kalıp dünyaca bilinmemesi ile mi artar, yoksa eserin fotoğraflarla, yazılması, tanınması ile mi? Efes'teki Artemis'lerin fotoğrafını çekmek yasaktır, yayın hakkı Prof. Miltner'e aittir. Prof. Miltner ise *Illustrated London News* dergisinde Efes buluntuları üzerine birkaç yazı yazdı ve Artemis heykellerini yayımladı. Bu yayınlardan çok para aldığını da sanırız. Helal olsun, bu kadar iyi çalışan bir bilginin çok büyük kazançlar sağlamasını candan dileriz, ne var ki, Artemis heykellerini bizim halkımızın da tanıması için, fotoğraflarının bizim dergilerde de çıkmasını isterdik. Bu fotoğraflar hep mi Prof. Miltner'in tekelinde kalacak? Biz de fotoğrafını yayımlayıp, okuyucularımıza, "Bakın bu heykel güzeldir, siz de onu gidin görün" diyemeyecek miyiz? Buna razı olmazsa Prof. Miltner'e bir önerimiz var, Artemis fotoğraflarını kartpostal halinde bastırsın, Efes kazıları yararlığına onları müzelerde sattırsın. Ne yaparsa yapsın, ama gelen turist Artemis'in fotoğrafını alıp memleketine götürsün ki, bu eşsiz heykelin bizim Selçuk Müzesi'nde olduğu bilinsin. Ege müzelerinde bir tek eserin kartpostalı satılmazken, bu yasak bence gülünçtür, anlamsız ve zararlıdır.

"Ama Louvre Müzesi'nde fotoğraf makineleri vestiyerde

bırakılır" diyenler oldu.

Louvre Müzesi'nde ve daha başka müzelerde durumun ne olduğunu öğrendim: Louvre'daki her eserin kartpostalı satılır, müzenin bastırmış olduğu yığınla broşürler, kitaplar vardır. Yine de bir eserin kendiniz fotoğrafını çekmek isterseniz, 150 frank verip, fotoğrafını çekersiniz. İtalya müzelerinde fotoğraf çekebilirsiniz, kendim çektim biliyorum, ancak Vatikan Müzesi buna izin vermez, amacı da sırf kendi kartpostallarını, diapozitiflerini satmaktır. Yalnız Yunanistan bizim gibi yapar, yani fotoğraf çektirmez. Mısır'da Tutankhamon Mezarı hariç, müzelerde fotoğraf çekilebilir, ama bekçiler bahşiş almak için bir yasak uydururlar, parayı alınca hemen bu yasaktan vazgeçerler. Bütün bu örneklerden çıkan sonuç şudur: Dünya müzeleri turistlere fotoğraf çektirmeyi bir kazanç aracı sayıyorlar. Bu kazanç bence yerindedir. Bizim de bu yola gitmemize diyeceğim yok: Ya kendimiz bol kartpostal bastıralım ve satalım yahut da müzelerimizde fotoğraf çekme ücreti alalım. Giriş bileti hiç denecek kadar az olan müzelerimiz için meşru bir kazanç yolu açmış oluruz. İşte önerim, sorarım size yersiz mi?

Menderes Ovası'nda pembe zakkumlar!

Gazetecinin en büyük zevki nedir diye sorarsanız, hemen derim ki: İleri sürdüğü bir fikrin benimsendiğini, gerçekleştiğini görmek. Yolculuğumuzda iki defa tattım bu zevki. Affedersiniz ama Efes'in helasından bahsetmiştim, birkaç yazımda bakımsızdır, pistir, turistler bunu görünce bizim milletin temiz olmadığı yargısına varıyorlar, diye sızlanmıştım. Efes'te heladan gayri anlatacak şeyim mi yok diye benimle alay edenler oldu, gene de yılmadım, hela üzerine yazdım durdum. Bir de bu sefer gidişimde ne göreyim: Helada su akıyor, her taraf temiz, bakımlı!

İkinci sevincim Balat Köyü'nde oldu: Geçen yaz eski Milet kalıntılarının bulunduğu Balat'ta ufacık ama çok güzel bir Selçuklu camiinin harap halde olduğunu görünce, şu zengin Menderes Ovası'nda güzelim İlyas Bey Camii'ni onartacak bir Müslüman yok mu, diye yazmıştım. Evkaf Müdürlüğü bu işi üzerine almış, camiyi içindeki çalılardan temizlemiş, kırık camlarını, çerçevelerini yerine koydurtmuş, içini dışını badana ettirmiş, bir aya kalmaz İlyas Bey Camii bütün güzelliği ile halka açılır. Burada benim yazılarımın bir tesiri olduğuna inanacak kadar saf ve kendini beğenmiş bir insan değilim. Tesadüf olmuş! Bir daha Ege'ye gidişimde böyle sevindirici bir tesadüfün Selçuk'taki İsa Bey Camii için olduğunu da görsem!

Efes'e uğrayalı sekiz ay olmamıştı. Bu kısa zamanda kazı ve tamir işlerinde öyle bir ilerleme olmuş ki, şaşırdım kaldım. Prof. Miltner geçen yıl meydana çıkardığı Kuretler Caddesi'ni; iki yanındaki sütunlar, heykeller, mozaik döşemelerle, hamam ve tapınakları ile ilkçağdaki haline sokup, yeniden canlandırmış. Bu gidişle Efes, yakında Pompei'den hiç aşağı kalmayacak, anıtları, sanat eserleri üstün olup, daha eski bir tarihe dayandığı için Pompei'yi de geçecektir, yeter ki biz onu turistik bakımdan değerlendirmek yolunda gerekli adımları atalım.

Selçuk'tan Söke'ye iki yol var: Biri deniz kıyısından, Kuşadası'ndan geçer, öteki içeriden gider ve daha kısadır, ikisi de bugün düzgün, işlek şoseler haline gelmiştir. Söke'de bir gece kaldınız mı, ertesi sabah erkenden Menderes Ovası'nın üç büyük örenini, Priene, Milet ve Didyma'yı gezebilirsiniz. Bir zamanlar buralara gitmek zordu. Menderes'in üstünde doğru dürüst köprü olmadığından, turistler koca ırmağın ovaya taşmadığı mevsimleri hesaplamak, otomobillerini bir kıyıda bırakıp, öbür kıyıya salla geçmek zorunda kalırlardı. Bugün, bu sorunların hiçbiri yoktur. Priene, Milet, Didyma gezisi rahatça bir güne sığan bir gezi olmuştur.

İlkçağın en ünlü şehircisi Miletli Hippodamos'un çizdiği plana göre kurulmuş olan Priene küçük bir şehircilik şaheseridir. Ovada kurulmuş şehirlerinin limanı Menderes'in sürüklediği millerle birkaç defa dolunca, Prieneliler dik bir dağın yamacına tırmanmışlar ve birbirini doksan dereceli açılarla kesen, düzgün sokaklı şehir planını, bu yamaçta da gerçekleştirmek yolunu bulmuşlardı. Altı yüz kişilik meclis binası, koltukları sahiplerinin isimleriyle bugün de ayakta duran tiyatrosu, tapınakları, evleri ile Priene başka hiçbir yerde eşi veya benzeri bulunmayan örnek bir ilkçağ şehridir. Böylesini ilkçağda yalnız Anadolu yaratabilmiştir.

Menderes Ovası pembe pembe çiçek açmış zakkumlarla doluydu, ırmak kıyısında, yıkık sütunlar arasında, yol boyunca Priene'den Milet'e giderken içimizde bir gönül açıklığı yarattı. Balat'ta çok kalmadık, öğleyin olmuştu. Milet Tiyatrosu'nda en ufak bir gölge olmadığından fotoğraf çekmeye elverişli değildi. Akşama bir daha buraya dönmek üzere, eskiden Yoran, bugün Yenihisar denilen Didyma Apollon Tapınağı'nın bulunduğu köye doğru yol aldık. Kumanyamızı yanımızda getirmiştik. Öğle sıcağında Yenihisar Meydanı'nda çınarların altındaki köy kahvesine oturup yemeğimizi yedik.

Didyma Tapınağı Ege'nin en görkemli örenidir. Çeşitli motiflerle süslü üç metre kutrundaki sütunlarının bazıları bugün de göklere kadar yükselir. Hesap ettik, kimi ayakta, kimi düşmüş, üç yüz sütunu var tapınağın. Bu büyüklükte bir anıt ne Yunanistan'da bulunur, ne İtalya'da; Didyma biriciktir.

Eski harabeleri gezmek güzel, ama insan birkaçını gezdikten sonra da yoruluyor. Bir deniz kıyısına nasıl gidebileceğimizi hesaplıyordum. Geçen yıl Yenihisar'ın yarım saat kadar ötesindeki Karakuyu Plajı'nda bir otel ve evler yapılacağını duymuştum. Yol o zaman bozuktu. Bu yıl hem yol yapılmış hem de Karakuyu'daki inşaat çok ilerlemiş, dediler.

Karakuyu'ya gidecektik. Yol bir çeyrek saat sürmedi. Önümüzde geniş bir koy, ince bir kumsal, masmavi bir deniz açıldı. Plaj evleri yapılmış, kapı ve pencerelerinin takılması kalmıştı. Evlerin birinde mayolarımızı giydik. Bu 24 Mayıs günü Akdeniz öyle durgun, öyle ılıktı ki, sularında yüzerken vapura zamlar ve sayfiye yerlerinin pahalılığı yüzünden Marmara'da bir daha denize giremesek de üzülmemeye karar verdim.

21 kilometrede 380 viraj!

Turistimiz M. Fellot, Türkiye'ye ayak bastığı günden Euromos'a gitmek istediğini bildirmişti. Utanarak söyleyeyim ki, ben Euromos'un nerede olduğunu bilmek şöyle dursun, adını bile duymamıştım. Rüstem Duyuran'ın "Batı Anadolu'nun Eski Şehirleri" adlı broşürünü karıştırdım ve Euromos'un (bugün adı Ayaklı imiş) Bafa Gölü ile Milas arasında bir yerde olduğunu öğrendim. Eh, Söke'den gideriz diyordum. Ne var ki 1957'nin karayolları haritasında beyaz bir çizgi ile (beyaz çizgi tesviye veya ham yollar demek) gösterilen bu yol acaba nasıldı? Söke'de kimse Ayaklı'yı bilmiyordu, yalnız Priene bekçisi oraya ciple gidilebileceğini söylüyordu. Ama Milas'tan da gidiliyor, diyordu. İhtiyar bir adamcağızdır Priene bekçisi, sözlerine pek güvenmedik, yarı yolda kalmamak için de Bafa Gölü'nden vazgeçip, bizi Menderes Ovası'nda gezdiren şoför Hüseyin'in otomobiline binmeye ve Euromos'a Milas'tan gitmeye karar verdik.

Halikarnas Balıkçısı, "Bu yolu bir günde yapamayız" diyor, ağzında geveliyordu. M. Fellot'yu Euromos'tan vazgeçirmeye uğraştım, hiç oralı olmadı, çok güzel bir fotoğrafını bilmem nerede gördüğü bu harabeye gitmekte direniyordu. Menderes Ovası'ndaki geziden ve deniz banyosundan ölü yorgun düşmüştük: Ertesi günü maceraya atılacağımızı sezinliyordum, ama karşı koyacak halim yoktu.

O gece hiç uyumadım. Sabah yedide arkadaşlarla otel kapısında buluşunca, şoför Hüseyin gece İzmir'e kadar gidip gelme zorunda kaldığını, ancak bir buçuk saat uyku uyuyabildiği için yorgun olduğunu söyledi. Al benden de o kadar! Geçerken bir otelde eşyalarımızı bırakacağımız Aydın'da kalmaya karar verdim. Ama günlerden pazardı, Aydın sokaklarında kabadayı kılıklı adamlar dolaşıyor, yer bulabildiğimiz otelde hol veya oturma odası diye bir şey yoktu. Aydın'da yalnız kalmaktan korktum. Ne olursa olsun arkadaşlarımla gidecektim.

Balıkçı'nın dili çözülmüştü:

"Gökbel'de 380 viraj var" diyordu. "Burası gökten düşmüş bir meteorla meydana geldi. Picasso görse şaşırır!"

Şoför de Gökbel'e hiç gelmediğini, yorgun olduğunu tekrarlayıp duruyordu. Çine'den sonra cümbüş başladı. Viraj denilen şeyi hepimiz gördük biliriz, ama Gökbel virajları gibisini ben ne gördüm ne de dünyanın başka bir yerinde böylesinin bulunduğunu duydum.

Ertesi günü Toroslar'dan Antalya'ya inerken geçtiğimiz virajları anlatmışlardı: Gökbel'in yanında bunlar hiç kalıyor. Bir yanımız uçurum, yol dar, doksan derece açı ile bir sağa dönüyor, bir sola. Manzara korkunç; bin bir biçimde üst üste yığılmış kapkara kayalar, burası sanki toprağın değilmiş de, göğün sarsıntısıyla meydana gelmiş bir yer; göz alabildiğine ne bir ağaç, ne bir ot, ardı ardına dağlar, kayalar, taş yığınları! Soluğumuzu tutarak bakıyorduk. Şoför çok yavaş gidiyordu, onun da bizim gibi benzi atmıştı. Halikarnas Balıkçısı, "Dedim ya, döne döne başımız tirbuşona dönecek" diye şaka etti.

Gökbel'i geçmek üç saat sürdü. Ovaya indiğimiz zaman büyük bir çınarın dibinde bir otomobile rastgeldik. İçindekiler Euromos'u biliyorlardı, ama Milas'a daha 80 kilometre varmış, oradan da Ayaklı'ya gidip gelme iki saat sürerse, geceden önce Gökbel'e dönemezdik. M. Fellot'ya, ben buradan gece geçmem diye dayattım. Bu Fransız turisti, Türkiye'de evdeki pazarın bazen çarşıya uymadığını anlamalıydı. Gene de bir gün habersiz kalmasın diye, Yatağan'a yakın Strantonikeia'ya (bugün Eskihisar) gittik.

Yeşillik içinde güzel bir köy, hele insanları çok güzel. Su testisini omzunda eşsiz bir zarafetle taşıyan, yeşil gözlü bir genç kadını hiç unutamayacağım. Köy çocukları etrafıma toplandılar, harabelerden çıkmış bazı heykellerin bulunduğu okula gittik. Aşınmış tahta sıraları, rengi solmuş haritaları ile ne sevimliydi bu okul! Burada fotoğraf çekme, çekmeme meselesi olmadı, köylüler neleri varsa bize gösterdiler, ilgimize sevindiler. Hepsi bizim gelişimizden faydalanmak, bir şey öğrenmek istiyordu. Burada öğretmen olsam, diye geçirdim içimden.

Neşem yerine gelmişti. Dönüşte Gökbel bana o kadar korkunç görünmedi. 21 kilometreyi bu sefer iki saatte aldık. Saat yedi buçukta Aydın'daydık. İstasyon Lokantası'nda güzel bir bonfile yedikten sonra, yatağıma yatıp, deliksiz bir uyku uyudum.

Aydın-Antalya arası

Öncekilerden daha uzun bir otomobil yolculuğuna çıkmak üzereydik. Gökbel macerasından sonra erkeklerin beceriksizliğine inanarak, işleri kendim yürütmeye karar verdim. Aydın istasyon meydanında temiz kılıklı, aydın yüzlü bir şoförle anlaştım: Bizi Antalya'ya kadar götürecekti, kilometre başına bir lira ödemek şartıyla yolda istediğimiz yerlere uğrayabilecektik.

Aydın'dan ertesi sabah 7:30'da çıktık. Şoför Hilmi bir arkadaşını yanına yardımcı olarak almıştı. Otomobili geniş ve rahattı. M. Fellot o gün iki harabe görebileceğine seviniyordu: Nysa (Sultanhisar) ve Aphrodisias (Geyre). Sultanhisar bir yamaç üstüne kurulmuş dağınık bir köydür. Buralarda hiçbir zaman kazı yapılmamış, insan, çalılıklar arasında saçları yılanlarla örülmüş bir Gorgon başı ya da göz alabildiğine uzanan bir stadyumda sapsarı başakların dalgalandığını görünce, arkeolog kazmasının bu topraklara dokunmamasını dileyecek oluyor.

Bekçiyi bulmak için bir patikadan yukarıya tırmandık. Hava çok sıcaktı ve terliyorduk. Ama değdi doğrusu! Kendi deyimiyle "harabiye bekçisi" Hasan Oflas eşine az rastlanan bir tipti. Sultanhisar'dan başka harabe görmemiş, burasının dünyada bulunan harabelerin en güzeli, en değerlisi olduğuna inanıyordu. Bir zamanlar bilmem hangi tarih öğretmeninin Nysa üzerine yazdığı yazıyı ezbere anlatmakla kalmıyor, cebinde durmaktan buruş buruş olmuş kâğıdını her fırsatta çıkarıp gösteriyordu. Burada bir sütun, şurada bir tünel var, diye bizi ne kayalar tırmandırmadı, ne deliklere sokmadı! Harabe bekçilerinin Müzeler Müdürlüğü'nden ne aylık aldıklarını bilmiyorum. Altmış-yetmiş lira olsa gerek, herhalde Hasan Oflas bu parayı fazlasıyla hak etmektedir. Ödevine bağlılığı dokundu bize.

Ünlü bir Aphrodite tapınağının bulunduğu Geyre'ye gitmek daha uzun sürdü. Aydın yolundan sağa sapılıp, Karacasu kazasına kadar kırk kilometrelik bir orman yolundan gidiliyor oraya. Otomobilimizin saatte seksen-yüz kilometre yapabildiği Aydın-Denizli şosesini çok beğenmiştik. Karacasu'ya giden yolun düzgünlüğüne büsbütün şaşırdık. Ege'de yol meselesi artık kalmadı denebilir.

Karacasu'da pazar kurulmuştu. Önce Aphrodisias'ı gezmek, sonra öğle yemeğine Karacasu'ya dönmek üzere kasabadan çabuk geçtik. Geyre'deki köylüler her nedense pek uyuşuktular, ören bekçisi pazara gitmişti, bizi gezdirmeye kimse hevesli görünmüyordu. Köy çocukları bile bizden kaçıyordu. Biz de önümüzden kabara kabara geçen bir baba hindinin fotoğrafını çekmekle kalamazdık ya! Sonunda muhtarı razı ettik, kafilece yola düzüldük.

Aphrodisias Tapınağı'nın ayakta kalan mermer sütunları Babadağ'ın ufukta çizgilenen karlı doruklarına karışarak eşsiz bir manzara göstermekteydi. İlkçağda Karya denilen bölgenin en zengin bir şehri olan Aphrodisias'ta neler var? Hele stadyum, hiç bozulmamış çepeçevre sıralarıyla büyüklük bakımından biriciktir. Burası iyice açılırsa, cinsinin en güzel örneği olarak dünyaya tanıtılmaya değer. İtalyanlar yakında Geyre'de kazı yapacaklarmış. Şimdiden değerli eserlerle dolup taşan müze deposu bu kazı sonunda zengin bir müze haline getirilir herhalde.

Pazar olduğu günler Anadolu kasabalarının canlılığına doyum olmaz. Eşeğe, ata binmiş köylüler tepesine kadar dolu heybeleriyle pazardan dönüyorlardı. Karacasu pazarında kalabalık cıvıl cıvıldı, ortaya serilmiş mallar ise bölgenin zenginliğini gösteriyor. Kasabada yapılan renk renk çizgili testilere gönül verdim ben. Ne yazık ki, yolda kırılır korkusuyla yalnız fotoğraflarını çekebildim. Bir lokantaya girdik. Gıcır gıcır mermer masaların üstüne domates ve hıyar salatası, ciğer ızgara, taptaze pideler ve süzülmüş yoğurdun bir porsiyonunu bitirmeye imkân yoktu, akşam lazım olur diye pidelerin içine yoğurt koyup yanıma aldım.

Saat 15:30'da Karacasu'dan ayrıldık. Gecenin saat on

birine kadar durmamacasına yolculuk edecektik. Denizli'ye kadar yol mükemmel gitti. Akşam güneşinde Pamukkale bir buzdağı gibi parlıyordu. Denizli'den sonra yol bozuktu, ağaç ve yeşillik yok oldu, düz bir ovaya girdik. Hava soğumuştu. Orta Anadolu'nun ıssızlığı çöktü üstümüze. Acıgöl yeşilimsi bir batağa benziyordu. Dinar'ı geçtikten sonra karanlık bastı. Burdur Gölü'ne vardığımızı ancak gölden esen nemli, soğuk rüzgârdan anladık. Burdur'da durmadık bile, geç oluyordu. Toros Dağları'nı yukarıya tırmanmak, sonra da inmek gerekti. Hilmi yoruldu, direksiyonu arkadaşına verdi. Ormanlara girdik, yine viraj dönüyordu. Viraj olduğunu ancak inişte aşağıdan yukarıya tırmanan otobüslerin, kamyonların ışıklarından anlıyorduk. Ne çok da kamyon vardı yolda. Meğer bunlar Antalya'dan İstanbul'a, Ankara'ya sebze ve meyve taşır, yola çıkmak için akşam olmasını beklerlermiş. Bir virajda Antalya uzun bir ışık çizgisi gibi önümüze serildi. Bir saat kadar indik, hep indik. O gece Antalya'nın geç vakte kadar canlı kalan, sokaklarının ortasında dereler akan bir şehir olduğundan başka bir şey anlamadım.

Türkiye'nin Rivyerası

Fransız Rivyerası'nı da gezdim. İtalya'nınkini de, ikisinde de tabiat bir yapmışsa, insanlar bin yapmıştır. Gelgelelim bizim Antalya'dan Alanya'ya uzanan kıyıda, doğa sanki kendini de aşmış, insanoğluna hiçbir yerde bağışlamadığı yeryüzünde al sana bir cennet köşesi demiş. Bu güzelliği, bu zenginliği tarih boyunca anlayan ve değerlendiren insanlar oturmuş bu kıyılarda. İlkçağda Pamphylia, yani bütün yaprakların, bitkilerin bulunduğu yer denilen bu bölgede birbirine komşu, birbirinden düzenli yüzlerce şehir kurulmuş,

Roma çağının sonlarına kadar binlerce seyirci alan mermerden tiyatroları ile sukemerleriyle, stadyumları, tapınakları, heykellerle süslü sokakları ile birbirleriyle yarışırmış bu şehirler. Selçuk Devri'nde de Antalya, hele Alanya güzel anıtlarla donatılmışlar, Türk Rivyerası bugün hem de tarih anıtları bakımından Akdeniz kıyısında başta gelecek bir bölgedir. Biz onu değerlendirmek için bir şey yapmadık demiyorum, ama tabiatla tarihin bize verdiği imkânlar yüzse, biz bu imkânlardan ancak yüzde bir nispetinde faydalanıyoruz denebilir.

Bayramdan bayrama Antalya'ya bir turistik sefer yapılır. Başka zamanlarda İstanbul'dan Antalya'ya ancak iki haftada bir ekspres vapur vardır, o da her nedense hiç dolmaz, zararına gider gelir. Yazın uçaklar işler, her gün İstanbul'dan, Bursa'dan, Ankara'dan otobüsler gelir, yol çok güzeldir gerçi, ama bütün bu taşıt imkânları Türkiye Rivyerası'nı gereğince değerlendirmeye yetmez. Antalya Türkiye'nin turistik bir merkezi olmak için saatinin gelmesini henüz bekler durur. Antalya'da kaldığım dört gün içinde üç-dört tanesi otelde, bir defa da müzede bir turist grubuna rastladım, o kadar. İzmir'i küçük düşürmek istemem, ama fuar sayesinde, ticaret sayesinde ve belki de İzmir'de birçok ecnebilerin oturması ve bu yüzden İtalyan vapurlarının buraya her hafta uğramaları ile turist çeken İzmir, Antalya'nın yanında sıfır kalır turistik bakımdan. Antalya ve çevresi için bir turizm kampanyasına girişmemiz gerek. Bu nasıl olur, bilmiyorum, ama bu olmalıdır, bize döviz sağlayacağı bir kenara, Akdeniz'in en güzel Rivyera'sının Türkiye'de bulunduğunu dünyaya bildirmek, boynumuzun borcu. Antalya'yı, Alanya'yı, Side, Perge, Termessos, Manavgat'ı görmeyen, burasını bilmedikleri için gelemeyen insanlara yazık.

Antalya'nın bir müzesi var ki, böyle sevimlisine, böyle zevkle döşenmişine, eserleri bu kadar çeşitli olanına ben rastlamamıştım. Müdürü İsmet Ebcioğlu ateş gibi bir gençtir. Bir müze müdürü için Pamphylia tükenmez bir hazinedir. Doğuda, batıda, kuzeyde; insan eline bile lüzum kalmadan toprağın kendiliğinden ortaya attığı sanat eserleri ile dolup taşan harabeler vardır. Bunların kiminde kazı yapılmış, kiminde yapılmamıştır, kiminde yol vardır, kiminde yoktur, kiminde restorasyon yapılır; kiminde eşine daha rastlanmamış sikkeler bulunur, bunların köylü elinde yok olmamasına göz kulak olmalıdır. İsmet Ebcioğlu dostum otobüse biner, ata, kamyona, deniz motoruna biner, hiçbirini bulamadı mı yürür ve bu yerleri gezip, oralarda görülecek işleri yapar. Elinde, emrinde bir cip bile yoktur. Yine de her işe yetişir, lisede tarih dersi verir, geldikçe turistleri gezdirir, müzesini her gün gelin gibi süsler. Turizm Derneği'nin ruhudur.

Turistlere harabeleri gezdirecek birçok genç yetiştirmiştir. İsmet Ebcioğlu'na yardım etmek, çalışma alanları böyle dağınık olan bir müzecinin en azından bir cipi olmalıdır. Tıpkı Bergama ve Efes'te olduğu gibi Antalya'dan çevredeki görülecek yerlere turistik otobüs seferleri yapılmalıdır. Bu seferler bir defa kurulsun, turist gelir. Antalya'nın Turizm Derneği; Basın Yayın'ın İstanbul, Ankara, İzmir şubeleri ile sürekli ilişki kurmalı, elbirliği geziler tertiplenmelidir. Dr. Burhaneddin Onat'ın emekleri Antalya bölgesine kalın bir broşür (bunun İngilizce tercümesi de çıktı) ile "Antalya'dan Resimler" diye güzel bir fotoğraf albümü de kazandırdı. Temel atılmıştır, bundan sonraki çalışmaları bekleriz. Şunu da söyleyelim ki, verimli olacaklarına hiç şüphemiz yok.

Antalya'nın Kale Mahallesi'nde gezmeye, iki yanı mimari şaheserleri ile süslü küçücük sokaklarında dolaşmaya, limanına inip, Toroslar'ın ak gölgeleri önünde masmavi denize; sarılı, yeşilli, kırmızılı çizgiler çizen kayalıklara bakmaya, ağaçlarında yüz binlerce portakal, limon, turunç sarkan narenciye bahçesini görmeye, motorla Düden Şelalesi'nin önünden geçmeye iki gün de yetmez, üç gün de. Antalya'ya bir haftada bile doyamazsınız. M. Fellot'nun harabe merakı yüzünden Antalya'yı çok çabuk gezdiğime bugün de yanar dururum.

Geldiğimizin ertesi günü hemen Alanya'ya gittik. Alanya kıyı yolu yapıldığından, günün bazı saatlerinde yol kapanıyor. Alanya'ya gönül verdim, Selçuklular ve Alaeddin Keykubad ne zevkli insanlarmış ki, burasını kışlık başkent olarak seçmişler kendilerine! Geçmişin havasını Alanya kadar hiçbir şehrimiz canlı taşımıyor, Bursa bile siliniyor Alanya'nın yanında. O kaleye kartal yuvası gibi konmuş evlerin, topraktan fışkıran ağaçlara, çiçeklere karışmış güzelliği, o güneşten yanmış, kapkara badem gözlü kadınların, kızların çekiciliği unutulur şeylerden değil! Alanya'da kadınlar yeşil, kırmızı, beyaz çizgili ipekten bir çeşit kuşak dokuyorlar. Onlardan birkaç tane aldım, atkı olarak modasını lanse edeceğim. Bu dokumadan etekler yapsa Alanya kadınları ve bunlar yerli dokuma olarak yayılsa, Avrupa parmağını ısırır vallahi.

Alanya'nın Kızıl Kulesi kusursuz bir şekilde restore edilmiş, şimdi de tersanesi onarılıyor. İyi bir oteli var, temiz bir lokantası da açılmış, korniş yolu yapılıyor. Bu gidişle Alanya'nın, bir zamanlar olduğu gibi dünyanın Sekizinci Harikası diye yer alacağı gün belki yakındır.

BİR YOLCULUĞUN SONU

Antalya'nın yüz kilometre çevresinde birbirinden ilgi çekici beş harabe sayılabilir: Perge, Sylleion, Aspendos, Side ve Termessos. Hepsi de İsa'dan sonra iki yüzyıl sularında parlak bir kültür devri yaşayan ve bu zamanda birbirinden zengin anıtlarla donatılan şehirler. Bazılarına harabe bile denmez: Aspendos Tiyatrosu bugün restore edilmiş haliyle seyirci bekliyor gibidir. Selçuklu atalarımız bu kocaman binanın yıkılmasını önlemişler, tiyatroyu nasıl kullandıklarını bugün bilmiyorsak da, onu kemerlerle sağlamlaştırdıkları, iç galerilerini nefis çinilerle süsledikleri apaçıktır. Şimdi Antalya Müzesi'nde kalıntıları görülen bu çiniler müzenin en değerli parçalarındandır. İlkçağdan kalma bir anıtın Selçuklular tarafından tamir edilip kullanılmasına dair, tarihte Aspendos, yani Belkıs'tan başka örnek yoktur sanırım.

Devlet Tiyatrosu'nun Belkıs'ta klasik piyesler oynadığını duyarız. Yanılmıyorsam, bu yılki programı bile ilan edilmişti, ama Antalya'ya gelişimde sordum: "Bu yıl temsil olmadı" dediler. Güney Fransa'da Orange Tiyatrosu'nu görmüştüm. Fransızlar Roma çağından kalma bu tiyatroda her mevsim temsil ve konser vermek için hiçbir fırsatı kaçırmazlar. Orange Tiyatrosu bizim Aspendos'un yanında cüce kalır. Ama biz geniş bir kültür programı ile Aspendos'un da, hatta İstanbul Açık Hava Tiyatrosu'nun da halk hizmetine girip canlanacakları günü bekler, dururuz.

Her biri bütün anıları ile meydana çıkarılmakta olan Perge ile Side arasında hangisini daha çok beğeneceğini şaşırıyor insan. Perge'nin büyük stadyumu, ortası uzun bir havuz, iki yanı sütun ve heykellerle süslü mermer caddesi, iki büyük kule ve kocaman bir iç avlu ile şehre açılan giriş kapısı, Aspendos'unkinden büyük tiyatrosu dikkati çeken mimari eserlerdir. Deniz kıyısında kurulmuş Side, yani eski Antalya'nın özel bir çekiciliği var. Her yıl eylül ayında burada kazı yapan İstanbul Üniversitesi arkeologları hem çalışır, hem güzel bir yaz tatili geçirirlermiş. Prof. Arif Müfit Mansel, Side topraklarından harika heykeller çıkarmıştır. Side Tiyatrosu bölgenin en büyük tiyatrosudur. Side'de daha çok yapılacak işler olduğu intibaına vardık. Pamphylia kazılarını üzerine alan Türk Tarih Kurumu'nun tahsisatı arkeologlarımızı Side'de yılda bir ay değil de, üç-dört ay çalıştırmaya acaba yetmez mi?

Termessos, bu harabelerin en şaşırtıcısıdır. Antalya'ya hâkim sekiz yüz metre kadar yükseklikte bir dağın tepesine kurulmuş Termessos'a son zamanlara kadar yol yoktu. Çam ormanlarından geçen ve Yenice'ye kadar uzanan bir dağ yolunu yeni yapmışlar. Bizim Termessos'a gidişimiz epey maceralı oldu. Antalya'dan bir cip tuttuk. İsmet Ebcioğlu o gün bizimle gelmemiş, yanımıza rehber olarak yetiştirdiği bir talebeyi vermişti: Ahmet.

Toroslar'da hava bulutluydu. Yenice'ye vardığımızda yağmur başladı. Dağ kahvesinde öğle yemeğimizi yiyip dinmesini bekledik. Saat ikiye doğru yağmur duruldu ama Termessos'a dimdik çıkan dağ yolu kaygandı, tekerlekler birkaç defa patinaj yaptı. Güneş açmıyordu bir türlü. Yolun sonuna geldiğimizde cipi papatyalarla örtülü bir çayırda bırakıp tırmanmaya başladık. Ahmet bizi patikadan götüreceğine kestirmeden götürdü, çalılıkları yara yara, kocaman taşlara tırmana tırmana ilerliyorduk. Hava çok soğuktu. Allah'tan Ahmet bize Antalya'da haber vermiş ve ben yanıma bir yün hırka, hem de muşambamı almıştım, ama M. Fellot ile Balıkçı hiç tedbir almış değildiler.

Termessos'un bu dağ tepesine nasıl kurulduğuna insan

akıl erdiremiyor. İlkçağda Solimler adlı bir kavim otururmuş burada, bunlar eşkıyalıkla geçinirmiş. Büyük İskender Pamphylia'nın bütün şehirlerini aldığı halde, Termessos'u ele geçirememiş. İyi hoş ama bu eşkıyaların bu kadar büyük bir tiyatro yapmaları, kartal yuvası gibi şehirlerini hâlâ ayakta duran sütunlarla, kaya mezarları ile süslemeleri şaşılacak şey değil mi?

Kan ter içinde tiyatroya vardık. Üst sıralarından bir sis denizi içinde yüzen Antalya'ya, ovasına bakarken, kapkara bir bulut kapak gibi başımıza geçti. Halikarnas Balıkçısı ortadan kaybolmuştu. Nerede demeye kalmadı, şakır şakır yağmur yağmaya başladı. Tiyatronun altından Balıkçı'nın sesi duyuldu:

"Buraya gelin!"

İnsan boyunda taşlardan atlaya atlaya kemerli bir dehlize vardık. Ayaklarımız, pantolonlarımızın paçaları sırılsıklamdı. Bir zaman kemerlerin altından yağmuru seyrettik. Üşüyorduk.

"Ateş yakalım" dedi Balıkçı.

Çalı çırpı toplamak, ceplerimizdeki bütün kibrit kutularını kullanıp ateş yakmak eğlenceli oldu. Sonunda güzel bir alev yükseldi, ısındık, üstümüzü başımızı kuruttuk. M. Fellot kaya mezarlarına nasıl gideceğini düşünüyordu.

Balıkçı, "Mezarı filan bırakalım da yağmur diner dinmez, kendimizi aşağıya atalım" diyordu. "Yoksa karışmam, tehlikeli olur."

Bir saat sonra yağmur diner gibi oldu. M. Fellot inadım inat Ahmet'le mezarlara gitti. Biz şoförle birlikte iniş yolunu tuttuk. Çayıra varıp arabaya yerleşmiştik ki, yağmur yine başladı, M. Fellot gelmezse, ne yapacaktık? Turistimizin bir ayağı sakattı üstelik ya düşer de başına bir bela gelirse! Biz böyle kara kara düşünürken, Ahmet'le bizim Fellot çıkageldiler. Turşu gibiydiler, Fransız, ateşte eriyen bir buz parçasına benziyordu. Ama doğrusunu isterseniz acımadım, nasıl ineceğimizi düşünüyordum.

Kazasız belasız Yenice'ye vardık. Kahvede üst üste içtiğimiz sıcak çaylar bize can verdi. Ama bu kadarı yeterdi. M. Fellot'dan ayrılıp ertesi günü Antalya'dan kalkan vapura binmeye karar verdik; Balıkçı da, ben de. Fransız turisti ertesi günü Konya'ya gitmek istiyordu, ama o gün Akseki'ye otobüs yoktu. Valiye gidip M. Fellot için bir cip rica etmiştik. Vali Niyazı Akı da bunu sağlamak için uğraşmak nezaketini göstermişti. Ertesi sabah Sıtma Savaş Derneği'nin cipi, içinde bir genç doktorla otelimizin önünde durunca, Halikarnas Balıkçısı ve ben derin bir soluk aldık. M. Fellot elinde bir yığın tavsiye mektubu ile yola çıktı.

Biz de öğleden sonra *Güneysu* vapuruna bindik.

1958

KÜLTÜR FİLMLERİ

Günümüzün en değerli, en verimli kültür yayıcısı sinemadır. Bugün Batı dünyasında oyun filmleri kadar dokümanter filmler de çevrilmekte, oyun filmleri festivallerinin yanında kültür filmleri festivallerine de yer verilmektedir. Birkaç yıldır İstanbul Üniversitesi Edebiyat Fakültesi de kültür filmleri çevirmek yoluna gitmiş ve bu yolda memleket kültürüne büyük bir hizmette bulunmuştur. Bu filmlerden Türkiye'deki Hitit eserleri üzerine çevrilen *Hitit Güneşi*'nin 1957 Berlin Festivali'nde gümüş madalya kazandığı hatırlardadır. İstanbul Üniversitesi'nin filmle uğraşan profesörler ekibi, *Hitit Güneşi*'nden sonra Topkapı Müzesi'nde bulunan Fatih Albümü'ndeki resimlerden *Siyah Kalem*'i filme almış, son yıllarda da renkli film denemelerine girişmiştir. Bu renkli filmlerden üç tanesi: *Antakya Mozaikleri*, *Göreme* ve *Surname* bu yıl İtalya'nın Bergamo şehrindeki Kültür Filmleri Festivali'ne katılmış ve büyük bir ilgi toplamıştır. Filmleri hazırlayanların faydalı bir teşebbüsü daha, *Siyah Kalem* ve *Göreme* üzerine ayrıca birer kitap bastırmakla; memleketimizde çokluk saklı kalan sanat eserlerimizi tanıtmak, yaymak için iki yoldan çalışmış olmalarıdır. *Siyah Kalem*'in Avrupa'da ne kadar ilgi uyandırdığı İsviçreli *DU* dergisinin Fatih Albümü'ne özel bir sayı ayırmış olmasıyla da ölçülebilir.

Bugüne kadar yalnız şehrimiz kültür merkezlerinin özel sinema gösterilerinde görebildiğimiz bu filmlerin, üniversite büyük konferans salonunda bu yıl her hafta gösterilmesi, üniversitenin bu işe gereken önemi verdiğini ve bu filmleri yaymak yoluna gideceğini müjdeliyor.

Filmlerin birkaç kopyasını çıkarmak için pelikül bulmakta, herhangi bir prodüktör gibi film piyasasına atılamayan üniversitenin bu filmleri göstermekte ne büyük güçlüklerle karşılaştığını bilmez değiliz. Gene de bu yoldaki çabaların daha da artırılıp, bir gün üniversitede Türkiye üzerine zengin bir filotek kurulabileceği gibi, bunları geniş ölçüde yaymak imkânı bulunabileceğini umarız. Böylece kültür bakımından değersiz filmler getirtip, bütün Avrupa sinemalarının aksine olarak seanslarında dokümanter filmlere hiç yer vermeyen; kendileri de ancak çok düşük kaliteli filmler çevirmekle, Türk filmciliğini bugünkü acıklı durumuna sokan yerli film prodüktörlerinin ayıbı biraz örtülmüş olur.

Üniversitenin bu kültür filmlerini çevirirken gözettiği hedef gerçekten üstün değerde milli bir hedeftir. Filmlerin ilk gösterilişinde Sayın Rektör Prof. Sıddık Sami Onar'ın belirttiği gibi üniversitenin film çeviren ekibi Anadolu'yu dolaşırken tarih ve sanat bakımından önemli olan her anıtla ilgilenmekte ve Hitit'ten bu yana Türkiye'ye yerleşip eser bırakmış her kavim, millet veya uygarlığın kalıntılarını değerlendirmektedir. Bu görüşle çevrilen filmler ilk defa olarak memleketimizi bir bütün olarak çeşitliliği ve zenginliği ile tanıtmaktadır. Türkiye'de tek gerçek kültür yolunun bu olduğunu göstermekle üniversite kendisine düşen mürşit vazifesini görmektedir.

Bundan önceki yazılarımızda özlediğimiz ilim-kültür birleşmesi bu filmlerde gerçekleşiyor. Kültüre hizmet etmekle ilme de en iyi hizmet edildiğine inanıyoruz. Nitekim bu filmler bilinmeyen gerçeklerin gün ışığına çıkmasına yardım etmiştir. Topkapı Kütüphanesi'nde kapalı kalan Fatih Albümü veya Nakkaş Osman'ın *Surname* kitabı üzerine bundan böyle araştırmalar yapılabilecek. Göreme'de ilim dünyasının hiç bilmediği ve bugüne kadar kimsenin içine ayak basamadığı bir kilise meydana çıkarıldı. Bu buluşlar ilimde yeni araştırmalara ve tartışmalara yol açtığı gibi; memleket varlıklarının da korunmasını ve bilinmesini sağlar. Bilimin amacı da budur.

Üniversitenin film ekibi bugünkü gerçeklerimizi de gözden kaçırmamaktadır. Anadolu'nun geçmişi ile bugünü arasında hep bir köprü kurmaya çalışmakta, Hitit kabartmalarında veya Roma mozaiklerinde görülen günlük hayat sahneleri ile bugünün yaşayışları, gelenek ve görenekleri arasında nerede bir benzerlik bulursa, onu belirtmektedir. Üniversitenin kültür filmleri bu bakımdan hiç akademik değil, yerli yabancı her seyirciyi ilgilendirecek, seyredende o yerleri görmek arzusunu uyandıracak canlı dokümanlardır. Turistik değerleri de o nispette yüksektir. Bu filmler Paris'in Musée de l'Homme'unda gösterildiği zaman Fransa'nın en ünlü ressamlarından Jean Lurçat, *Surname* için şöyle demişti: "Sanatıma devam edebilmem için, zaman zaman böyle eserler görmem lazım. Bu film bana taze bir kan veriyor." Seyircilerin hepsi Türkiye'de büyük sanat varlıkları olduğu kanaati ve Türkiye'yi gelip gezmek arzusu ile ayrıldılar oradan. Bizim için bundan iyi bir kültür propagandası olamazdı.

Sayın Rektör Sıddık Sami Onar'ın yaptığı gibi, biz de üniversitenin bu başarılı çalışmalarını tebrik ederiz. Ne var ki, film çevirmek bir kişinin işi değil, bir ekibin işidir. Üniversitenin bugüne kadar çevirdiği kültür filmlerini Prof. Mazhar Şevket İbşiroğlu ile Sabahattin Eyüboğlu'na borçluyuz. Onlarla birlikte çalışan operatör, fotoğrafçı ve fon müziği hazırlayıcılarından katışık ekip Edebiyat Fakültesi'nin bugüne dek verebildiği en değerli eseri meydana getirebilmiştir kanısındayız.

1959

SARDES, ALTIN DİYARI

Lydia'nın başkenti, ilkçağın en zengin kralı Kroisos, yani Karun'un şehri, uğruna bunca masal, bunca efsane kurulan Sardes'i yıllardır görmek isterdim. Bir yandan da korkardım ki, gövdeleri pars postlarına sarılı, başları sarmaşık yaprakları ile süslü Bakkhalar alayının çam kozalakları sallayarak geceleri cümbüş yaptıkları Tmolos Dağı'nın (bugün Bozdağ) eteğine, akıntıları altın pulları sürükleyen Paktolos Deresi'nin kıyısına varınca, bir taş yığınından başka bir şey görmeyeceğim ve Sardes üzerine kurduğum güzel hayaller birden yok oluverecek, tıpkı Karun'un zenginliği, mutluluğu gibi. Masalı belki duymuşsunuzdur: Karun, Yedi Bilgeler'den Atinalı Solon'u bir gün sarayına çağırmış: "Dünyanın en mutlu adamı kimdir?" diye sormuş. "Sensin!" diyeceğine eminmiş. Ama Solon öyle dememiş: "Ölüm döşeğinde de mutluyum diyebilen adam" cevabını vermiş. Solon Atina'ya dönmüş. Karun da Bilge'nin bir anlam veremediği bu sözünü çabucak unutmuş. Anadolu şehirlerinin hepsinde sözü geçen, egemenliğini Kızılırmak kıyılarına kadar yayan Karun, doğuda İran Krallığı'na bile kafa tutarmış, zengin olduğu kadar da cömertmiş. Anadolu'da olsun, Yunanistan'da olsun altın kaplamalı sütunlarla, heykellerle, sunaklarla donatmadığı bir tapınak yokmuş; günün birinde de Yunanistan'daki Delphoi Tapınağı'ndan bunca armağanının karşılığını istemiş. İran Kralı Kyros'un (Kuruş) akıncılığından kaygılanıyormuş Karun, Apollon tanrının falcı kadınlarına, "Bu durum ne olacak?" diye sormuş.

Falcılar, biliciler oldum olasıya, lastikli konuşurlar, Apollon'un falcısı da, "Karun Kızılırmak'ı geçerse, büyük bir krallık yıkılacak" cevabını vermiş. Lydia kralı sevinmiş bu habere, yıkılacak krallığın İran Krallığı olduğunu sanarak, koca bir ordu ile geçmiş Kızılırmak'ı; ne var ki, İranlılara saldırmasıyla yenilmesi bir olmuş. Kuruş, Lydia ile birlikte Ege'nin bütün şehirlerini boyunduruğu altına aldıktan sonra, zaferini Sardes'te kutlamaya gelmiş. Karun o gün odun yığınının üstüne çıkmış, alevler yükselip gövdesini yalayınca, "Ah Solon! Solon!" diye haykırmış. Kuruş ne diyor diye merak etmiş ve ateşin söndürülmesini, düşmanının yığından aşağıya indirilmesini buyurmuş. Karun'la konuşunca kendi mutluluğunun da geçici olabileceğini iyice anlamış olacak ki Karun'u bağışlayıp sarayına almış, her işinde ona fikir danışmış.

Şu Gediz Ovası'nın güzelliğini anlatamam size! Göz alabildiğine incir bahçeleri, ufukta Manisa Dağları, Bozdağ çemberi. Dümdüz, pürüzsüz bir yoldan, kiraz yiye yiye Sardes'e vardık. Otomobilimiz su kenarında, koca bir incir ağacının altında durdu. İşte Sardes'in ünlü Paktolos Deresi (bugün Sart Çayı diyorlar), bakır rengi bir su. Sardes'in çevresindeki tepeler de hep o renkte. Uzaktan görülen Artemis Tapınağı'nın sütunları bile altınımsı bir kızıllık saçıyor.

Sardes, Ege'nin en ilgi verici kazı yeri olacak bu yıl. Harvard Üniversitesi'nden Prof. Haufmann kazılara başlamak üzere bir hafta sonra gelecekmiş. Lydia başkenti bilime birçok sırlar açacağa benziyor, bu bakır rengi toprağın altında hazineler yattığı besbelli.

Sardes'te bir-iki saat gezdikten sonra, Salihli'ye gittik. Tertemiz, şipşirin bir kasaba. Üç lokantası arasında kebapçıyı seçtik, bize nefis şişkebaplar, şiş köftelerle, lezzetine doyulmaz bir yoğurt yedirdiler. Dört kişilik yemeğe on lira bile vermedik. Anadolu lokantalarında bahşiş nedir bilmiyorlar, verirseniz almıyorlar. Salihli'de temiz bir otel de var, tuvaletine gidip ellerimi yıkadıktan, üstümü başımı düzelttikten sonra Manisa'ya doğru yola çıktık.

İlkçağda iki Magneisa (Manisa) vardı, biri Maiandros (Menderes) kıyısında, öteki Sipylos (Manisa Dağı) eteğinde. Manisa'da üç anıt, turistin dikkatini çekiyor: Dağdaki Kybele Kabartması, Ağlayan Kadın Kayası ve Müze. Anadolulu Ana Tanrıça Kybele'nin koca bir kayanın üstüne yontulmuş bu heykeli, üç yüz metre kadar yükseklikte sarp bir dağın yamacındadır. Oraya bir patika çıkıyorsa da, tırmanmayı gözümüz tutmadı.

Manisa Müzesi küçük bir şaheser. Muradiye Külliyesi'nden bir medresede 1943'te kurulan bu müzeye Prehistorya'dan Osmanlı çağına kadar, bölgede bulunan bütün eserler getirilmiş ve övülmeye değer bir bilgi ve düzenle dizilmiş. Bahçesi ağaçlarla, çiçeklerle süslenmiş, misk gibi zambak kokuyor, ortasındaki şadırvandan şırıl şırıl su akıyor.

Manisa'da Müze Müdürü olarak çalışan Kemal Polatkan, bölgede bulunan bir düzine harabeyi gezer; henüz kazı yapılmamış bu eski şehirlerden heykeller, kabartmalar, lahitler, yazılı taşlar, ne bulursa toplar getirir. Eski medreselerimizin müze haline sokulmaya ne kadar elverişli olduklarına Antalya'da da bir örnek gördüm. Bu bölge müzelerinin kendilerine has bir havası var; anlayışlı, çalışkan bir müdürün elinde, büyük şehirlerimizdeki arkeoloji müzelerinden daha güzel oluyorlar.

Niobe, yani Ağlayan Kadın Kayası'nı hiç gördünüz mü? İki bin beş yüz yıl önce tarihçi Herodotos bundan bahseder de, bizim turistik broşürlerimizde hiç adına rastlamadım. Ren Nehri kıyısında bir Lorelei olduğunu biliriz, üstüne şiirler yazılmış, şarkılar bestelenmiş olan bu kayayı görmek için turistler Almanya'ya akın ederler. Bizim Ağlayan Kadın Kayası Lorelei'dan daha güzel, hikâyesi de daha dokunaklı. Manisa bölgesinin kralı Tantalos'un kızı Niobe, güneş tanrısı Apollon'la, ay tanrıçası Artemis'in anneleri Leto ile ahbapmış. Niobe altısı erkek, altısı kız bir düzine çocuk doğurduğundan gurur duymuş; tanrıça ile boy ölçüşmeye kalkışmış: "Sen yalnız iki çocuk doğurdun, bense on iki tane doğurdum" demiş Leto'ya. Tanrıça, Apollon'la Artemis'e, Niobe'nin çocuklarını öldürmelerini buyurmuş. Apollon Niobe'nin altı erkek çocuğunu, Artemis de altı kız çocuğunu oklarıyla yere sermişler. Acısından Niobe taş kesilmiş. Bu taş, Manisa'daki kayadır derler; yaz kış kayanın gözlerinden yaşlar sızar: Niobe çocuklarına ağlar.

Karısına tutkun kral

Bu anlatacağım hikâye efsane sayılır mı, sayılmaz mı, bilmem. Onu ilkin tarihçi Herodotos gerçekten olmuş bir olay gibi anlatır. Herodotos yurttaşımızdır. Karya şehri Halikarnas'ta (yani bugünkü Bodrum'da) doğdu. Akdeniz kıyılarının aydın ışığı, Herodotos'ta her şeyi bilmek, dünyayı ve insanları tanımak hevesini uyandırmış olacak. Herodotos ilkçağın en meraklı insanıdır. Doğu ile batının ilk büyük çatışması olan Pers Savaşları'nın zamanında yaşadığı, bu çatışmada üstün gelen Atinalılara hayran olduğu halde Anadolulu Herodotos, doğuda Yunanistan'a taş çıkartacak uygarlıklar bulunduğunu bilir. Bu uygarlıkları yakından tanımak içindir ki, Herodotos, Küçük Asya'yı dolaştıktan sonra, Doğu Akdeniz kıyılarından Mısır'a kadar uzanmış ve bütün bu ülkelerin geleneklerini, göreneklerini inceden inceye not edip dokuz ciltlik koca bir kitap yazmıştır. Tarih biliminin adı da, kendisi de, *Historia* dediği bu kitaptan doğmuştur.

Kandaules ile Gyges masalını Herodotos'tan alıyoruz. Aynı konuyu Platon da ele almıştır, ama çok değişik biçimde.

Herodotos'un anlatışında hem gerçeklik payı daha çok hem de tadına doyulmaz bir çekicilik var. Lydia başkenti Sardes'te geçen bu hikâye; kızıl topraklı tepeleri, sularında altın akan ırmağı ile Gediz Ovası'nın bugünkü esrarlı güzelliğini yansıtmaktadır. Sözü Herodotos'a bırakıyorum:

> Lydia Kralı Kandaules karısına tutkundu. Tutkun olduğu için de dünyada karısından daha güzeli yok sanıyordu. Öyle sandığı için de, Gyges'e karısının güzelliğini anlata anlata bitiremiyordu. Daskylos'un oğlu Gyges, en gözde yaverlerinden biriydi. Kandaules en önemli işlerini ona açardı. Aradan çok zaman geçmeden –Kandaules'in başına gelecek bela varmış– Kral, Gyges'e şöyle dedi: "Karımın güzelliğini anlattığım zaman sen bana pek inanmıyorsun gibime geliyor. Öyle ya, insan kulaklarından çok gözlerine inanır. Ne yapıp yapıp karımı çıplak görmelisin." Gyges bir çığlık attı, dedi ki: "Efendim, Kraliçemi çıplak görmemi söylemekle amma da uygunsuz laf ediyorsun! Bir kadın gömleğini çıkardı mı, ayıbını da açmış olur. İbret alınacak güzel atasözleri vardır. 'Herkes kendine ait olana bakmalı' der bir atasözü. Ben senin karının en güzel kadın olduğuna inanıyorum, ama yalvarırım, geleneklerine aykırı bir iş gördürme bana." Gyges, bu teklifi başına bir iş açar korkusuyla krala karşı geliyordu. Kandaules ise şöyle cevap verdi: "Cesur ol, Gyges, bana güven! Seni denemek için söylemiyorum bunu, karımdan da sana bir zarar gelmez. Çünkü ilkinden işi öyle düzenleyeceğim ki, senin onu gördüğünü karım bilmeyecek. Yattığımız odanın açık kapısının arkasına saklayacağım seni. Ben odaya girince, karım da yanımda yatmaya gelecek. Kapı önünde bir iskemle vardır. Karım soyundukça elbiselerini bir bir onun üzerine koyar. İşte o zaman rahat rahat seyredebilirsin onu. İskemleden uzaklaşıp da, yatağa doğru yürürken

karım sana sırtını çevirecektir. O zaman sen saklandığın yerden çık, kapıdan dışarıya sıyrılıver. Ama dikkat et ki seni görmesin." Gyges bu sefer kaçamak yolu bulamadığından peki dedi.

Yatma saati gelince, Kandaules, Gyges'i odaya aldı, biraz sonra da karısı içeriye girdi. Gyges kraliçenin odaya girdiğini de, soyunduğunu da gördü. Sonra kraliçe sırtını dönüp yatağa doğru yürürken Gyges usulca kapıdan dışarıya sıyrıldı. Ama kadın onu görmüştü. Bu işi kocasının teptiplediğini de anlamıştı, ama utancını açığa vurmadı, bir şey bilmiyormuş gibi göründü. Niyeti Kandaules'ten öç almaktı. Çünkü hemen hemen bütün yabancılarda olduğu gibi –Herodotos "Barbarlarda" diyor, ama Eski Yunanlılar Yunanca konuşmayan kavimlerin hepsine "Barbar" derler; bu sözü kötü anlamda kullanmazlardı– Lydialılarda da çıplak görünmek, bir erkek için bile çok büyük ayıp sayılırdı. Kraliçe o gece hiçbir şey sızdırmadan sustu. Ama gün doğar doğmaz, uşaklarından kendisine en sadık bildiklerine sırrını açıp Gyges'i çağırttı. Gyges de kraliçenin olup bitenlerden haberi yok sanarak huzura çıktı. Kraliçe onu çağırınca huzura çıkmak âdetiydi. Gyges gelince, kadın şöyle dedi: "Sana iki yol arasında seçme hakkını veriyorum Gyges, istediğini seç. Ya Kandaules'i öldürüp, beni ve Lydia Krallığı'nı ele geçireceksin; yahut da hemen öleceksin ki, Kandaules'in her buyruğuna uyup da görmemen gereken şeyleri görmeyesin bir daha. Başka yolu yok, ya bu tertibi yapan kral ölmeli ya da beni çıplak görmekle geleneklere karşı gelen sen ölmelisin." Gyges bir an şaşakaldı, sonra kraliçeye yalvardı; onu böyle bir seçme yapmak zorunda bırakmasın, diye. Ama kraliçeyi kandıramadı ve gördü ki, başka çaresi yok, ya efendisini öldürecek ya da kendi öldürülecek. Sağ kalmayı seçti. Kraliçeye şöyle sordu: "Madem beni istemeye istemeye efendimi öldürmeye zorluyorsun, söyle bakalım, ona nasıl el kaldıracağım?" Kadın da cevap verdi, dedi ki: "Beni sana çıplak gösterdiği yerden saldıracaksın, onu uyurken öldüreceksin." Düzen böylece kuruldu. Gyges ne kaçmak yolu ne de başka bir yol bulabildi; ya kralı öldürmek ya da kendi ölmek zorunda kaldığı için, gece olunca kadının arkasındaki yatak odasına girdi. Kraliçe eline bir kama verip onu bir gece önce saklandığı kapının arkasına gizledi. Sonra da Kandaules uykuya dalınca, Gyges yerinden fırladı ve kralı öldürüp kadını da, krallığı da ele geçirdi.*

* Bu çeviri benimdir. Sonradan *Herodotos Tarihi*, Müntekim Ökmen'in Türkçesiyle Remzi Kitabevi'nce, İstanbul'da 1973'te yayımlandı. Bu öykü o kitabın I. 7-10 bölümlerinde bulunmaktadır.

BEŞPARMAK DAĞLARI

Endymion

Parlak ayın çevresinde sayısız yıldız
Rüzgârsızken duru gökyüzü
Nasıl yanarsa ışıl ışıl.
Bütün doruklar, sivri kayalar ve çayırlar
Nasıl serilirse göz önüne,
Gökler yırtılıp da açılır,
Tekmil yıldızlar görünür,
Ferahlar yüreği çobanın.

Endymion efsanesi, Homeros'un bu birkaç dizesinden doğmuş gibidir. Ama bu efsanenin asıl kahramanı eski adıyla Latmos, bugün Beşparmak diye anılan dağdır. Beşparmak Dağı'nın eteğinde Menderes Irmağı, kendi ovasınca akarak bin bir dolanışla gümüşten aylar çizer. Koca ırmak Bafa Gölü'ne ve batıda Adalar Denizi'ne pırıl pırıl boşanır. Geceleri Bafa Gölü tepsi dolusu gümüştür.

Beşparmaklar'ın heybeti insan hayalini uzak geçmişlere, kıtaları sarsıp dağları birbirinin üzerine yığan büyük yer sarsıntıları çağına götürür. Beş doruğunu bir elin beş parmağı gibi göğe uzatan bu dağa bakarken, o depremlerin gürleyişini duyar gibi olur insan. Ama ay ışığı bu dağların sertliğini şeker gibi eritir ve çatık kaşlarını çözer. O zaman insan bir dünya manzarası değil, yeryüzüne paldır küldür yıkılmış bir cennet görmüş gibi olur.

Beşparmak Dağı'nın rüzgârı denizcileri boğmaz, ormanları söküp yamyassı etmez. O rüzgâr yel değirmenlerine üfleyince, en ağır taşları topaç gibi döndürür ve toz haline gelmiş ay ışığı gibi unlar öğütür.

Beşparmak'ın suları sanki daha güzel hoplamak için en dik uçurumları seçerler, avuç avuç elmasları, pırlantaları sağa sola saçarlar. Denize kavuşmak aşkıyla kendilerini kayadan kayaya atan bu sular bağırlarını parça parça ederler; birbiri ardınca köpük tabanları gürleterek Büyük Menderes'e kavuşurlar. Irmağın kıyısında şafak renkli zakkum çiçekleri altın şamdanlar gibi dikilir.

Beşparmaklar'da ağaçlar sert ve çıkıntılı kayaları avuç gibi kavrarlar. Bazıları uçurumun dibine bakmak için yarlardan eğilirler, başları yokuş aşağı inen atlılar gibi dimdik arkaya irkilirler. Pınarın tatlı suyunu içmek için kıyısına üşüşürler, çimenlerde halka olup yellerle hora teperler, sonra meralara gelip dinlenirler; kalkarlar geçit resmi yapıyorlarmış gibi Beşparmaklar'ın keskin doruklarından dizi dizi göklere doğru çıkarlar. Ağaç kalabalığının ne olduğunu asıl burada görmeli. Burası bir dal ve yaprak mahşeridir.

Beşparmaklar'ın üstünde zikzaklayan şimşekler gelin telleri gibi çakar, bulut bulut yağmurlar boşanır, sonra da çevre çevre gökkuşakları salınır.

Endymion efsanesi işte bu dekor içinde doğdu. Endymion, Beşparmak Dağı'nda sürülerini otlatan bir çobanmış. Kavalından başka bir varlığı olmayan yoksul bir çoban. Gündüz kayadan kayaya hoplayan boynuzlu, sakallı kara keçilerini gözler, yamacın misk kokulu kekiklerini yiyen sürünün titrek meleyişlerine kulak kabartırdı. Kavalı Endymion'un biricik dostu, sırdaşıydı. Dağlarda yapayalnız yaşamanın verdiği özgürlük, açıklık duygusunu da, kalabalık şehirlerde oturan hemcinslerine özlemini de hep bu kavala söylerdi. Kaval sanki onu bir an dinler, sonra boğuk veya tiz, gülen veya ağlayan seslerle duygularını dile getirir, uzak doruklara kadar ulaştırırdı. Endymion'un kavalı yalnız çobanın sevincini, özlemini söylemekle kalmaz; kara dorukların, yeşil çimenlerin, bulut bulut yapraklarıyla sağa sola serpilmiş ağaçların, cıvıl cıvıl akan suların da seslerini duyururdu.

Bu ıssız dağlarda Endymion'u ne gündüz kavalını üflerken, ne gece taze çayırın üstüne uzanıp sere serpe uyurken kimsecikler görmezdi. Yalnız, ay ışığı görürdü onun gürbüz bedenini, erkekçe güzelliğini. Ay tanrıçası Selene, Endymion'a baka baka, gönül vermişti ona. Her gece üzerine eğilir, gümüş ışığıyla onu sarıp bütün gövdesini içine alırdı.

Sevişmeleri sabaha kadar süren ışıklı bir uykuda uzun, aralıksız, durgun bir birleşme idi. Endymion her gece serin çayırın üstüne yatınca kollarını sevgilisine açardı.

Selene de gökte ne zaman doğarsa, nerede doğarsa, hemen çobanına koşar, gövdesini ışınlarıyla sarar, öperdi.

Ne var ki, Selene kimi gece daha çok, kimi gece daha az kalırdı sevgilisinin yanında. Ayın Endymion'la hiç birleşemediği karanlık geceler de vardı. Onlar Beşparmaklar'ın dorukları gibi kara, korkulu bir bekleyiş içinde geçerdi. Ama bu bekleyiş uzun sürmez, ilk ay gökte gözüktü mü, Endymion'la Selene gene kavuşurlar, denizden yeni çıkmış balıklar kadar serin, diri, parıltılı gövdelerini birbirlerine değdirirlerdi. Her buluşmada ilk defa buluşuyormuş gibi olurlar, hiç tatmadıkları bir tadı dudaklarında eme eme doyamazlardı. Her öpüşte gövdeleri daha da aydınlanır, tepeden tırnağa nur kesilirdi. Endymion'la Selene için sevgi, ışığın ta kendisiydi.

Ölümsüz tanrılar, kimi zaman kıskanır insanların mutluluğunu. Sevgiyle insanların bir çeşit ölümsüzlüğe ermelerini, tanrılara denk gelmelerini istemezler de ondan. Ama tanrıların tanrısı Zeus, Selene ile Endymion'un bu hep yenilenen bitimsiz sevgilerinden hoşlanmış, Beşparmak Dağları'nın yoksul çobanına bir armağan vermeyi kurmuş, "Dile benden ne dilersen" demiş ona. Endymion da ne dilesin, ölümsüz bir uykuda uyumayı dilemiş.

O gün bugün Beşparmak dorukları ay ışığında karlı gibi ağarır. Ulu çamları uyuyan ve ışıklı düşler gören insanlara benzer. Nereden geldiği belirsiz bir esintiyle yaprakları ürperir, fısıldaşır zaman zaman. Ay ışığı göklere parmak uzatan doruklardan aşağı, su şırıltısı gibi şarıl şarıl akar. Yamaçlarda çobanların yaktığı ateşler mavi mavi tellenen ince dumanlar salar. Endymion'un kavalı yankılanır kayadan kayaya. Hep aynı sestir o, dağların ıssızlığını, insanların özlemini söyler. Ayın çevresinde yıldızlar kıpırdaşır. Gökler sanki yırtılmış, açılmıştır. Beşparmaklar'ın çobanı Endymion'un ışıklı, ölümsüz mutluluğunu gözümüzle görebiliriz.*

* Anadolu efsanelerini anlatırken, Halikarnas Balıkçısı'nın *Anadolu Efsaneleri* adlı kitabından çok faydalandım. Öyle ki, çok güzel yazılmış kimi parçaları olduğu gibi Balıkçı'dan aktardım.

MİLET

Sevgi ile Can

Bir varmış, bir yokmuş. Eski zaman içinde Milet (Miletos) denilen ülkede bir kralla bir kraliçe yaşarmış. Üç kızları varmış bu kralla kraliçenin... Üçü de güzelmiş. Ama üçüncüsü, en küçüğü öyle güzel, öyle güzelmiş ki, Miletliler bu kral kızının ölümsüz bir tanrıça olduğu inancına kapılmışlar; ona yeryüzüne inmiş Aphrodite gibi tapınmaya koyulmuşlar. Adı Psykhe, yani Can olan bu kral kızının ünü Milet sınırlarını aşmış; Anadolu'dan, Ege ve Akdeniz kıyılarından kafile kafile insanlar gelirmiş onu görmeye, Tanrıça Aphrodite'in Knidos'taki, Paphos'taki tapınaklarına kimsecikler uğramaz olmuş. Kurbanlar kesilmiyor, sunaklarda soğumuş küllerle solmuş çelenkler birbirine karışıyormuş. Tanrıça bu duruma önce şaşmış, sonra öfkelenmiş. "Bir ölümlü nasıl da yaradılış kanunlarını elinde tutan bir tanrıçanın yerine geçer?" diye köpürmüş. Can'a haddini bildirmek, ondan öcünü almak için bir düzen kurmuş. Oğlu Eros'a, yani Sevgi'ye başvurmuş.

Sütbeyaz omuzlarında kocaman bir çift kanat taşıyan Eros, tanrıların en genci, en yakışıklısı, aynı zamanda da insafsızı idi. Yüreğe sapladığı zehirli oklarla inim inim inletirdi insanları da, tanrıları da. Oklarını omzuna asılı bir altın oklukta taşıyıp, çırılçıplak dolaşırdı dünyayı... Girmediği yer, görmediği erkek veya dişi kalmazdı. Birini kestirdi mi, yayını gerer, nişan alır, vınk diye okunu üzerine salar ve hiç şaşmadan kurbanının yüreğine saplardı. Sevgi oklarının saplandığı yüreklerde gitgide büyüyen yaralar açılırdı. Okla vurulmuş insan, sevgilisine kavuşmak için yanıp tutuşur, kavuşmakla acısının dineceğini sanırdı, oysa hiç dinmezdi sevgi acısı.

Sevgi deniz kıyısında başıboş dolaşırken, annesi Aphrodite'in köpüklü dalgaları yaran bir araba ile yaklaştığını görmüş. Tanrıça, oğlunu öpüp kokladıktan sonra, elinden tutmuş, Milet'teki boş tapınağına götürmüş, "Bak, oğlum!" demiş. "Bir ölümlünün bana yaptıklarına bak! Benim öcümü almak sana düşer. Okunu bu haddini bilmez kıza doğru yönelt, dünyanın en çirkin, en kaba erkeğine gönül vermesini sağla." Tanrıça böyle demiş ve Sevgi'yi bir daha öpüp, altın arabasına binmiş, beyaz köpüklere karışmış.

Aylar, yıllar geçiyor, Can'a koca bulunamıyordu. Soylu olsun, halktan bir adam olsun kimse güzellikte tanrıçalarla boy ölçüşen kral kızını istemeyi göze alamıyordu. Milet kralının büyük ve ortanca kızı çoktan evlenmişlerdi. Kral, küçük kızına niçin koca çıkmadığını tanrı Apollon'a sormayı düşündü. Milet'e yakın Didyma Tapınağı'nda tanrı buyruklarını insanlara bildiren duacılar vardı. Kral bunların birine başvurdu. Bilici şu korkunç yanıtı verdi: "Kızını gelinlik elbisesiyle bir kayanın tepesine bırak. Tanrıların ona seçtikleri koca bir ejderdir. Bu tüyler ürpertici yaratık, kızı gelip kayanın üstünden alacak ve evine götürüp, onunla gerdeğe girecek."

Kral bu habere çok üzüldü. Milet sarayında günlerce gözyaşı döküldü, yas tutuldu. Ama tanrı buyruğunun yerine getirileceği gün de gelip çattı. Düğün alayı yola düzüldü. Önde kapkara meşaleler taşıyan adamlar yürüyor, arkalarında Lydia kavalı ile yas havaları çalan çalgıcılar geliyordu. Bir düğün alayı değil, bir cenaze alayı derdiniz buna. Milet halkı duvağının altında hıçkırıklarla ağlayan geline acıyor, "Ah, vah" diye inliyordu. Alay bir dağın dik yamacında bulunan kayaya varınca, meşaleler söndürüldü. Can anasına, babasına, bütün Milet halkına veda edip taşın üstüne oturdu. Gelin alayı sessizce geri döndü. Can, yüreği korkudan tıp tıp atarak kısmeti olan ejderi beklemeye koyuldu.

Gece karanlığında tatlı bir yel esmeye başladı. Yel Can'ın eteklerini şişirdi, duvağına sarıldı ve birden genç kızı havalandırdı. Can neye uğradığını bilmeden kendini okşayıcı yele bıraktı. Uçtu, uçtu, sonra yavaşça yeşil, taptaze, kokulu bir çayırın üstüne kondu.

Uyandığı zaman, çevresinde sık ağaçlı bir orman ve ormanın ortasında bir pınar gördü. Berrak bir serinlik sarmıştı ortalığı. Yapraklar arasında bir saray yükseliyordu. Limon ağacı ile fildişinden örülmüş çatısı altın sütunlara dayalıydı. Duvarlarda gümüş kabartmalar vardı. Ancak bir tanrı eli, kabartmalardaki çeşit çeşit hayvanları böyle ustaca çizmiş olabilirdi. Döşemeler değerli taşlardan renk renk mozaiklerle örtülüydü. Bu saray öylesine parlıyor, ışıldıyordu ki, güneş olmasa da ışınlar saçacak gibiydi. Sarayda kimsecikler yoktu. Can dört bir yanına baka baka içeriye girdi. Odalarda birbirinden güzel ve değerli eşyalar vardı. Bu hazineler bekçisiz mi kalıyordu? Can bunu düşünürken bir ses duydu: "Bütün bunlar senindir, hanımım. Biz hep senin hizmetindeyiz. İşte yatak odan, yatağın, sedirin, işte hamam, yıkan giyin, sonra da kahvaltını verelim sana."

Can bu gövdesiz seslere şaşakaldı, ama yorgundu, sedire uzanıp biraz uyudu, sonra önüne ay biçiminde bir masa dikildi. Masanın üstünde çeşitli yemek, meyveler, şaraplar vardı. Can bu nefis yemeklerden yedi. Yemek bitince bir çalgıcı saz çalmaya koyuldu, bir başkası da türkü söylüyordu. Gövdesiz sesler Can'ı akşama kadar eğlendirdiler. Gün batınca, genç kız yoruldu, yatağa uzandı kondu. Can korkudan donakalmıştı. Karanlıkta gözleri hiçbir şey seçemiyordu. Gövdesi yumuşacık tüylerle örtülür gibi oldu, iki kol boynuna sarıldı, iki dudak dudaklarına kapandı. Kız tepeden tırnağa ürperdi, kendini koyverdi.

Ertesi sabah uyanınca Can yatağı boş buldu. Bir gecelik kocası sır olmuştu. O gün de gövdesiz hizmetçileri hizmetine koştular, yemekler geldi gitti, çalgıcılar çalgı çaldı. O gece de Sevgi yine geldi. Can'ın yanına uzandı, onu öptü, sevdi ve gün doğmadan sır oldu gitti. Günler geçiyor, Can sır dolu sarayında tek başına kalıyor; gece adını bilmediği, yüzünü görmediği kocasıyla yatıyordu. Milet sarayında anası babası üzüntüden eriyip gidiyorlardı. Büyük ve ortanca kızları onları avutmaya yetmiyordu. Korkunç bir canavarın Can'ı kayanın üstünden alıp götürdüğüne inanıyordu herkes.

Bir gece Sevgi, Can'a şöyle dedi: "Canım Can'ım, kız kardeşlerin seni arıyorlar. Olmaya ki, kayanın üstüne çıkıp seni çağırsınlar, sen de onlara cevap veresin. Kardeşlerinin buraya gelmesi mutluluğumuzu yok edebilir." Can peki dedi ve kardeşlerini çağırmamaya söz verdi. Ama kimsesiz sarayında canı sıkılıyordu. Milet'i, anasını, babasını, arkadaşlarını özlüyordu. Mutluluğu bir yük olmaya başlamıştı. Gündüz tek başına ağlıyor, geceleri Sevgi'nin koynunda bile rahat bulamıyordu.

Sevgi, "Canım Can, kötü yoldasın, kendini tut, kardeşlerini buraya çağırırsan, pişman olacaksın" diyor, ama Can'a sözünü dinletemiyordu. Bir gece Can öyle yalvardı, yakardı ki, tanrı dayanamadı, "Peki" dedi. "Kız kardeşlerinin bir kere buraya gelmelerine izin veriyorum. Bir gün akşama kadar senin yanında kalabilirler, buradan beğendiklerini alıp götürebilirler, ama sakın öğütlerini dinleme, sakın benim kim olduğumu öğrenmeye çalışma, yoksa mutluluğumuz uçup gider, senle ben bir daha birleşemeyiz."

Can gözyaşları arasında gülümsedi. "Merak etme, canım Sevgilim" diyordu. "Senin kim olduğunu ne diye araştırayım? Sevgi tanrısının kendisi bile olsan, seni bugün sevdiğimden fazla sevemem. Kardeşlerimin öğütlerini dinlemem; yeter ki onları bir kerecik göreyim, onlar da benim mutlu yaşadığımı görsünler. Babamın gönlü rahatlasın, anacığım bana yas tutmaktan kurtulsun."

Ertesi sabah Can'ın kız kardeşleri kayanın üstüne çıkıp, "Can, neredesin? Sevgili kardeşimiz, ne oldun? Seni kim aldı götürdü? Bak, yıllardır kan ağlayıp duruyoruz. Sesimizi duyuyorsan, bize cevap ver. Yaslı anana, kederli babana acı" diye bağırdılar. İniltileri dağdan dağa yankılana yankılana Sevgi'nin sarayına vardı. Can eşiğe çıktı, "Buradayım, gelin, sevgili kardeşlerim!" diye seslendi. Meltem yeline kız kardeşlerini getirmesini buyurdu. Yel, kral kızlarını kayanın üstünden aldı, Sevgi sarayının önündeki çayıra bıraktı. Üç kız kardeş birbirine sarıldılar, sevinç gözyaşları ile öpüştüler. Can kız kardeşlerine sarayı gezdirdi, hazinelerini gösterdi. Gövdesiz hizmetçilerin getirdikleri sofralarda nefis yemekler ikram etti. Büyük ve ortanca kral kızı, bu bolluğu, bu zenginliği görünce kıskandılar, Can'a bir sürü soru sormaya koyuldular: "Bu saray kimin sarayı? Kocan kimdir? Adı nedir? Nasıl bir adamdır?" Can bir masal uydurdu: "Kocam" dedi. "Bıyığı yeni terleyen, güzel bir delikanlıdır. Gününü dağlarda, ormanlarda avlanmakla geçirir." Bu konuşmayı daha fazla uzatmamak için de kız kardeşlerine saraydan armağanlar seçmelerini söyledi ve istediklerini verdi. Akşam olunca, Meltem yeline kız kardeşlerini yine kayanın üstüne bırakmasını buyurdu.

İki kız kardeş Milet'e dönerken kıskançlıktan çatlayacak gibiydiler. Gördüklerini kimseye bildirmemeye karar verdiler. Ne yapıp yapıp Can'ın yuvasını bozacaklardı.

O gece Sevgi, Can'ın yanına uzandığı zaman, "Canım Can'ım, büyük bir tehlike geçirdin" dedi. "Kız kardeşlerin seni kıskandılar. Onları bir daha buraya çağırma, yoksa evimizi yıkacaklar. Bak sana bir müjde vereyim, yakında bir çocuğumuz doğacak, kız kardeşlerinin öğütlerine kanar da, benim kim olduğumu öğrenmeye kalkışırsan, ben senden ayrılmak zorunda kalırım, çocuğumuz da ölümlü bir insan olarak doğar. Yok sözümü dinlersen, karnında taşıdığın yavru ölümsüz olacak, tanrılara karışacak."

Can bu habere çok sevindi. "Sevgili kocam" dedi. "Bana güvenebilirsin. Seni gözümle görmediğime üzülüyordum, ama bundan sonra çocuğumuzun yüzüne bakar, seni onda görürüm. Hem karanlıktan bana ne, sen benim günüm, güneşim değil misin? Misk kokulu saçlarının, beni saran körpe bedeninin üstüne yemin ederim ki, seni görmeye kalkışmayacağım, kim olduğunu araştırmayacağım. Kız kardeşlerimi bir daha buraya getirt de gör. Beni bir daha denersin, kuşkulanmazsın artık."

Can ne yapıp yaptı, kız kardeşlerinin bir daha Sevgi sarayına gelmelerini sağladı. Can onları ilk defasından daha da çok ağırladı. Ama kral kızlarının aklı ikramda, hediyede değildi. "Can" dediler, "ana olacağına çok sevindik. Bu müjdeyi anamıza babamıza götürdüğümüz zaman, onlara gün doğacak, çünkü ne desek bize inanmıyorlar. Senin korkunç bir ejderle evleneceğini bildiren tanrı Apollon'un buyruğu vardı ya, anan baban onu bir türlü unutamıyorlar. Kızımız kocasını bir kere gündüz gözü ile görsün diyorlar. Ya gece koynuna giren adam bir canavarsa, ya senden doğacak çocuk ağzı zehir saçan bir yılan, yedi başlı bir ejderse? Hem kocan belki doğurmanı bekliyor, sonra seni boğacak ya da kıtır kıtır yiyecektir. Biz sana haber veriyoruz, ablalık görevimizi yapıyoruz. Artık sen bilirsin."

Can şaşakalmıştı. Kuşku yılanı içini sinsi sinsi kemirmeye başladı. Kral kızları bu şaşkınlığı fırsat bilerek, telaşla, "Bak

Can, bu gece yastığının altına bir kama sakla" dediler. "Yağ kandilini yak, ışığı dışarıya vurmasın diye üstüne bir testi ört. Testiyle kandili masanın altına koy. Kocan uykuya daldıktan sonra, kandili başının üstüne tut ve yüzüne bak. Bir ejderse, korkma, hemen kamayı göğsüne sapla. Canavardan kurtuldun mu, biz seni alır Milet'e götürürüz. Dengin olan bir erkekle evlendiririz seni."

Can'ın yüreğinde öyle bir kasırga kopmuştu ki, kız kardeşlerinin gittiğini duymadı bile. Kulakları uğulduyor, kafası zonkluyordu.

Ne yaptığını bilmeden kalktı, yağ kandilini, testiyi, kamayı hazırladı. Kız kardeşlerinin öğütlerini harfi harfine yerine getirdi, sonra da yattı, kocasını bekledi. Sevgi o gün birçok yüreklere ok saplamış olacak ki, yorgundu. Can'ı sarıp öptükten sonra, hemen uykuya vardı. Can'ın yüreği küt küt vuruyordu, kamayı yastığın altından çekti, titreyerek ayağa kalktı, yağ kandilini masanın altından aldı, testiyi kaldırdı ve kocasının başucuna kadar sendeleyip, ışığı çıplak gövdesinin üstüne tuttu.

Kat kat beyaz tüylerden kanatlar üzerine uzanmış, canlı mermer gibi parlayan çevik, körpe bir beden, altın sarısı saçlarla harelenmiş yüksek alınlı bir baş, sevinç soluğu ile açılan yumuşak dudaklar... Can uyur gördüğü tanrıyı hemen tanıdı: Sevgi. O anda duyduğu coşku öyle derin, öyle sonsuzdu ki, sevginin saçtığı hiçbir ok böylesini aşılamamış, aşılayamazdı. Can arzu ile tutuşup pembe yanağa doğru eğildi, dudakları tanrının gözkapağına değdi. Can eğilirken, elindeki yağ kandili de eğildi. Kandilden bir damla yağ Sevgi'nin göğsüne damladı.

Tanrı birden uyandı, doğruldu ve kanatlarını gerip uçmaya hazırlandı. Ayaklarına yalvararak kapanan Can'a, "Can, benim akılsız Can'ım, annem seni bir canavara vermemi buyurmuştu. Seni sevdim, ben aldım. Ama beni can gözüyle görmek istedin, gözümden öptün. Can ölümlüdür, Sevgi ölümsüz. Bağdaşamayız biz. Ayrılmalıyız!" dedi ve uçtu gitti. O anda altın saray yok oldu. Can kapkara gecede, nemli toprak üstünde yüzükoyun yatar kaldı.

Gün doğunca, Can kalktı, ırmağa doğru yürüdü, kendisini suya attı. Ölmek istiyordu. Ama ırmağın Sevgi'ye saygısı büyüktü, hemen sularını durgunlaştırdı, Can'ı kıyıya taşıyıp bıraktı. Kıyıda tanrı Pan kaval çalıyordu. Keçi, tırnaklarının üstünde hoplaya hoplaya Can'a yaklaştı, "Ağlama, güzelim" dedi. "Beni dinle, dağda bayırda yaşayan bir çobanım, ama aşk işlerinde büyük deneylerim vardır. Sevgi'nin peşini bırakma. Git ona yalvar, seni affetsin. Yüreği yumuşaktır, günün birinde sana döner."

Can yola koyuldu. Az gitti, uz gitti, büyük kız kardeşinin bulunduğu şehre vardı. "Ah, ablacığım" dedi. "Kocam Sevgi tanrı bana çok kızdı. Beni sarayından kovarken seninle evleneceğini söyledi. Meltem yeline de beni buraya getirmesini buyurdu." Büyük kral kızı bunu duyunca, hemen kayanın üstüne koştu ve yelin nereden estiğine bakmadan, "Sevgi, al beni" diyerek kendini kayadan aşağıya attı. Uçurumun dibine düşen gövdesi paramparça oldu. Can aynı oyunu ortanca kız kardeşine de oynadı ve ondan da böylece öcünü aldı.

Can dağ bayır dolaşırken, Sevgi acılar içinde kıvranıyordu. Can'dan ayrılalı beri dünya bir cehennem olmuştu ona. Bir gün beyaz martı, tanrının haline acıdı, uçtu, tanrıça Aphrodite'i denizin köpüklü dalgaları arasında yüzer buldu. Sevgi'nin hasta yattığını bildirdi ona, "Bu ne böyle?" dedi. "Sen denizlerde yüzersin, oğlun gönül yarasıyla hasta yatar. Yeryüzünde sevişenler, evlenenler azaldı. Dünyanın tadı kalmadı, vesselam." "Oğlum ne diye hasta yatar? Yanlışlıkla bir okunu kendi yüreğine mi sapladı yoksa?" diye sordu,

Aphrodite. Geveze kuş, olup biteni anlatınca, tanrıçanın tepesi attı: "Ne, o şımarık, o haddini bilmez Can'a mı gönül verdi? Eh, oğlum sözümü iyi dinlemiş. İkisi de görürler şimdi tanrıça Aphrodite ile alay etmek ne demekmiş."

Can şehir şehir dolaşıyor, tanrı tapınaklarına sığınmaya, tanrılardan yardım görmeye çalışıyordu. Ne var ki, hiçbir tanrı, Aphrodite'in kovaladığı bir ölümlü kadını tapınağına alıp korumayı, bu yüzden Aphrodite ile bozuşmayı göze alamıyordu. Can, Aphrodite'in kendisine başvurmaktan başka çare olmadığını anladı ve gene günlerce dağ bayır yürüyüp, tanrıçanın tapınağına vardı.

Kapıda bir hizmetçi onu karşıladı. "Eh, sonunda inadın kırıldı demek. Gel bakalım hanımın önüne" dedi ve Can'ı saçlarından yakalayıp Aphrodite'in yanına kadar sürükledi. Tanrıça alaylı bir gülüşle, "Kaynanasını selamlamaya gelen geline bakın" dedi. "Hoş geldin. Ama dedikleri kadar da güzel değilmişsin. Burada sana yaptıracağım işler seni yola getirir, güzelliğinden de eser kalmaz, hiç korkma!" dedi ve hizmetçileri Dert'le Üzüntü'yü Can'ın peşine taktı. Tanrıça, kızı bir odaya kapattı, odaya birer torba buğday, arpa, darı, haşhaş, bezelye, bakla ve mercimek getirtti; torbaları boşaltıp, taneleri birbirine karıştırdı. "Haydi bakalım, iş başına geç de akşama kadar bunları ayırır, gene torbalarına doldurursun" deyip odadan çıktı ve arkasından kapıyı kilitledi.

Can çıldıracak gibiydi: Önünde duran dağ gibi yığını akşama kadar ayıklamak insan gücünün çok üstündeydi. Hıçkıra hıçkıra ağlamaya koyuldu. O sırada bir karınca çıkageldi, "Ağlama, güzel kız" dedi. "Biz sana yardım eder, akşama kadar bu işi bitiririz." Yakında ne kadar karınca yuvası varsa, hepsinden karıncalar sürü ile geldi, hemen işe koyuldular ve birkaç saat içinde buğday, arpa, darı, haşhaş, bezelye, bakla ve mercimek tanelerini ayrı ayrı yığınlar haline getirdiler. Can her birini kendi torbasına doldurdu.

Akşama Aphrodite gelip işi olmuş bitmiş görünce, şaştı: "Bu işi başaran sen değil, senin o kendine buyruk sevgilindir. Neyse, bu gece uyu, yarın bakarız" dedi ve Can'a bir parça kuru ekmek atıp gitti.

O gece sarayın başka bir odasında Sevgi, yatağında inim inim inliyordu. Anası onu da ele geçirmiş ve Can'a aşkını unutması için sarayına kapatmıştı. Ne var ki, gün geçtikçe Sevgi'nin özlemi azalmıyor, artıyordu.

Ertesi günü Aphrodite, Can'a şöyle dedi: "Şu karşıdaki dere ve orman var ya, onu geçince bir düzlüğe varırsın. Orada bir koyun sürüsü yayılmakta. Koyunların yününden bir tutam al getir bana."

Can sevinçle dışarıya fırladı. Tanrıçanın buyurduğu işi yapmasa bile, özgürlüğe kavuşacaktı. Ormana doğru koşarken su kenarında bir kamış ona seslendi: "Sakın sürüye şimdi yaklaşma, bu koyunlar vahşidir, saldırır, seni paramparça ederler. Öğle vakti uykuya dalarlar, o zaman şu büyük meşe ağacının gölgesine saklanırsın, öbür ağaçların dallarına yapışmış kıl tutamlarından birini alır, Aphrodite'e götürürsün." Can kamışın dediğini yaptı ve akşam tanrıçaya bir tutam yün götürdü. Aphrodite, "Bu işi de kendin yapmadın, ama şimdi anlayacağım güçlü bir can olup olmadığını. Şu dağın üstünde bir kaya var, altından kara bir su akar, bu suyun kaynağına kadar gidip şu testiyi dolduracaksın" dedi ve eline ufacık bir testi verdi.

Can bu son deneme olur umuduyla dağa tırmandı, ama altından kara suyun aktığı kayaya varınca, önünde korkunç bir yanardağ kraterinin açıldığını gördü. İki yanında ağızlarından ateş saçan ejderler duruyor, ileri gitmesini önlüyorlardı. Sulardan da, "Nereye? Dikkat! Ölüme gidiyorsun!" diye sesler yükseliyordu. Can bu korkunç manzara karşısında taş kesilmiş bakıyordu. Tanrı Zeus'un kuşu kartal oradan geçerken kızın haline acıdı. "Testiyi bana ver" dedi. "Sen onu gidip dolduramazsın, çünkü bu gördüğün kara su cehennemden akan Styks Irmağı'dır. Hiçbir insan, hiçbir tanrı bu suya dokunamaz." Kartal testiyi gagasına aldı ve ejderlerin arasından uçarak gitti, kaynaktan doldurdu.

Can dolu testiyi Aphrodite'e verdiği zaman, tanrıça, "Sen büyücü mü nesin?" diye çıkıştı. "Al şu kutuyu, yeraltı tanrıçası Persephone'ye götür, içine biraz güzellik koysun. Bu gece tanrılar şölenine gideceğim."

Can bu işin altından çıkamayacağını anladı. Bir kulenin tepesine çıkıp kendini aşağıya atmak istedi. Derken kule dile geldi: "Böyle ölüp de yeraltına gidersen, bir daha dünya yüzüne dönemezsin. Şu Hierapolis'in Pamukkale dedikleri beyaz kayalar var ya, onların ortasında tanrı Hades'in tapınağı kuruludur. Oradan karanlık bir dehlize, yeraltı ülkesine inilir. Eline iki metelik ve arpa unundan yapılmış iki çörek al. Yolda ölü canlar senden çöreği isteyecekler, sakın verme. Çöreği Hades ülkesinin bekçisi üç kafalı köpek Kerberos'a ver. Persephone seni iyi karşılayacak, kutuyu doldurduktan sonra, geri dön, ikinci çöreği Kerberos'a, ikinci meteliği de Kharoria ver. Ama sakın yolda kutuyu açıp, içine bakma."

Can, kulenin dediği gibi yaptı ve kutuyu alıp yeryüzüne doğru yola çıktı. Tam gün ışığına kavuşacaktı ki, kafasında bir fikir çaktı: "Elimdeki kutuda tanrısal güzellik var, onu yüzüme sürersem, belki ben de bir tanrı olur, Sevgi'ye kavuşurum" dedi ve kutuyu açtı. İçi bomboştu. O anda Can yere yıkıldı ve derin bir uykuya daldı.

Ama Sevgi, anasının sarayından uçmuş, Can'ın yolunu bekliyordu bu sefer. Kutuyu açıp yere yıkıldığını görünce, yanına vardı, onu kollarının arasına aldı, "Canım Can" diye okşadı, öptü. "Gene merakına kurban gidecektin! Hemen bu kutuyu anneme ver. Tanrılar da artık bize acır, bizi birbirimizden ayırmazlar." Gerçekten de Zeus tanrı Hermes'i Aphrodite'e göndermiş, Can'ı affetmesini buyurmuştu. Hermes, eliyle Can'ı Sevgi'ye verdi. "Bu gece Olympos'ta nikâhınız kıyılacak" dedi. "Tanrılar sizi bekliyor." Sevgi, Can'ı kolları arasına alıp ak kanatlarını açtı. Göklere uçtular. Işığa doğru yükselirken pul pul ışık saçıyorlardı. O gün bugün Sevgi ile Can hiç birbirinden ayrılmadılar.

"EPHESUS BY NIGHT"

Aynı ırmağa girenin üstünden
hep başka başka sular akar.
Herakleitos

Arabadan indik, karanlıkta yürüyoruz. Dipte, çardağın altında bir fener sallanıyor, ince, uzun bir karaltı belirdi, arkasından bir gölge daha.

"Hoş geldiniz, gezecek misiniz?"

"Evet. Bu delikanlı turisttir, geceyi burada geçirecek, otomobilinde yatacakmış. Birkaç gün kalmak istiyor; elinden gelen yardımı yapıver."

"Baş üstüne!"

"*Danke schön!*"

Bir-iki basamak çıkıyoruz. Sağımızda bir yol, bir dizi mağaramsı kiler, duvarları yosun tutmuş, tavanlarından yapraklı dallar sarkıyor.

"Agora, dükkânlar..."

Ayaklarımızın altında döşeme biraz aydınlanır gibi oldu. Kör bir kulübe daha, üstünde PTT yazılı. Üç duvar arasında açılan koca bir alana geldik.

"Celsus Kitaplığı..."

Roma çağlarında Efes'in valisi imiş Celsus, ölünce oğlu onun adına bu kitaplığı kurmuş. Kat kat raflarında Bergama kâğıdından cilt cilt kitaplar varmış, İskenderiye Kitaplığı kadar zenginmiş...

El fenerini kaldırıyorsun, cılız ışığı taş iskeletin birinci katına bile değmiyor. Ama ne var arkamızda? Taşlar pır pır kımıldıyor, ışıldıyor sanki. Karanlık şimdi pembeye ve aka boyanıyor. İnceden bir kaval sesi süzüldü, kıvrıldı, bir kalem çizgisi gibi değindi Bülbül Dağı'na.

"Demin gördüğünüz bekçi, bizim köylerdendir. Gece gelişimde hep kaval çalar."

Dağın kıvır kıvır karaltısında bir, bir ışık daha yandı, söndü.

"Çobanlar yaylaya çıkarlar bu mevsim."

Kara koyun inliyor, yırtınıyor. Bizim önümüze ufuklara değin bir cadde, pırıl pırıl mermer döşemesi gururla seriliyor göz alabildiğine. Ilık taşlara oturmuş bekliyoruz. Kaval titriyor, kaval telaş içine.

Bülbül Dağı'ndan ay doğdu! Efes'in taş alanı açıldı, yayıldı, serildi tanrıçasının kolları arasına, Artemis-Selene ayın on dördü, yusyuvarlak, dopdolu parlıyor. Uzakta bir İonya sütunu çifte boynuzlarını kesin bir çizimle kıvırmış içine. Yazılıtaşlar yan yana, üst üste: Efes'in yüce senatosu şöyle danışmış, Efes'in hamarat halkı böyle yapmış, yüzyıllar boyu el ele vererek kurmuşlar bu kenti. Bir merdiven çıktık, dolambaçlı, keskin, gölgeli bir sokaktan Aşk Evi'ne girdik. Efes'in kadınları süslü ve oynakmış, alacalı bulacalı etekleri yelpirder, usta kunduracıların elinden çıkma sandalları uçarmış Mermer Cadde'de. Bir cıvıltı, bir dedikodu, mermer havuzlarda fıskiyeler oynaşıyor; hamamlar, odalar, dehlizler, ne karmaşık yermiş burası! Oradan büyük bir yapıya çıkıyoruz. İdman yeri mi, pek belli değil. Bir kadın heykeli dikiliyor karşımıza: Skolastikia adlı bir hanımefendinin heykeliymiş. Varlıklı bir kadınmış, çok para bağışlamış Efes'e. Halinden belli: Kabarmış oturuyor kaidesinin üstünde. Adı da pek tumturaklı: Skolastikia! Bileğiyle mi özenmiş bu kadın? Aşk Evi ile bir ilişiği mi var, nasıl bu kadar zengin olmuş? Ev'i işletiyor muydu yoksa? "Sorma, sorma geç" diyor kılavuzumuz.

Dört sütun bir kemerle açılan bir tapınak karşısındayız: Roma İmparatoru Hadrianus'un adını taşıyor. İsa'dan sonra 130 sularında kurulan bu yapı; Efes'in en ince, en süslü anıtı. Avusturyalı arkeologlar da onu çok sevmiş olacaklar ki, yeniden kurulmasını bu kadar iyi başarmışlar. Hadrianus iri, alımlı, güçlü bir komutandı. Yurdu İspanya'nın boğa güreşlerini andırır, Tuna boylarında yabani Daçlara karşı giriştiği çetin savaşları. Roma'nın epey yadırgadığı bu barbar imparatoru Anadolu yontmuş; Efes'in Erostos adlı bir armatörünün emrine verdiği gemiyle Ege kıyılarını dolaşırken gözleri kamaşırmış. Hadrianus'un, yanı başında gözdesi Antinous, Bithynia'ya rastlayıp Attis'e benzettiği fidan boylu delikanlı şiir okurmuş ona. Ölümüne yakın Hadrianus da bir şiir yazmış. Tapınağına bakarken, bu şiirin inci dizisi gibi Latince sözcükleri kulağımda çınlıyor:

Animula vagula, blandula,
pallidula, rigida, nudula.

Ronsard bu şiiri almış, Frenkleştirmiş, bizim Türkçesi de Eyüboğlu'nun diliyle şöyle olmuş:

Ronsard'ın ruhçağızı, zavallıcık,
Şirincik, mini minnacık, nazlıcık,
Sevgili misafiri bedenimin,
İnersin öbür dünyaya garipçik,
İncecik, sıskacık, saz benizlicik.

Kaval sesi bir soluk olmuş, yele karışıyor, ay ışığı bütün Efes'i sarıyor: Bülbül Dağı, Panayır Dağı, Küçük Menderes Vadisi, Helenistik surlar, Bizans Kalesi, Osmanlı burçları, bunca asır ve soydan kalma ne varsa; bir zevk engininde erimiş gibidir. Odeon'un sıralarına yaslanmış dinleniyoruz.

Neler, neler duyulur Efes'te ay ışığında?

Çok eski zamanlarda İsa'ya âşık yedi genç, bir mağaraya kapanmışlar Efes'te. Yemliha, Mislina, Mürselina, Memuş, Tebernuş, Sazenuş, Kefeştatayus imiş adları, bir de köpecikleri varmış: Kıtmir. Ne yapsınlar ki, barınamamışlar koca şehirde. Yıllar geçmiş, bir zamanlar Paulus'un vaazlarına kulak asmayan Efesliler, güçlü hatibin şehre ikinci gelişinde bu İsa dininde bir şeyler var diye düşünmeye başlamışlar. Hem yalnız Paulus değil, Yuhanna da gelmemiş miydi? İsa'nın anası dediği bir kadıncağızı getirip yerleştirmemiş miydi; Lysimakhos surlarının ötesinde, pınarların çağladığı yemyeşil bir yamaca? Oldum olası tanrı anaları görmüştü Efesliler, şehrin kurucusu Amazon tanrıça idi, ulu Artemis'ten doğmuştu yeryüzünde ne kadar canlı, ne kadar bitki varsa. Ama Artemis'in papazları para babası olmuşlar, habire yığıyorlardı altınları, tanrıçanın sütundan bir ormanla çevrili tapınağına, fakir fukarayı hiç sokmuyorlardı içeriye. Yoksulların koruyucusu İsa'dan yanaydı bu yedi genç ama Hıristiyan olduklarını söyleyemiyorlardı açık açık, çünkü devlet denizaşırı göçmüş, Roma denilen şehre yerleşmişti. Roma'nın zorbası Decius puta tapmayan kim varsa kafasını uçurtuyordu Efes'te. İsa'ya tapan bu yedi genç de Panayır Dağı'nın dibine dek inen bir mağara bulmuşlar, oraya sığınmışlardı. Mağara kapısına Kıtmir'i bekçi dikmişlerdi. Bir gece derin derin uyuyorlarmış ki, Decius'un adamları gelip mağarayı koca kayalarla örtmüşler. Yedi genç aldırmamışlar karanlığa, uyuyorlarmış nasıl olsa. Aylar, yıllar, yüzyıllar geçmiş, yedi genç uyuyor, Kıtmir de uyuyormuş. Bir sabah incir ağaçlarının altında keçilerini otlatan bir çoban, mağaranın önündeki bir kayanın biraz kaydığını görmüş, var gücüyle yaslanmış kayaya, onu biraz oynatmış, derken mağaranın içine bir güneş ışını sızmış.

Kıtmir uyanmış, havlamış, Yedi Uyurlar da uyanmışlar ve bakmışlar ki, yiyecek bir şey yok. "Git" demişler Mernuş'a. "Fırından bir ekmek al." Eline bir bakır para da vermişler. Mernuş da çıkmış, Panayır Dağı'nı kıvrılıp Mermer Cadde'ye iniyormuş ki, döşemelerin üstünde haçlar görmüş. Uyku sersemi olduğundan pek aldırmamış, başı öne eğik yürümeye de alışıkmış öteden beri. Pazaryerine gelip dükkâna girince parayı uzatmış, bir ekmek almış. Fırıncı parayı elinde evirmiş çevirmiş, Mernuş'un yüzüne bakmış ve, "Hırsız!" diye basmış çığlığı. Koşuşmuşlar, sımsıkı yakalamışlar Mernuş'u. Kalabalık toplanmış, bağrışıyormuş: Kalpazan!.. Nerede basmış bunu?.. Mağaradan geldi!.. Hırsız yatağı orası! Mernuş şaşkına dönmüştü. Neyse ki uyanık bir polis paraya daha yakından bakacak olmuş: "Decius! Ha bildim, devletlu imparatorumuzun dedesiydi." ... "Yok canım, Theodosius'un dedesi de Theodosius'tu." Bir tartışmadır gitti, kavgaya son vermek için almışlar Mernuş'u, Yuhanna Kilisesi'ne götürmüşler. Oradan başpapazla birlikte mağaraya. İş anlaşılmış, başpapaz da fetvayı vermiş: Bu bir mucize idi, ama Ruhulkudüs'ün yapmayacağı mucize yoktu.

O arada İmparator II. Theodosius da nasıl haber almışsa almış, Bizans'tan Efes'e koşagelmiş, takdis etmiş Yemliha'yı, Mislina'yı, Mürselina'yı, Memuş'u, Tebernuş'u, Sazenuş'u ve Kefeştatayus'u; Kıtmir'i okşamış. Sonra Efesli yedi gençle sadık köpekleri; yine uykuya dalmışlar ve o gün bugün bir daha uyanmamışlar.

Ulu Tanrım
Hadi siliver üç bin yılı
Nolursun?
Yeniden başlayalım.
Apollon'a dilek yollayım
Şu kızın gönlünü etsin bana

Gel deyim
İçime aksın
Hayat suyum olsun
Yudum yudum içeyim
Homer yeniden yazsın bizi.
Söyleyin taşlar
Olur mu dersiniz?

Bugünün Efeslisi soruyor bu soruyu. Orkestranın ötesinde yığın yığın taşlar; kimi ayakta, kimi devrik, üç bin yıldan, bunca kuşak insandan kalma kat kat anıtlar bir karşılık veriyor mu? "Çok uzak..." diye bir fısıltı duyuyorum. Oysa uzak değil, dostum, soruyu sormak önemli, soruyu sordun mu, karşılığı da içindedir. Hatırla büyük atanı, Blosonoğlu Herakleitos'u, bugün yaşasaydı tutmazdın belki onu, aristokrattı; akıl yoluyla doğanın sırlarını çözebilmek için çekilmişti politikadan, hor görüyordu bir somun ekmek için sağa sola kayan halk yığınlarını. Sizde akıl yok, diyordu, olsaydı şu önderi tutar, sürmezdiniz şehirden. Herakleitos komşusu Thales gibi hesaplamıyordu güneş tutulmalarını, üçgen açılarını, uğraşmıyordu kanallar kazıp ırmakları yeni yollardan geçirmeye. Pratik hiçbir işe yaramıyordu bu mağrur adam, Kaystros'un taşıdığı millerle mermer kentinin bataklığa döndüğünü, halkın sıtmadan kırılıp göçebe olduğunu görmüyor muydu? Her şey akar diyordu ya, su gibi toprağın da akmasına şaşmıyordu herhalde. Umursamıyor muydu halkın bu sıkıntılarını, toplumun mutluluğunu düşünmüyor muydu bu düşünür? Bu sorulara karşılık vermeyelim biz. Önemlisi soruyu sormak ya. Soru sormayı işte Thales'ler, Herakleitos'lar öğretti bize. Biz de şimdi şimdi anlıyoruz ki; uygarlığın, kültürün kaynağı bu sorulardır. Herakleitos Ana Tanrıça heykeli gibi büyük dikiliyor gözümüzün önünde, biliyoruz ki, o olmasaydı, Einstein da olmazdı. İlk ışık Anadolu'dan doğdu diye övünüyoruz. Ama biraz unutmuşuz soru sormasını, yeni yeni öğreniyoruz.

Nice sorular var sorulacak. Efes'te, ay ışığında. Irmaklar aktı, sular değişti, biz de değiştik; çok, ama o kadar çok değiştik mi ki, Kırk Memeli Artemis'e tapmıyoruz artık, ama o kadar başka mı inandığımız tanrılar? İonya şehirlerinin hazinelerini saklayan altın sütunlu Artemis Tapınağı; Avrupa şehirlerinin bankalarına, borsalarına benzemiyor mu? Mal, mülk, toprak ve para düşkünü ulusların, beylerin saldırılarına uğrayıp da özgürlüğünü, egemenliğini korumak için; Efes'in Lydia krallarına, Perslere, sonra da sözüm ona anavatanı Atina'ya, Sparta'ya, Asya'yı Helenleştireceğim diye görülmemiş bir serüvene atılan Büyük İskender'e ve Dionysos kılığıyla geceleri sokaklarda meşaleli Bakkha alayları koşturan Roma zorbası Antonius'a karşı koyması, sonunda da hep üstün, güçlü yabancıya yenilip baş eğmesi, zaman zaman ona dalkavukluk etmek zorunda kalması epey benzemiyor mu günümüzün olaylarına? "Tarih bir tekerrürdür" sözü beylik bir laftır, elbette Herakleitos haklı: Her şey akar, her şey değişir, ne var ki değişen gerçekler arasında kendi gerçeğimize benzeyenleri arayıp bulmak da önemli. Neden önemli? Çünkü akan o ırmağın içinde bugün bizim kim olduğumuzu, içinde çalkandığımız suların nereden nereye aktığını anlamış, öğrenmiş oluruz. Efes'i ay ışığında gezmenin bu bakımdan faydası büyüktür, salık veririm.

Ama ay diye bir şey kalmamıştı. Karanlıkta biz otelimize, Musa Baran da müzesine döndü. Tusan'ın balkon kapıları tel örülüdür, sivrisineklere inat çok iyi uyuduk.

1965

IŞIK ÜLKESİ

Ne güzel köpürüyor bu sabun! İnanılacak şey değil: Küçücük kovada deniz suyu var, bluzumu daldırmış çitiliyordum da kapkara yeğ lekelerinden iz bile kalmıyor. Köpük kollarımdan aşağı akıyor. Her şeyi düşünmüş bu Avrupalılar! Denizde köpüren bu sabunu geçen Mavi Yolculuk'ta Aline getirmişti Paris'ten, sonraki yolculuklara yarar diye iki kalıp bırakmıştı. Merhaba Aline! Sen yoksun bu sefer, ama senin başına gelenler benim başıma geldi: Hastalandım; hasta da denemez ya, ayağımın küçük parmağını burktum, çıkamadım Mavi Yolcularla Demre'ye.

Başımın üstünde tente usul usul sallanıyor, biraz ötede Ali Kaptan uzanmış uyuyor, arka kamarada, mutfakta Mehmet Kaptan balık çorbası pişiriyor Milangaz ocağının üstünde. Tek tük birkaç balık... Balıktan yana bu sefer de talihimiz olmadı: Bir balıkçı aldık yanımıza ağlarıyla, ama bir şey tutamadı, yarı yoldan geri gönderdik. Mavi Yolculuk'ta balık peşine mi düşecek insan, yoksa yer mi görecek? Kıyı boyunca eski kentler, anıtlar inci dizisi gibi serpilmiş; avlanmak güzel şey, ama gözüne dolan ışıklı biçimlerden denizin dibini göremez oluyor insan. Gene de, eksik olmasın, Caballero bir küçük orfosla ufacık bir vlahos tuttu. Koya daha erken girseydik, daha çok tutacaktı, ama geç geldik işte. Yolda bir balıkçı motorundan iki dizi balık satın aldık. Bu akşama yeter bize.

Pirinci ayıkladım, düşünüyorum on yedi kişiye dokuz bardak pirinç yeter mi diye? Yetmesi gerek, ama bir dağılmaya görsün, hemen tükeniveriyor. Bir-iki bardak daha katsam ne çıkar, iyice doyarız bari. Marmaris'ten aldığımız pirinç çok temiz. Kumanyayı iyi düzdük bu sefer, Fethiye ve Finike'den eksikleri tamamladık. Marmaris'in kavunları turunç renginde, öyle tatlı, öyle kokulu ki, aldığımız kırk kilo bitti bile. Fethiye'nin karpuzları kocaman. Guide Bleu'ler, elimizdeki öbür kitaplar ne kadar eskimiş: Finike'de buz bulunmaz, yalnız dağdan indirilen kar var diyorlardı, oysa Finike'de bir buz fabrikası kurulmuş şimdi. Ambardaki buz sandığımız dopdolu, korkumuz yok, ta Marmaris'e kadar soğuk su içeriz.

Oh, gemide yalnız olmak ne keyif! Cevat bana Paris Galeries Lafayette'inden aldığı kamp yatağını serdi, adı Ağustosböceği; tüy gibi hafif, alüminyum çerçeveye geçirilen mavi bir çadır bezinden. Yolcular hep karar verdik: Şişirme yatak almayacağız bir daha, oyun oynadı bize üfürülen şiltelerimiz, ikisi üçü delinmiş, birinin lastiği erimiş. İlk gecesinden söndü çoğu, sabah tahta üstünde yatar bulduk kendimizi. Bunca soluğumuza yazık!

Kıyıda bir kumsal uzanıyor, bu bölgede güzelim limanları kumlar tıkamış: Akçaylar, Kocaçaylar, ilkçağda Xanthos gibi ünlü adlar taşıyan ırmaklar; dağdan toprak taşıya taşıya boğmuş püfür püfür dalgalara açılan limanları, çöller yayılmış ortalığa, dalga dalga kumsal göz alabildiğine boz, kıyıları tek tük zambaklarla süslü, kimi diken diken gölgeli incecik çamlarla örtülü. Koca Toros doruklarının dibinde kat kat şehirler, kaleler, kulelerle açılırdı bir zamanlar Akdeniz'e. Büyük İskender'in Antalya'ya geldikten sonra, kışı geçirmek için seçtiği mermer saraylı Phaselis, dağlarından ateş saçtığı için tanrı dağının adını taşıyan Olympos, Saint-Paul'ün karaya çıktığı kutsal Patara Limanı ne olmuş? Hepsi ılık bir kum mezarında yatıyor; şurada burada bir kemer, bir kapı, bir duvar yükseliyor kumdan dışarı. Bir lahitler diyarı bu Lykia: Denizde lahitler yüzüyor, karada sütunlar, heykeller yerine lahitler dikiliyor, dağ yamaçları kaya mezarlarıyla oyuk oyuk. Lykialı Apollon! Troya'yı, Hektor'u, yiğit Sarpedon'u koruyan tanrı, ışık tanrısı bilirdim ben seni, adın "Lykeios" (Işık) anlamına gelir, yurduna da bu adı vermişsin, Leto Patara'da doğurmuş seni, ikizin ay tanrıçası Artemis'le birlikte, Xanthos'un surlarında yıkamış ak bedenini. Peki, Güneş-Tanrı, bu ne? Pembe, beyaz mermerden ışıl ışıl tapınaklar göreceğim sanırken, kapkara ölümü içinde beşikleyen sandukalarla mı karşılaşacaktım? Yalnız mezar mı bulacaktık bu ışık ülkesinde?

Kum yığınları hiç karşılık vermiyor bu sorularıma. Sağır olmuş sanki bütün doğa. Ama neden sağır? Fazla ışıktan mı yoksa? Dostlarım gideli epey zaman oldu. Bir motora doldular, motor dereden yukarı kıvrıldı, bir süre başlarını gördüm; Marmaris'te aldığımız sarı, kırmızı, beyaz keten şapkalarıyla, sonra kum onları da yuttu. Demre'ye, Noel Baba'ya gittiler. Dün gece gelmiştik Finike'den. Demre'nin limanına Kale diyorlar, burası yıkık bir Bizans kalesi. Finikeli bir taksi şoförü bize Demre'den bir cip göndermeye söz vermişti. Saat altıda orada oluruz demiştik, oysa geldiğimizde karanlık basmıştı, eh cip geldi gitti, bizi bulamadı dedik ve oturduk yemeğimizi yemeye: Buzlu bira, salçalı makarna, sucuk, bir de çobansalatamız vardı. Tatlı tatlı konuşuyorduk ki, kıyıda bir ışık göründü. Saat dokuz buçuktu. Yüreğimiz hopladı: Cip mi gelmişti? Işık güçlü bir lambanın ışığıydı, gidip geliyor, işaretler veriyordu sanki; ama kıyıda değil, epey içeride, ormanlı yamaçta. Biz de el feneri tuttuk, daireler çizdik, savaş sırasında askerlik yapmış bir Mavi Yolcu, mors alfabesiyle bir şeyler sordu. Işık yanıp sönüyor, yamaçta kıvrılıyor, bir yerden bir yere sıçrıyordu. Bir otomobilin lambasına benziyordu bu. Bu saatte ıssız kıyıda kim dolaşabilirdi, bu kadar büyük bir fenerle? Sessizce bakıyorduk birbirimize: Noel Baba mıydı yoksa bize işaret veren? Gitmeli, bakmalıydı. Kim gidecek sandalla kıyıya kadar? Vartan dostumuz keçi gibi tırmanmasını bilirdi en sarp yamaçları: "Ben giderim" dedi ve sandala atladı. Karanlığın içinde gitti.

Bu Noel Baba iyi adammış, İsa'dan sonra III. yüzyıl sonlarında, Myra, yani eski Demre'de piskopos olmuş, asıl adı Nikolaus. Çocukları severmiş, yetimleri korur, yoksul kızlara çeyiz düzermiş; sonra putperestlik gelmiş gene yerleşmiş bölgeye, işkence etmişler yüzü nur saçan ak sakallı piskoposa. –Ama ışık ne oldu? Dağa tırmanıyor şimdi de. Vartan nasıl yetişecek ona? Ya yolunu şaşırırsa ormanda?– Ama birden çok çok yıl öncesine gitti aklım: Dokuz-on yaşlarında bir çocuktum, Viyana'da oturuyorduk, Avusturyalı bir matmazelim vardı; bir kış gecesi yatarken bana Sankt Nikolaus'u anlatmış, ertesi sabah kalkınca hemen pencereyi açmamı söylemişti: Uslu bir kız olup olmadığımı oradan anlayacakmışım. Gece uyuyamamıştım heyecandan, sabah erkenden fırlamış, çift pencerenin bir kanadını açmış ve kocaman bir Noel Baba bulmuştum, bir sürü de oyuncak ve şeker; ama pencerenin dibinde ufacık bir şeytan da duruyordu, kapkara elinde kızıl bir kırbaçla. "Bu ne?" dedim korkuyla. Meğer Krampus derlermiş o şeytana, Sankt Nikolaus'un yanı başında gider, yaramaz çocukları dövermiş. Hiçbir çocuk bütün bir yılı yaramazlık yapmadan geçiremez ya, Krampus'un boyuna göre çocuk ölçebilirmiş ne kadar yaramaz olduğunu. Fena çocuklara Sankt Nikolaus hiç uğramaz, yalnız Krampus gelirmiş. Neyse ki, benimki pek büyük değildi! Ama ne yalan söyleyeyim, sevdim

Krampus'umu, akla kara birleşiminde şeytan daha çekici görünmüştü bana.

Mavi dostumuz da geliyordu, sandal kıyıdan ayrılmış, yağ gibi akıyordu *Hürriyet* teknesine doğru. Keyifsizce çıktı güverteye:

"Neymiş Vartan?" diye üşüştük.

"Bırak be, bir köylü, keçisini arıyormuş. 'Keçeem keçeem!' diye bağırıp duruyor. Lüks lambasıyla keçi arandığını hiç görmemiştim."

Battaniyelerimizin altına daldık. Mösye Seguin'in keçisi gibi hürriyeti mi seçmişti bu keçi? Keçiler atılgan, gözü pek olur. Ama neden Krampus, Noel Baba'dan daha sevimli ve neden Lykia'nın kaya mezarları Praksiteles'in kıvrak Apollon heykelinden daha çok anlam, daha çok ışık yüklü?

1965

1969 MAVİ YOLCULUĞU

Mavi Yolculuk'tan yeni döndüm. Bunun kaçıncı yolculuğum olduğunu unuttum gayri. Mavi Geziler öylesine doğaldı ki, gruplar birbirini kovalıyor, biri gelip öbürü gidiyor. Şanlı teknemiz *Hürriyet* Mavi Yolculuk isteklilerinin hepsini yaz aylarına sığdıramaz oldu. Bodrum'dan Marmaris'e, Marmaris'ten Antalya'ya, Antalya'dan gene Marmaris'e habire dolaşıyor Mavi Yolcular. On günlük geziden bütün bir yılın sevincini çıkarıyorlar güzelim kıyılarında ve masmavi denizinde Ege'nin. Mavi Yolculuk iyice tutundu yurdumuzda. Tutunduğu, geliştiği içindir ki, nice yıllar sonra Mavi Yolculuk konusunda bir yazı daha yazmak istedim.

Kan ter içinde

Dostu olduğu kadar düşmanı da vardır Mavi Yolculuğun. Otellerde, motellerde konforlu bir tatil geçirip hem denizden, hem karadan faydalanarak keyif sürmek varken; on beş-yirmi kişi niçin ufacık bir tekneye sığar da bin bir güçlük içinde, balığımızı kendimiz tutarak, yemeğimizi kendimiz pişirip bulaşığımızı kendimiz yıkayarak, yatmak, uyumak ve yıkanmak için bir sürü yoksulluğa katlanarak dalgalı denizlere açılırız; neden güzel limanlar varken, ıssız ıssız koylara demir atar da bir dağ başında birkaç yıkık taş göreceğiz diye, nice çalılıklar arasında kan ter dökerek tırmanır, dikenlere, arılara ve sivrisineklere yem yaparız kendimizi, bunu anlamayanlar vardır. Yıllar yılı gezi fotoğraflarını, slaytlarını, filmlerini göstermek ve sonu gelmez serüvenler anlatmakla geçirdiğimiz kış gecelerini yersiz bir romantizmin belirtisi, giderek toplumun içinde bir ayrıcalık diye yüzümüze kara leke çalanlar da vardır.

İnsanca

Tuhaftır ki, bu amansız yericilerimiz Mavi Yolculuğa bir gelmeye görsünler, ağızları hemen değişir, bizden daha coşkun Mavi Yolcu kesilirler. Mavi Yolculuk bir eylemdir, insanca bir eylem, yurdumuzun koşulları içinde toplumumuza fayda getirecek bir eylem. Mavi Yolculuğun kurucusu Halikarnas Balıkçısı nasıl çınlayan "Merhaba"sı ile kıyılarını uyandırmış, Bodrum'u yaratmış ve denizi, toprağı ile koca bir bölgeyi yaşama ve bilime açmış, onu geçmişi, geleceği ile yerli, yabancı gezginlere tükenmeyecek bir varlık olarak bağışlamışsa; yılda ikiye üçe çıkarılarak düzenlenen Mavi Geziler de aynı amacı gütmekte, aynı canlılığı sürdürmektedir. Çağımızın felsefeleri hep bir yaşam felsefesi olmak amacını gütmekte; artık kitapta kalmayıp, hayatta uygulanmak, gerçekleşmek ilkesine dayanmakta; var oluşu da düşünce ve eylem biçiminde tek kişide değil, topluluk içinde insanlara duyurmak görevini yüklenmektedir.

Renk renk

Böyle bir ereğe doğru ulaşmak için itici güç, hiç kuşkusuz insanlar arasındaki sevgi ve sevinçtir. Sevincin eğitici gücü bugünden keşfedilmiş değildir, Platon'un *Akademia*'sı, Aristo'nun *Lykeion*'u gerçek ve yaygın eğitimin ancak sevgi ile birbirine bağlı topluluklarda yaşayıp geliştiğini öğretmemiş midir bize? Mavi Yolculuk da böyle bir yaşam felsefesinin, güler yüzlü bir insancılığın dile gelmesidir. Fırıldaklar döner Mavi Yolculuk'ta, renk renk uçurtmalar uçar, balonlar, bayraklar dalgalanır, insan elinden çıkmış parıltılı yıldızlar uçurtulur havaya; denizin, toprağın sakladığı bütün varlıklar güle oynaya ortaya çıkarılıp değerlendirilir ve sevgi ile paylaşılır. Her insan tüm erdemleri ve kusurlarıyla çırılçıplak olup insanlarla birlikte ve öbür insanlar için topluluk içinde yaşar ve çalışır; türküler çınlar, sazlar çalınır, oyunlar oynanır, sabahın dördünde kalkıp gecelere kadar çalışılır ve köyler, koylar, limanlar, kalıntılar gezilir; bir de anıtlar dikilir, çimentoyla su karılır, bir anı, bir süs bırakılır her yıl bir koya ve yıllar yılı anıtların ne durumda olduğu gidip görülür.

Özünü değil!

O ne cümbüş, o ne sevinçtir; Şehir Adası'ndaki Eller Anıtı'nı üç yıl sonra sapasağlam görmek, başka yolculardan onu gördükleri, hiç bozulmadığı haberini almak! Bu yaşantıyla on günlük bir yolculukta mutlu yolcu olabilen, Mavi Yolcu olur ömrünün sonuna dek; olamayanı da kendiliğinden silip atar Mavi Yolculuk.

Mavi Yolculuğun özü budur, ama Mavi Yolculuğun özünü değil, bu yılki öyküsünü anlatmaktır benim amacım.

Bodrum'u anlatmakla bitiremeyeceğim. Bodrum Halikarnas Balıkçısı'na layık bir Bodrum olmuş, "Merhabasını anlamış, benimsemiş veya yaşatmaktadır. Bodrum Fransız Rivyerası'nın gözde sayfiye yerlerinin hiçbirinden aşağı kalmaz. Tıpkı onlar gibi moda yaratmaktadır. Nitekim Bodrum'a gelen yerli, yabancı gezgin getirdiği giysilerden soyunur ve Bodrum kılığına girer. Bodrum'un zevki Türkiye şehirlerinin hiçbirinde yoktur. İstanbul bile erişememiştir Bodrum'un yaratıcı zevk düzeyine. Türkiye'nin her köşesinde turistik eşya diye satılan malları, Bodrum ne sır ne kerametse, öyle çekici bir zevk seviyesine yükseltmiş ki, dayanamayıp alıyor insan; peştemaldan, bezden, işli örtüden gömlek, mini elbise, pantolon mu ne isterseniz, hazır satılıyor, ısmarlama dikiliyor çok ucuza ve birkaç saat içinde; kolyeler, kemerler, deri manto, ceket, şort ve hele hele sandallar, ayakkabılar gırla, dükkânların önü kuyruk olmuş göğüs bağır açık esmer delikanlılar, boyunlarında Hitit motifi kolyelerle sabaha kadar çalışıyorlar; mavi boncuk atölyelerinde ustalar Hephaistos gibi yaratıyorlar ateş başında, kıvılcımların içinden boy boy balıklar, ana tanrıça figürleri, çeşmibülbül motifli minnacık testiler çıkıyor; kabuklar, süngerler, kabaklar, ağlar, pinalardan neler de neler yapılıyor! Bodrum, Türkiye'nin tek şehri olarak yerli ve üstün zevkli bir sanayi kurmak yolunu bulmuş. Bununla birlikte turizmin de sırrını çözmüş. Turistlerin iyisi Bodrum'da, en başta Fransızlar geliyor, İtalyanlar, Almanlar, İngilizler de var, Altıncı Filo'nun Amerikalıları ancak toplum polisinin koruyucu kanatları altında gezebiliyorlar, güzelim eşyalardan bir şey anladıkları da yok. Bodrum'un otellerini, pansiyonlarını, lokantalarını da övmek gerek, hepsi temiz ve ucuz. Bodrum halkı otellerde yer bulamayan turistleri evlerinde misafir eder, hem de ne güzel ağırlar;

başına dikilip merakla bakmadan, sorular sormadan, misafiri uğruna kendisi siliniverir ortadan. Oysa Marmaris'te bu durumun tam tersini gördük ve epey rahatsız olduk.

Gölge

Evet, Bodrum aldı yürüdü. Gelgelelim bir gölge düşmüş Bodrum'un Mavi Yolculuk merkezi olan limanına. Liman Reisi, yakışıklı, aydın yüzlü genç bir denizci; kotracılığı en yeni ve uygar kurallara göre kalkındırmak istiyor Bodrum'da. Bir kotra ve yat limanı yapılıyor, bunun için limanın büyük bir parçasının doldurulması bir yana, Bodrum'a gelip çıkan gemilerin her bakımdan teçhizatlı olması şart koşuluyor. Turist gezdirecek kotraların aldıkları turist kadar yatacak yerleri bulunacakmış. Bu ne demektir, tirhandillerin, piyadelerin ambarlarında ranzalar yapılması, bu yüzden de açık güvertelerinin çamaşır dolaplarına benzer kat kat tahtadan yapılarla kapatılması. Hoş, Bodrum'da dayalı döşeli, lüks yatlar da var, yelkenli, motorlu, salonlu, kamaralı, her şeyleri ateş pahasına dışarıdan gelme. Ama onlar zenginlere özgü, üç-beş komprador gezdirebilirler, günde yüz-yüz elli dolara kiralanırlar. Ama öyle lüks koşullar içinde Mavi Yolculuk olur mu? Nitekim Rodos'tan, Pire'den öylesi yatlar gelir bizim kıyılara, iki-üç milyoneri, bir-iki sinema yıldızını gezdirmeye yarayan bu teknelerin insanları karaya çıkmazlar bile, deniz kayağı yapar, köpükler arasında dolanıp giderler. Liman Reisi bizim *Hürriyet*'i beğenmedi; ranzaları, yatakları yok diye. Bizim ranzada yatmadığımızı, güvertede şişirilmiş şilteler üstünde yıldızlara baka baka gecelediğimizi anlatmaya çalıştık, canım, geniş güvertemizde halka olup konuşmaktan, türküler söylemekten hoşlandığımızı söyledik, güvertesinde fırıldaklar dönen *Hürriyet*'imize dokunulmamasını, deniz üstünde yüzen o kara dolaplara benzetilmemesini yalvardık, anlatamadık. Bize çıkış izni vermedi Liman Reisi ve biz öğretmenler, sanatçılar, yazarlar, şairlerden meydana gelen Mavi Yolcular, biz ki Mavi Yolculuğu yoktan var ettik ve Ege kıyılarında turizmin açılmasına öncü olduk, biz koca kumanyamızı limana dökmek ve lüks bir yat tutup Bodrum'dan ayrılmak zorunda bırakıldık. Oldu mu bu, Liman Reisi? İyi bir yöneticinin ödevi kuralları anlamak, yorumlamak ve koşullara göre uygulamaktır. Dürüstlüğüne, iyi niyetine yüzde yüz inandığım Bodrum Liman Reisi'nin bundan böyle Mavi Yolculuk teknelerinin evsafı üstünde düşünüp herkesi memnun edecek bir hal çaresi bulacağına eminim.

Açık-kapalı

Bu yıl Ege'de turizme açılmış ve turizme kapanmış yerler arasında epey düşünmek fırsatını buldum. Bodrum yüzde yüz açık, Kuşadası ise açık görünüp kapanmış bence: Genel manzarası ile bir beton mezarlığına benzemiş Kuşadası. Güneşin altında boz bir çöl gibi yanıyor, çarşısında develer ve fillere varıncaya dek en çirkin turistik eşya satılıyor, güzelim Öküz Mehmet Paşa Hanı'nı Club Méditerranea kale gibi kapatmış, ışığı bile sızmıyor dışarıya. Geçen yıl sessizliğine, şirinliğine hayran olduğumuz, Datça Limanı'na iki hoparlör yerleştirilmiş, sinema oynatılıyor ve hoparlör nasıl açılmış, insan değil, hayvan dayanamaz bu gürültüye. Oynatacak gibi olduk, yalvardık yakardık, fayda etmedi ve o geceyi kâbuslar içinde geçirip sabah şafak sökmeden kaçtık Datça'dan. Knidos da yürekler acısı: Bir Amerikalı arkeolog kadının eline geçmiş Knidos, kazı yapıyor, epey düzenlemiş alanı, birçok şeyler de çıkarıyor belki topraktan. Ama bunun için, gezenlere eziyet etmesi mi gerek? Knidos'ta yalnız gezmek yasak, yanınıza bekçi koyuyorlar, fotoğraf çekmek yasak, eğer teknenizde bir yabancı uyruklu varsa limanda gecelemek yasak. O yasak, bu yasak, ama Amerikalı kadın su kayakları ile fır dönüyor limanda. O ve genç asistanları. Burası da Mavi Yolculara kapalı dedik ve karaya ayak bile basmadan uzaklaştık gittik Aphrodite'in pembe kentinden.

İşte böyle geçti bu yılın birinci Mavi Yolculuğu. Kırk kere gezdiğimiz Kerme Körfezi'nde birçok yeni yerler keşfettik. Söğüt Köyü'nde mozaikli, yeşil taşlar döşeli nefis bir cadde, bir kapı, bir tiyatro. Kayıkaşıran diye Hisarönü ile Kerme körfezleri arasında bir tepe ki, dört yanı birden göz kamaştırıcı bir manzara ile açılıyor, kıvrım kıvrım bükleri helikopterden bakarcasına gösteriyor. Sapasağlam bir mavi fırıldak diktik Bozukkale'nin en yüksek kulesine ve yerimizi ikinci grup Mavi Yolculara bırakıp döndük İstanbul'a.

1969

ANIT-KENT? ANIT-KÖY?

Köy-kent sözcüğünden esinlendim diyeceksiniz. Öyle olsa gerek. Anıt-kent, anıt-köy kavramı doğdu kafamda, geçenlerde Ankara Radyosu için bir turizm röportajına yanıt verirken doğdu.

Özetleyeyim: Halikarnas Balıkçısı'nın kılavuzluğunda ilkin Ege kıyılarını gezmeye başladığım ve onun sonucu *Mavi Anadolu* kitabını yazdığım sıralarda; Türkiye turizmi emeklemekteydi, kundaktaydı, daha doğmamıştı bile denebilir. İstanbul aydınları bizim gezileri, üstelik küçük motorlarla deniz gezilerine çıkmamızı düpedüz çılgınlık sayarlar, küçümseyerek, biraz da acıyarak bakarlardı bizim Kuşadası'na, Bodrum'lara taşınıp ceviz kabuğu gibi teknelerde sefalet çekerek kıyı kıyı dolaşmalarımıza. Yani bugün iç turizm diye tanımlanan olgu yoktu 1955-1956 dönemlerinde. İyi niyetli bazı kişilerin turizm para getirir, dışarıdan turisti çekelim, onun için de otel falan kuralım diye çokluk soyut ve dışarıdan gelme esinlerle açıkladıkları öneriler vardı olsa olsa. O gün bugün ülkemizde turizmin nasıl geliştiğini, dönüştüğünü uzun uzadıya anlatmama gerek yok burada. İç turizm de, dış turizm de günün konusu, geleceğin açık bir umut ve güven kapısı oluverdi Türkiye'de. Biz de sevindik, çünkü çabalarımızın buna varacağını biliyorduk. Ne var ki, bu yazıda kuşbakışı bir görüşle yapılanı değerlendirmek, yapılmakta ve yapılacak olanı iyi ve kötü saydığımız yanlarıyla kısaca eleştirmekte fayda vardır sanırım.

Halikarnas Balıkçısı Türkiye'de turizmin babasıdır diyebilirim. Neden, çünkü ülkemizde özgün bir davranış; turizmi bir gelir kaynağı, ulusal bir endüstri diye öneren kişilerin çoğu bunun faydalarını dış ülkelerin örneklerine bakarak öneriyorlardı. Bakın İtalya'ya ya da İsviçre'ye, giderek Yunanistan'a diyorlardı, yılda şu kadar, bin ya da milyon turist çekiyorlar, onları rahat barındırmak, konuklamak, oyalamak ve eğlendirmek yollarını buluyorlar, bundan da şu kadar gelir sağlıyorlar. O halde bir de oteller moteller (o zamanlar motel sözcüğü pek yoktu, oysa bu sözcük sanki Türkçeden doğmadır, otel motel, lokanta mokanta, rakı makı, deriz ya) olsun, tarih ve sanat anıtlarımızı geliştirelim, herkese kolay görülür gezilir hale sokalım, arkeolojik zenginliklerimizden canlı bir bilgi hazinesi olarak faydalanalım deniyor, bir sergi gibi serelim varlıklarımızı ortaya. Bunları tanıtmak için yayınlar yapalım, broşürler basalım, yabancı ülkelerde temsilcilikler kuralım. İtalya, Fransa, İsviçre gibi ülkeler öyle yapmadı mı? Biz de onların yolundan gidelim, para kazanırız, Türkiye'yi değerince tanıtmış oluruz, dendi ve bu yolda yüründü. Bu yolun çizilmesinde özgün, yani Türkiye'ye özgü bir tutum ve davranış, ulusal bir görüş yoktu. Yalnız bir çeşit başkalarına özenme, bir taklit, bir öykünme vardı. Taklit insanları bir yere kadar götürür, çok ileriye ve hele hele kendi gerçeğinde tanımaya pek götürmez, götürse de dolambaçlı yoldan götürür. Bugün turizmde de bu yoldan elde ettiğimiz sonuç, bu doğruyu kanıtlamaktadır. Pek o kadar gelişmedi bizim turizmimiz. Başıboş çabalardan, bulanık ve dağınık politika gösterilerinden öteye geçemedi. Ulusal bir gerçek olamadı, çünkü ulusçu bir görüşle, bir felsefeyle ele alınmadı. Evet, otellerimiz var belki, kimi lüks ve turistik, kimi orta boylu ve halli, kimi de yetersiz, zevksiz ve hazindir söylemesi, bir yerde aksak, yoz ve yerine oturmamış durumda. Örnek vereceğim ister istemez, diyorum; çünkü anımsamak bile güç geliyor bana, bunca masraflarla ortaya çıkardığımız sözüm ona turistik ucubeleri. 60 yıllarından sonraydı yanılmıyorsam, Fransa'nın Club *Méditerranée* diye önemli bir turizm işletmesi geldi bizim Foça yakınlarına yerleşti, ilk kez Türkiye'de tatil köyü denilen bir kurum kuruldu. Bu tatil köyünün çok güzel olduğunu söyledi görenler, ama bize kapalı idi orası. Peki, olsun, bir kıyımızı şenletsinler, kıyılarımız çok, yeter ki şenlenin. Onunla kalsa... Foça dolayı ile kalmadı tatil köyü, birkaç yıl önce Kuşadası'na gittik –bir daha da gitmedik ondan sonra– bir de ne görelim, Öküz Mehmet Paşa Hanı, her yıl uğrayıp da perişan halindeki fotoğraflarını çektiğimiz, burası onarılmalı diye dil döktüğümüz o güzelim kervansaray kapalı, onu da Club *Méditerranée* satın almış, onarmış, çok da güzel yapmış yaptığını yapacağını, ne var ki Türk ulusuna kapalı orası. Öküz Mehmet Paşa Hanı bizim olmaktan çıkmış. İşte burada akan sular duruyor. Ve bu milletin haklı öfkesi karışıyor ya da karışacak bu tür haksız ve yersiz tasarruflara. Öykünme gırla gitti bundan sonra. Kuşadası tümden kuşa çevrildi. Aman Allah, o ne çirkin yapılar, o ne betondan devlerdir, o ne zevksiz tatil köyleri, plajlar, lokantalar, turistik mağazalar onlar! Ama gemiler geliyormuş, turistler akın ediyormuş, Türkiye'nin dört bir yerinden turistik el sanatı yapıtları satılıyormuş gelene gidene. Gerçek değildir bu sav; öykünmeye dayanan bir girişim, gelecek için verimli bir canlılık alanı açamaz. Bu tatil köyü modası aldı yürüdü. İzmir-Urla bölgesinde, Antalya-Kemer yöresinde bunlardan birkaçını yakından ya da uzaktan gördüm. Yanılmıyorsam Urla'nın oradaydı, otomobille geçiyorduk, durduk, gezelim dedik, aramızda da bir yıl önceki yaz tatilini bu köyde geçiren bir arkadaş vardı, anlatmasına ne gerek, gözümüzle gördük: Afrika kulübeleri gibi yuvarlak damlı evcikler, betondan, daracık bir alana sıkışmışlar. Yaz sıcağında buraları pişer, beton çatı altında insanların ter dumanları yükselir bacadan, eğer baca varsa, yoksa kapı ve pencerelerden. Arkadaş geçirdiği bunaltıcı yaz tatilini yana yakıla anlatıyordu, bir daha tövbe diyordu. Phaselis'ten Antalya'ya giderken bu yılki Mavi Yolculuğumuzun sonunda gemiden seyrettik Kemer yakınındaki tatil köyünü, orayı İtalyanlar yapmış dediler, çok da güzel göründü bize uzaktan, burnu dönerken bir kaya var, o kayanın biçimsel yapısını andırıyor tatil köyü, biraz da İtalya'nın kayalara kurulmuş ortaçağdan kalma kasabalarını hatırlatıyor, renkleri ile de, evlerinin çarpık çurpuk biçimleriyle de. Diyecek yok, bölge turizmini de etkiliyor burası, hiç kimselerin uğramadığı Phaselis örenine haftada birkaç kez gemiler geliyormuş oradan, yüzlerce turist ile. Eh, sevinelim, ama sakın Phaselis'e dokunan olmasın? Phaselis'in görülmesini, gezilmesini bizden daha çok isteyen bulunamaz diyebilirim, ama bu istek bir kuşkuyu da taşır içinde. Bir sorun da getirir beraberinde. Ona değinmeden, bir başka konuyu ele alalım.

Knidos diye Ege kıyısının ucunda, Akdeniz'e uzun bir burunla sarkan, buna Tekir derler, eski adı Capo Crio; yalçın, ak gümüşi kayalıkların berisinde güzelin güzeli bir liman, limanın çevresinde de bir pembe nehir vardı. Ünlü şanlı Aphrodite'in şehri, Praksiteles'in mermerinden yontma çıplak tanrıça heykeli ilkçağ dünyasının bir harikası sayılırdı. Gezgin mi, kapıcı mı, ne derseniz o zamanın turistlerine, yığınla, sürü ile geliyorlardı Knidos'a bu ünlü heykeli görmeye, Knidos kıskandırıyordu çevredeki kıyı ve ada kentlerini. Ne de zengin ve renklidir Knidos şehrinin tarihi; dillere destan olmuş, şiirlere geçmiştir! Yıllar yılı pembe bir uyku içinde yattı canım Knidos şehri, nice nice heykellerinden yoksun. İlkin Bizans İmparatorluğu koyu bir Hıristiyanlık sarasına tutularak almış sürüklemişti çıplak Aphrodite'i Tophane kıyılarına dek ve orada yakmış, yıkmıştı Praksiteles'in biricik güzelini. Neyse ki kopyası saklanabilmişti Vatikan Müzesi'nde. Ama onunla da kalmamış, bir İngiliz arkeolog mu ne demeli, bir İngiliz heyeti gemilerle gelmişti geçen yüzyıl Knidos'a ve limanı sökmüştü, evet, iki mendireğin üstündeki koca aslanları sökmüştü, birini de gemiye taşırken düşürüp kırmıştı, daha birçok heykel, kabartma ne varsa taşımıştı gemiler dolusu British Museum'a. Orada durur bunlar, görebilirsiniz acı acı övünmek bilgisizliğimize, bilinçsizliğimize. Boş Knidos böyle durdu yıllar yılı, boş diyorum, ama öyle konuşuyordu ki buraları yine de, nice öyküler anlatmıştı pembe kalıntılar oralara yatağan sandalıyla, deniz yelkenini şişirerek gelen Halikarnas Balıkçısı'na! Bugün... Bugün bence eskisinden daha yürekler acısıdır oraları. Şimdi söyleyeceğim, tepeme yıldırımlar yağdıracak biliyorum; ama bana ne yıldırımdan, gerçeği dile getirmek varken: Bugün orada bir hatun kişi kazı yapar, bir Amerikalı kadın arkeolog, adı da aşk tanrıçası Aphrodite'e yakışır gibi, çünkü Love'dır yanılmıyorsam. Amma ve lakin, bu sayın bilgin yaptığı kazılarla tek tük buluntular çıkarabilmiş, çalılıklarla sarmaş dolaş Knidos örenine bir düzen verebilmişse de, orayı canlılığından ve doğasal güzelliğinden etti diyebilirim. Knidos Limanı'nı kendinin ve dostlarının kotraları dışındaki teknelere kapattı, gece orada konaklamaları yasak, neden çünkü eski eser kaçakçılığından korkarmış. Kim kimden korkuyor? Kazı yerini gezmek bir sürü hafiye kesilmiş arkeologların bekçiliğinde oluyor, hele fotoğraf çekmek zinhar... Oysa orada, şenlikler yapıldığını duyduk, örneğin arkeolog hanımın doğum günlerini kutlamak için; kıyıya, çalışmaların yapıldığı, arkeologların barındığı bungalov biçimi konutlar dizilmiş, bir güzel Amerikan köyü desem yanlış olmaz, ama havası gitmiş gider, kıyıdaki kahve derseniz –karaya çıkanlara tek uğrak olabilecek yer– gene fakir mi fakir, pis mi pis, uğrayan uğrasın, Mavi Yolcular uğramaz bir daha oraya.

Dağınık yazıyorum ve heyecanlı; ne yapayım ki içim dopdolu arkeoloji ve turizm adına işlenen suçlarla. Kazı yerlerimizi, binlerce yıl öncesinden kalma o eşsiz anıt yerlerimizi; biz ya kuru ve soğuk birer müzeye çeviriyoruz, bekçiler ve asalakların tel örgüleri ile kapatıyoruz; ya da hiç gereksiz yeniliklerle örtülü, yozlaşmış, bozulmuş, ne eskisinin ne de yenisinin gerçeğini canlı canlı yansıtan tatil köylerine. O halde? Ne olacak, nasıl değerlendireceğiz buraları; geçmişe de, günümüze de, bilime de, turizme de hakkını vererek?

İşte bu soruyu sormak için yazıyorum bu yazıyı. Ve dönüyorum Halikarnas Balıkçısı'na. Doğru yol yordam, gerçekçi ve verimli yöntem; bence yalnız onunki idi ve olmaktadır. Halikarnas Balıkçısı Bodrum'u keşfetti, ama bütünüyle; doğası, toprağı, denizi, bitkisi, havası, suyu, denizcisi, balıkçısı, sandalcısı, süngercisi, esnafı; kısaca tüm insanıyla keşfetti ve bütün çevre canlılığına can katmak için uğraştı. Başardı da, uğraşının ürünü ortada. Dün biri söylüyordu, yalnız Bodrum, Bodrum olarak yaşıyor bütün Ege kıyılarında, Türkiye'nin Ege'sinde. Hoş orası da bozulmadı mı, Paluko'nun oğlu (bu yazı onu kınasın), hep aynı boyuttaki uyumlu beyaz evlerin ortasına Bodrum'un bilmem kaç katlı çirkinlik anıtını dikti, ama gene de Bodrum korunuyor; müzesi dünyanın biricik deniz müzesi oldu, kalesi iyi onarıldı, bugün Bodrum yaşıyor ve en çok turisti de o çekiyor. Bodrum, Akdeniz'in bir Fransız ya da İtalyan kentiyle boy ölçüşebilecek durumda, boy ölçüşmek şöyle dursun; bütün kusurları, yetersizlikleri ile kendine özgü bir havası olduğu için; hiçbir yerle kıyaslanamayacak değerde, güzellikte. Neden? Çünkü Bodrum kendi olarak kalmasını ve turisti öyle çekmesini bildi, çünkü Halikarnas Balıkçısı'nın öneri ve örneğine sadık kalmasını bildi. Oraya iç turizm de akın ediyor, kıyılarında arsa alan alana, korku ve kuşku duymuyor değiliz! Nedir bu furya? Ama ne yapalım ki zamane koşulları bu, Bodrum'a yerleşmek istiyor birçok aydın ve sanatçı, emeklilik günlerini geçirmek için. İster, keyfine karışılmaz, ama Bodrum'da yerleşmiş bir kültür ve bir zevk bulunduğu ve bu zevkin koruyucusu gene Bodrum halkının kendisi olduğu için, turistler ve de hevesli aydınlar bozamaz diye umuyorum. Umut bu! Yeter ki bilinçli bir denetim Bodrum'da göstersin kendini. Denetim, gerçek ve yerinde denetim, kültürün denetimidir. Sanatçı Bodrum'a sahip çıktı, sanatçıya da yüzde yüz güven olmaz, ama halk sahip çıktı, ona güvenilir.

Değindim ya bu kültür sözcüğüne, eskiden beri bayrağımdır. Arkeoloji iyi, tarih güzel, ama bilim kültür olmadıkça ondan fayda gelmez insana, topluma diye tutturmuştum ustam Halikarnas Balıkçısı öncülüğünde, yıllar öncesinden. Eh, epey ilerledik bu yolda, bazı şeyler anlaşıldı, işlendi, değerlendirildi ve ne yalan söyleyeyim, Türk arkeologlarının görevlerini kültür yolunda geliştirmeye gittiklerini gözümüzle görebiliyoruz artık. Sayıları çok değilse bile, Türk arkeologları artık buluntularını bütün Türk toplumuna açık bir biçimde sunmaya önem veriyorlar. Bunun mutlu bir örneğini gene Bodrum'da bu yaz gördüm. Tiyatroyu az bir para ile onaran arkeolog Ümit Serdaroğlu'nun ve ekibinin çalışmalarına hayran kaldım doğrusu. Gidin görün Bodrum Tiyatrosu nasıl çıkmış ortaya; o canım yamacı, toprağı, bitkisi ve Bodrum Kalesi'ne eşsiz manzarası ile nasıl çiçeklendirmiş, şeneltmiş, hiçbir şeyi bozmadan, tüm bir canlılık içinde. Geçenlerde konuşuyorduk bir arkadaşla. Diyordu ki, bizde bu zenginlikler, bu arkeoloji ve tarih anıtları varken, isterse toprağın altında kalsınlar bir süre, ne çıkar; kalsınlar da onları Türk arkeologları yetiştikçe ve olanak buldukça çıkarsınlar ortaya. Nedir bu yabancı heyetler, bunca para döken bu üniversiteler? Sonunda bir çapanoğlu çıkıyor bu çalışmaların altından, kimi eser kaçırılıyor, hepsi bizde kalsa bile, bir kapalılık, bir yayın yasağı, ki bizim de hâlâ ahmak bazı arkeologlarımıza geçiyor bu kısır görüş; yabancılara karşı bir ayrıcalık havası esiyor bu kazı yerlerinde, geçmişin kötü izleri silinemiyor bir türlü. Şoven olmadığımı açıklamama herhalde gerek yoktur, en tiksindiğim tutumlardan biridir şovenlik ve yersiz milliyetçilik; hele kültür konusunda. Ama bu arkadaşıma büsbütün hak verememezlik edemem. Nedir acelemiz? Türkiye'de binlerce, belki binleri de aşan tarih anıtı var, onların toprak altındayken de, toprak üstüne çıktıkları zaman da bekçiliğini biz yapalım artık. Bilince ulaştık, daha ulaşmadıksa, bu konularda topluca bir eğitim politikası sürdürelim. Tarih ve arkeoloji değerlerini okullarımızda tanıtalım, TV ile yayalım. Bir ahlak dersi de bu olsun. Maddi ve manevi varlığını korumak, tarihten insana geçen varlıklara saygı göstermek, onları kendi bencil çıkarlarımızın üstünde, toplumun en kıymetli bir varlığı olarak korumak girmez mi ahlak ve maneviyat derslerine? Girer elbet.

Eğitimle bilinçlendirme iyi yol, ama bununla da iş bitmez. Burada bir önerim var, bir sorunun tartışmaya açılmasını istiyorum. Şu: Efes gibi, Side gibi, bir de Kekova gibi yerleri ele alalım. Efes bir anıt-kent olmuş, müzelik bir kazı yeri, ortaya çıkanlar onarılmış, gezilip görülüyor; bakımı, yönetimi, geliri Eski Eserler ve Müzeler Müdürlüğü'nün yükümünde. Tamam, orası bir müze olarak yaşıyor, yaşayabildiği kadar. Ki tam bir yaşam değil ya bu neyse. Ama Side var, orada anıtlarla günün insanları aynı çevre içinde iç içe yaşıyorlar.

Koca koca tiyatrolar, tapınaklar, anıtlar, heykellerle, kabartmalarla köy birbirinden ayrılmaz bir bütün. Side'ye giden turist orada hem tatilini geçirmek, hem de bir şeyler görüp öğrenmek istiyor besbelli, tarihle günün bu yakınlığı hoşuna gidiyor besbelli. Böyle bir yaşantıyı başka nerede bulabilir? Eh, şimdi bozalım mı Side'yi? Köy evleri, köy yaşamı arkeolojik anıtlara sakıncalı, tehlikeli diye köyü söküp taşıyalım mı başka bir yere? Müze mi olsun yalnızca Side anıt-köyü? Bunu yaparsak, öldürürüz Side'nin yaşantısından en azından yarısını. Olduğu gibi kalmalıdır Side. Korunmasını içinden sağlamalıdır. Bu yolda daha ileri gidilmesi, her iki yaşamın daha iyi sürdürülmesi için girişimler yapılabilir, ama Side yaşayan anıt-kentlerimizin en başarılı bir örneğidir sanırım.

Gelelim Kekova'ya. Kekova'yı pek az kişi bilir, çünkü Kaş ile Demre arasındaki bu harika yere yalnız denizden ulaşım vardır. Kekova bir köydür, ne var ki köylüsü Mavi Yolculukların yapıldığı temmuz, ağustos aylarında çokluk yaylaya çıkmış olurlar, köy neredeyse boştur birkaç ev dışında. Kekova'yı bir yazıda, on yazıda anlatamam, şu kadarını söyleyeyim ki; birkaç yıla kalmaz, Anadolu'nun en parlak eski uygarlıklarından olan Lykia uygarlığı kendini bütün dünyaya tanıtacaktır, tıpkı Hitit uygarlığı gibi; işte Kekova bu uygarlığın en özgün bir merkezi diye çıkıyor karşımıza. Kaya mezarları ile iç içe yapılmıştır köy evleri, denizi lahitlerle, anıt dolu adacıklarla bezenmiştir, doğa güzelliği ise ne yazı, ne fotoğraf, ne de filmle yansıtılabilir. Burada halk, tarihini yaşamanın en özgün ve başarılı bir örneğini vermektedir. Denizi değerlendirme yoluna gitmekteler, ama bugün Sayın Muammer Soysal'ın bir yazısında okuduğum gibi, Türk halkı bir bakıma denize sırtını çevirmektedir, yeni yeni öğrenmektedir denizden rızkını çıkarmanın yollarını. Mavi Yolcuların *Hürriyet* adlı teknesi Kekova'ya yanaştığında yedi-sekiz yaşındaki kız ve erkek çocukları kürek çekerek gelir karşılarlar onları, tek başlarına birer sandalla. Bu yaz orada bir anıt yaparken birdenbire baktım bir çocuk geliyor sandalla, üç yaşında ya var ya yoktu, ayakta durmuş kürek çekiyordu. Koştum fotoğraf makineme bu görüntüyü alayım diye. Bebecik korktu, kaçtı ağlaya ağlaya. Denizin içine taşmaktadır bu köyün yaşantısı, ama öyle yoksuldurlar ki, doğanın ve tarihin içine oturtmasını bildikleri evleri ne güzel, ama ne ilkeldir. Çocukları da kavruktur, okula gitmek için saatlerce yol yürürler. Her ev bir mimari şaheseridir Kekova'da, ama ne kadar zaman böyle kalacaktır? Kekova bozulmasın diye bir mektup yazdım Turizm ve Tanıtma Bakanı Orhan Birgit'e. mektubu okuyan bir dost, "Amma da romantik yazmışsın!" dedi. Haklı bir bakıma, Kekova'nın olduğu gibi, çağın akışından ve geçim, üretim yöntemlerinden uzak kalmasını istemek gerçekçilikle çelişir. Kekova gelişsin, yaşasın, insana yakışmaz bu körolası yoksulluktan kurtulsun, ama bozulmasın, tüm değerleri ile olduğu gibi kalsın olur mu? Bunu nasıl sağlamalı? Köy kalsın, müze olmasın, anıt-köy olsun, hem kendine yarayacak hem de tarih, sosyoloji, arkeoloji ve iktisat, tarım ve daha ne varsa başka bilimlere leke getirmeyecek biçimde gelişsin. Sosyoekonomik mi ne diyorlar, bütün gerçekleri ile değerlendirmenin bir yolu, yöntemi bulunamaz mı Kekova için? Örnek bir anıt-köy kurulamaz mı orada, bu anıt-köy aynı zamanda en çok turisti de çekmez mi? Ben bilmiyorum, soruyorum. Bir çevre kalkınma planı mı, bir turizm ve tanıtma planı mı, ne yapılabilir? Kekova müze olmasın, tatil köyü olmasın ve gene de kalkınsın, gelişsin, yaşasın, çok yaşasın. Bunu dilemek romantik bir dilekse, varsın romantik olsun, diliyorum dileğim kadar.

Özgür İnsan, 1974

HALİKARNAS BALIKÇISI

Ne yalan söyleyeyim, Halikarnas Balıkçısı sizin, benim gibi bir insan değildi benim gözümde. Karşıma dikilip gürül gürül "Merhaba"sını çınlattığında, önce bu Merhaba'nın ses dalgalarında şöyle bir sarsılır, sendeler, yankılarına kendimi kaptırır giderdim. Hemen kafamda bir soru belirir: Nasıl söyledi bu Merhaba'yı diye? Neresini vurguladı, hangi hecesine patlatıcı gücü yükledi, niçin bu Merhaba benim karşılık olarak verdiğim cılız selama hiç benzemedi? Kimi zaman onun Merhaba'sına yenilmemek için kendim bir Merhaba sallardım o davranmadan, kendi sesimi onun sesine benzetmeye çalışarak. Ama olmaz da olmazdı, bir Merhaba karikatürü çıkardı ağzımdan, utanır susardım. Hoş, Balıkçı kendi Merhaba'sına kimseden yanıt da beklemezdi ya. O, Merhaba dedi mi, selam verilmiş ve alınmış da olurdu. Onun sevgi çığlığı öylesine kapsayıcı idi ki, yankısını da beraberinde getirir, saldığı neşeye dağ, taş, insan ve hayvan, çevrede kim varsa hepsi katılırdı. Düşünürdüm kimi zaman ne demek bu Merhaba, anlamı nedir, nasıl oluyor da her gün birbirimize söylediğimiz selamlara hiç benzemiyor? Balıkçı Merhaba'sını çınlattı mı, karşısındakiler ona, "Nasılsın Cevat Bey?" diye soracak olsalar, Balıkçı sıkılır, kızarır, bozarır, ne yanıt vereceğini bilemezdi. Eh iyiyiz işte, nasıl olalım, aslan gibi, turp gibi, diye bir şeyler gevelerdi. Sonra da şakaya vururdu işi, başına gelen bin bir dert, bin bir bela içinde yine de iyi olabilmesine ne denli şaştığını dile getirerek, "Eh neşemiz var yahu!" diye bir tümce daha patlatır, bunun ardından da hemen konuya geçerdi, başka bir konuya, kendi sağlığı, dünyanın durumu ya da havanın güzelliği, bozukluğu ile hiç ilintisi olmayan bir konuya. Ama ben, ama siz bakakalır, sorunuza yanıt bulamamış olmanın dalgınlığı içinde daha bin bir soru sorar dururdunuz kendinize.

Bu adamın, elleri, kolları, hiç bitmeyecek gibi uzayan bacaklarının nasıl olup da böyle devindiğini anlayamazdınız. Balıkçı Ana Tanrıça Kybele ya da onun tapımına başladığı hexametron vezni üzerine almış yürümüştü de laf mı, oynamaya, dans etmeye koyulmuştu. Ama havada mı, binlerce yıl öncesinden kalma bir tapınağın göklere dikilen sütunu önünde mi, yoksa kapalı bir salonda, dört bir yanı kanepeler, koltuklarla çevrili daracık bir yerde mi? Umurunda değildi Balıkçı'nın, nerede olsa kalktığı gibi oynardı, davudi sesini saz niyetine, kahkahasını davul niyetine kullanarak. Bakardınız, devinimi yatay olamıyorsa, düşey biçime girerdi. Havaya hoplardı bütün gövdesi. Bir dert değildi onun için uzay ya da oylum sorunları.

Dedim ya, bir insana benzetemezdim onu. Efsane tanrılarından birine mi benzetmeliydim? Bir Zeus mu, değil; bir Poseidon mu, denizci ama ona da benzemez; bir Prometheus mu, onun gibi başkaldıran ama içinde acı, kin hiç yok; bir Dionysos mu, dionisyak yönleri çok ama o da değil; bir Pan, bir Marsysa, bir Silen?.. Hani Platon *Şölen*'de Alkibiades'in ağzından Silen'e benzetir yaman ustası Sokrates'i. Bir Silen ki düdüklü, kavallı, içi açıldı mı, binlerce tanrı heykelcikleri görülür, ama çalgısız, kavalsız; tek sesi, sözü ile insanları büyüleyen. Bu benzetmeler uyar belki Balıkçı'ya; ne var ki

Sokrates'i hiç sevmediği gibi, birinin çirkinliği ile öbürünün güzelliği arasında hiçbir bağ kurulamaz. Balıkçı güzeldi, ama nasıl güzel, bir ağaç gibi güzel, kendisine simge olarak seçtiği bir saburluk gibi güzel. Dinleyin ne der *Mavi Sürgün*'ün başında: "Saburluk vardır, güneşin ateş yağdırdığı iklimlerde biter. Anasının memesini tutup emen yavru gibi, toprakları kavrayan köklerinden, uçları süngülü dik yapraklarını salar. Cehennemde yanan ifrit gibi, on yıl alevlerde yavaş yavaş büyür ve güneşte parlayan bitkisel bir anıt olur. On yıllarca aldığı ışıkla sıcaklığın bir kıymığını bile alıkoymadan bir kıyafetinde yine yaradılışa verir. Böylelikle, en yalın tarifiyle iyi insana benzer. Hayattan aldığını fazlasıyla gene hayata verir."

Bu betimleme Halikarnas Balıkçısı'nın dış görünüşüne tam tamına uyduğu oranda, iç dramını da yansıtır. Cehennemde yanan ifrit gibi, alevlerle bir ömür boyu savaştıktan sonra büyür bu insan, ta ki bir anıt ola. Bitkisel bir anıt demiş, bir insansal anıt, bir anıt-insan diyeceğim. Balıkçı'yı en iyi anlatan, en kesince tanımlayan bu deyim olsa gerek. Sabır ede ede nasıl kökleri toprağı kavrayan, yaprakları dik süngüler gibi fışkıran bir saburluk olarak yetiştiğini hiç açıklamaz, açımlamazdı Balıkçı. Ancak o ânı, o günü yaşar gibiydi, başından geçmiş bir olayı anlatsa bile. Öylesine havada ve gerçek koşulların dışında anlatıldı ki, o olay acıklı, korkunç yönünden sıyrılır, bir masal oluşuverirdi ağzında, neredeyse bir söylence, bir efsane. Kimi öykülerinde yansıyan duyarlı, duygusal, göz yaşartıcı yanı, gümbür gümbür taşlama olan eğilimi ile nasıl bağdaşırdı? Bir yandan melek huylu, mazlum, doğaya karışmış; denizi, kuşu, balığı ile bütünleşmiş ihtiyar balıkçı tipi; öte yandan kimi roman ve öykülerinde kapkara çizgilerle betimlediği acımasız, kaba ve kötü kentsoylular, para babaları. Hemen söyleyeyim ki

Halikarnas Balıkçısı birinci tipleri biraz melodrama kaçarak betimlemiştir, ama üstün duyarlıkta bir romantizmin ürünü olan bu tiplerde Balıkçı kendi gerçeğini yansıtmıştır. Tıpkı kendisi gibi, gerçek, güncel insanlara benzemez bu tipler; onlar doğaya karışmış, doğanın birer parçasıdır. Ötekilerse düpedüz gerçek değildir, çünkü gerçekçilik anlayışı da başkaydı Balıkçı'nın. Evrensel boyutlara ermemiş ufak tefek gerçeklerden ve bu gerçekler üstüne ağlamaklı biçimde yakınmaktan tiksintiye varan bir sıkıntı duyardı. Duyulan ve söylenen güçlü bir duygu olmalı, anlatımı ve söylenimi de gür ses ve sözle yansımalıydı. Renk dediğin renk olmalıydı, Boğaziçi'nin gümüşiye çalan mavisi gibi değil. Ege'nin şarabı andıran dolgun mavisi gibi. İnsan, yirminci yüzyılın cılız yaratığı değil, açık ötelerin çocuğu olmalıydı. Doğa içinde tam doğal, evrenin devinimine, sonsuzca akışına uygun, onunla uyumlu bir yaradılış ürünü. "*Panta rei*" diye gürlerdi. Ege'nin çok sevdiği, özdeşleştiği doğacı düşünürü Herakleitos'un adını andığı zaman. Her şeyin aktığına, değiştiğine inanırdı bu büyük adam. Onun içindir ki, yalnız gözlerinin melül bakışında yansıttığı hayat faciasını hiçe sayarak; ölüm döşeğinde bile insanlığa gür bir "Merhaba" salmış ve öyle ayrılmıştır aramızdan.

Sanat Dergisi, 1976

HALİKARNAS BALIKÇISI'NI YAŞAMAK

Bu yaz iki Mavi Gezi arasında yirmi gün kadar Bodrum'da kaldım. Bodrum'u yaşamak istiyordum, daha doğrusu Bodrum havası içinde Halikarnas Balıkçısı'nın kitaplarını bir daha okuyarak, yazarın esin kaynağı olan Bodrum çevresinden nasıl yararlandığını saptamaktı amacım. Önce dehşete düştüm ve pılımı pırtımı toplayarak gerisingeri dönmeyi tasarladım. Bu kalabalık, turistik kentte Halikarnas Balıkçısı'ndan bir şey kalmamıştı, diye düşündüm, Balıkçı Bodrum'un gelişmesini, dünyaya açılarak tanınmasını istemişti. O bugün Bodrum'a gelse, bir gün bile kalmaz dönerdi. Kalmaz mıydı, döner miydi, derken gene de yerleştim Türk koyunun arkalarında, yoksul bir evin üst katındaki bir odaya. Bahçelere açılan, Halikarnas Tiyatrosu'nun yaslandığı yamaca bakan bir pencerenin önünde öykülerini, romanlarını gözden geçirmeye giriştim. Gerçi mahallenin bu arka sokaklarında gece geç vakitlere kadar turist dolu otomobiller geçip şu ya da bu evde, bu pansiyonda yatacak yer arıyorlar, dinmeyen bir gürültüye boğuyorlardı ortalığı. Sabah erken kalkıp Tepecik Camii'nin dolayındaki kahveye gittiğimde de sokakları tıklım tıklım dolu buluyordum, Ankara, İstanbul, İzmir, hatta Aydın, Manisa, Kayseri, Konya plakalı arabalarla. Ama yedi-sekiz sularında daha herkesler uyuyordu, deniz kıyısındaki kahve boştu neredeyse, yani turistlerden, yabancı konuklardan boş da Bodrumlularla dolu. Masalara yerleşmiş yaşlı başlı, sakallı balıkçılar, emekli denizcilerdi herhalde burada oturanlar. Bodrumlu kadınlar, kızlar ellerinde bir koyun ya da kuzunun boynuna geçirdikleri iple davarlarını denizde yıkamaya götürüyorlardı. Bir başka gürbüz, bir başka güçlüydü bu kızlar, Karya kadınları. Balıkçı öykülerinde onları neredeyse hiç idealize etmemişti. Ya denizde, kıyıdan denize uzanan tek tük taşların üstünde kimler vardı? Sekiz-on yaşlarında çocuklar, bir büyük, yanında sümüğü akan bir küçük çocuk daha, büyüğü sarkıtmış misinasını, ayakları suda, dimdik bekliyordu bir balığın vurmasını. Yanındaki küçük, elinde ufacık bir teneke kutu, mavi gözlerini açmış hayranlıkla bakıyordu büyüğüne. Balık tutmak... Sabah erkenden balık tutmak önemli bir işti, Bodrum'un yaşamına karışmak demekti. Ama o kısacık iple bu yosunlu kıyıda, birkaç santimetrelik suda balık tutulur muydu? Gerçi parmak gibi balıkçıklar süzülüp geçiyorlardı. Telaşla, kimi tek başına, kimi sürü halinde, ama bunlar yakalanır mı, yakalansa da ne işe yarardı? Hiçbir gerçekliği yoktu bu girişimin. On, on beş, yirmi dakika bekledikleri oluyordu bu çocukların, sonra birbirine bir şey söylemeden geçip gidiyorlardı, boş misinanın ucunda birkaç damla su akıtarak ve biraz ötede başka bir taşın üstüne dikiliyorlardı, aynı görkem, aynı ciddilikle, küçüğü sümüğünü çekerek.

Bir durgunluk sarmıştı limanı, insanın içine işleyen bir dinginlik. Işık hem ısınmaya başlayan güneşten, hem gümüş gibi parlayan denizden yukarıya yansıyordu. Sandalda bir balıkçı, uykudan yeni uyanmış, takımlarını düzeltmeye koyulmuştu. Çıkacaktı neredeyse balığa, açılacaktı denize, hangi iş için, kim bilir, ola ki deniz açılmak içindir de ondan? Ötede, yat limanında demirlemiş kotralarda kıpırdanma başlamıştı. Bodrum yerlisi, turisti ile uyanıyordu. Ellerinde filelerle pazara akın etmeye başlamıştı Bodrumlular; belediye yanındaki tahta sehpalara kurulu pazara ya da cuma ise, çarşının bütün sokaklarına yayılmış meyve sebze sergilerine. Birkaç patlıcan, üç-beş domates, bir karpuz dönüyorlardı. Kime yeterdi bu kadarcık kumanya?

Bu sandallar, bu çocuklar, bu koyununu köpek gibi tasmada gezdiren kadın, bu pazardan dönenler, bu Bodrum halkı, bu Bodrum sabahı Halikarnas Balıkçısı'nın yansıttığı gerçeği taşımaktaydılar. Hiçbir şey değişmemişti aslında, özünde bu beyaz kentin. Balıkçı onları gören gözle görmüş ve dile getirmişti. *Aganta, Burina Burinata*'nın da, *Ötelerin Çocuğu*'nun da, *Turgut Reis*'in de kişileri bunlardı; bu çevreden doğma, bu havayı soluyan, ama bugün, ama elli yıl önce, ama birkaç asır ötesinde. Bir giz vardı bu Bodrum'da, tarihin bize açıkladığı eski zamanlardan bu yana hiç değişmeyen. Mausolos da bu çevrenin adamı, Artemisia, karısı ve yaman kız kardeşi de öyle. Bu gizdi; bir zamanlar dünyanın bir harikası Mausoleum'u kuran, ortaçağda Petronium Kalesi'ni diken, bugün de Ege ve Akdeniz Anadolu'sunun bu ak kentine eşsiz bir canlılık veren. Nedir bu giz? Çözmeye girişmedim elbette. Balıkçı'nın bunu yaşamış ve dile getirmiş olması yeter.

Akşamüstü, sıcak dalgası bir tencere kapağı gibi Bodrum'un üstünden kalkınca, öbür mahalleye, Rum mahallesine gittim. Eş dost, Bodrum'a yerleşmiş birçok aydın ve sanatçı oradaydılar, akşamları evlerin avlularında toplanıp sohbet edilirdi. Bir beyaz evciği de Balıkçı'nın kızı İsmet kiralamış. Boyu bir doksanı bulan, kumral saçlı, silahşöre benzeyen Cevat, Balıkçı'nın ilk torunu ve adaşı orada; Deniz, Derya, Sibel gibi dedelerinin eğilimlerine göre adlandırılmış gençler de orada. Hepsi denize vurgun, hepsi Balıkçı'nın yolunda cıvıl cıvıl. Plastik bidonlara su dolduruyorlar, Balıkçı'nın mezarına gidilecek. Halikarnas Balıkçısı'nın kendine simge olarak seçtiği saburluktan birini getirmişler güç bela İzmir'den. Koca bitkinin süngü gibi keskin yaprakları paralamış arabanın koltuklarını da, içindeki bütün aileyi de. Mezara gideceğiz, heyecanı içindeyiz derken, kapı açıldı, üç genç, biri kız, öbür ikisi erkek. Bir şeyler söylüyorlar, kız yarım yamalak bir Türkçe ile konuşuyor. Benim adımı söylüyor. Beş saattir arıyorlarmış beni Bodrum'da, Polonya'dan gelmişler. Birden şimşek çaktı kafamda: Birkaç ay önce bana düzgün bir Türkçe ile mektup yazmış, Halikarnas Balıkçısı hakkında Varşova Üniversitesi'nde tez yaptığını bildirmiş ve benden kitap ile bilgi istemiş olan Kristina bu. Gözyaşları içinde sarılıyoruz birbirimize. Bodrum'da hem beni hem de Halikarnas Balıkçısı'nın çocuklarını, torunlarını bulmaktan nasıl mutlu, nasıl kıvançlı bu üç genç! İsmet yazılar, kitaplar, fotoğraflar veriyor Kristina'ya. Konuşuyoruz ve sonra Can'ın kocaman arabasına binip gidiyoruz mezara.

Halikarnas Balıkçısı'nın kabrinin bulunduğu kıraç tepeyi gecekondular sarmış. Güzel olmamış, ama ne yaparsın? Mezara çok büyük bir taş dikilememiş daha, fakir bir mezar, ama ne kadar güzel, Balıkçı'nın sadeliğine nice uygun! Çevrede saburluk, birkaç çam ve daha başka bitkiler dikilmiş. Yel esiyor sert ve sarsıcı, denizden de, dağdan da esiyor. Tam Balıkçı'nın istediği gibi, doğa güçlü ve eğilmez, ne var ki bu çevrede tutunabilecek mi saburluk? Yeşerebilecek mi çamlar? Yalnız bitkilerle örtülmüş gömü tümseği, bir dal, bir nar, bir testi, mukavvadan yapılmış bir çapa, daha başka ufak armağanlar var burada, Balıkçı'nın anısına bırakılmış. Güneş batıyor, tıpkı ilk gömüldüğü gün gibi. Suları boşaltıyor çocuklar, sesi de yok ortalıkta, yalnız rüzgârın uğultusu. Halikarnas Balıkçısı öldü mü, yaşamıyor mu? Bana sorarsanız, yaşıyor, büyük insanlara yakışan kesiksiz, boyuna yenilenen ve yenilenecek bir yaşamla yaşıyor. Ta kuzey ülkelerinden onu anlamak, sonra da anlatmak için Bodrum'a gelen yirmi yaşındaki Kristina'nın mavi bakışlarında da yaşıyor Halikarnas Balıkçısı; Bodrum'un taşında, toprağında, denizinde de, bizim hepimizin gönlünde de.

Politika, 1976

MAVİ GEZİ BİR AĞAÇTIR DALLARI DENİZ

"Son Mavi Gezi'de çizmişti bunları" diyor Eren.

Bedri Rahmi işliğindeki masalar uzun, kahverengi kâğıttan bantlar üstüne yapıştırılan mozaik levhalarla dolu. Ak taşlar, sarı taşlar, kırmızı taşlar, mavi taşlar vızır vızır yerleşiyor yan yana, sedef pırıltılı bir beyazlar zemini üzerinde biçimleniyor balıklar, denizkızları, yıldızlar, kabuklar, çiçekler, dal dal deniz.

Mavi Gezi bir bahçedir
Gülleri deniz.

Bu dallı güllü bahçe Koca Reis'in gömüsünü örtecektir şimdi. Yaz bitmeden bitecektir bu nakışlı örtü ve konacaktır yattığı toprak üstüne, toprağını bir deniz bahçesine çevirerek Bedri Rahmi Eyüboğlu'nun.

Eyüboğlu Rahmi, Mehmet'in oğlu da orada, bakıyor çalışanlara.

"Dedem" diyor, "Mavi Gezi'de bizi her kıyıya çıktığımızda taş toplamaya gönderirdi, her birimizden değişik biçimde bir taş isterdi, toplar toplar getirirdik. Güzel taş getirene bir taş boyar verirdi, taş getirmeyene bir şey yoktu. Vinilieksten bir yatağı vardı dedemin, her çocuk bir balık boyamıştı o yatağa, o da bizim tokyolarımızı boyardı, şapkalarımızı, blucinlerimizi, boyanmadık yerimiz kalmazdı Mavi Gezi'de. O da, biz de hep boyardık..."

Sirenleri hem kız, hem balıktır Bedri Rahmi'nin, balık kuyruklu değil yalnızca; balığı iki bacakları arasına almış, at gibi hoplatmaktadırlar, kız mı, balık mı, at mı, bilemez insan; hepsi birden hora teper, uçuşur, sarmaş dolaş öpüşürler dalgaların köpükleri ile. Bedri Rahmi'nin gömüsü böyle cümbüşlü bir anıt olacaktır ak mermer yerine, renk renk mozaikten.

"Dayanır mı, sağlam olur mu bu?" diye soruyorum Eren'e, o da acı bir gülüşle:

"Antakya mozaiklerini bir düşün, kaç bin yıl dayandılar!"

Öyle ya, bu toprak sanatçısına kendi öğretmiştir neyle, nasıl süslenmesi gerektiğini; ölümsüzlüğe ermek için.

Duvarda bir tahta levha, Bedri Rahmi'nin ölüm maskesi. Altında da kendi elyazısı ile Cemal Tollu'nun ölümüne yazdığı bir şiir, bugün Cemal, yarın ben, çarşamba, perşembe, cuma... Her gün bir can gidecek, bir dost ölecek, "Ölüm Allah yapısı..." Ölüm maskesinde Bedri Rahmi melül melül gülümsüyor, büzülmüş koca burnu, ufalmış yüzü,

Uyku kardeşim ver elini
Beraber kopartalım karanlık gülünü,

diyor bize.

Uyku kardeşim ver elini
Usul usul, damla damla
Beraber eriyelim
Sonra bembeyaz
Fıkara bir bacanın üstünde
İnce ince, mavi mavi tütelim.

Bir başka öykü düşüyor usuma, bir başka Mavi Yolcu: Eyüboğlu Sabahattin. O da çocukları alırdı çevresine, taşlar değil, kâğıtlarla, yapışkan uhularla boy boy, renk renk fırıldaklar döndürürdü onlar için. Bu iki kardeş bir tek kez birlikte çıkmadılar Mavi Yolculuğa, daha doğrusu bir kez birlikte çıkmışlar da ondan sonra hep ayrı teknelerle, ayrı geziler düzenleyerek şenlendirmişlerdi Ege kıyılarını. O bir kez, ilk Mavi Gezi dillere destan olmuştu. Halikarnas Balıkçısı'nı almışlardı İzmir'den, savaş yıllarının daha sona ermediği bir dönemde, götürmüşlerdi ta Bodrum'a kadar. Yedi kişi mi neydiler, onlardan sağ kalmış biri var mı? Ola ki var, ola ki yok; o yedi can, Balıkçı'nın havasına uyalım demişlerdi. İlk Mavi Gezi cümbüşlü olmuştu, fırtına Balıkçı'nın ambarda tünemiş çoluk çocuğunu altüst etmişti. Kahkahalarla anlatırdı Balıkçı, gece yarısı aç kalıp da yiyecek bir şey bulamadığını bir sepet yumurtadan gayri. On beş yumurta mı ne içtim, derdi, kıçımdan burnuma kadar lık lık yumurta doldum.

Mavi Gezi sonra hep yapıldı, hep çıkıldı Mavi Yolculuğa. Neden? Alsın söylesin Bedros Reis:

Mavi Gezi bir bebektir
Beşiği deniz
Dişleri deniz
Gözleri deniz.

Mavi Gezi'de sallanmak bir başka mutluluk veriyordu demek bu insanlara. Neydi, nedir bu mutluluk? Alsın gene Bedri Reis:

Mavi Gezi bir rüyadır görülmemiş
Mavi Gezi bir kitaptır yazılmamış
Mavi Gezi bir masaldır söylenmemiş.

Çocuktan al haberi, bu kez Osman konuşsun, Çalıkoğlu, Sabahattin Reis'in en küçük Mavi Yolcusu:

"Kekova'da demir atmıştık, sandalımızla bir uzun ipi ta kıyıya kadar çekip orada bir kayaya bağladık, Sabahattin Amca yüzlerce fırıldak yapmıştı, kuş fırıldaklar, renkli kâğıtlardan; geminin en üst güvertesindeydi o, bir fırıldağı ipe geçiriyor, ip sallanıyor rüzgârda, fırıldak döne döne uçuyordu kıyıya, birbiri ardına yüzlerce, mesajlar salıyorduk Kekova'ya. Uçurtmalarımız da vardı, uçak biçimi, dışarıdan gelme, yolda giderken gemi yavaşlar, uçak yükselirdi, çok çok yükselip gök mavisine karıştı mı, bu kez kuşlarımızı uçurtmanın ipine takar, göklere mesaj gönderirdik.

"Ya denizin dibi, bir ayna yapmıştı Sabahattin Amca, camdan büyük bir kutu. Onu indirir, biz de bakardık denizin içine; akşam balıklar yüzdürürdük cam kutunun içinde; büyüteçle pinaların sedefini, denizkestanelerinin kabuklarını gözlerdik. Fotoğraf makinesine bir dürbün takar çıkarırdı, o dürbünde otlar dağ gibi büyürdü, ormanlar çizilirdi içinde, bir orfozun pulu, bir ahtapot laminesi; Kekova'nın kendisi gibi evleri, ağaçları ile koca bir kent oluverirdi. Ya anıtlarımız..."

Eyüboğlu Rahmi ile Çalıkoğlu Osman size nice nice masallar anlatabilirler. Mavi Gezi'ye çıkmadan torba torba çimento yüklenirdi gemiye. *Hürriyet*'in kaptanları marangozdu, en yapıcılarından, yalnız tekneyi mi yapı ile donatmak, Eyüboğlu kardeşler kıyılarda doğayı da insan eliyle daha bir "yapmaya" girişirlerdi.

"Biz bir balık yaptık kocaman, renkli renkli, Fethiye'de, Osmanağa suyunda" der Rahmi.

"Biz, Şehiroğlu Adası'nda o güzel kumsal var ya, orada insan boyunda bir kaya var, denize uzanmış fok balığı gibi; biz o kayayı çimento ile örttük, su taşıdık, beton kardık, sonra ellerimizi bastırdık, çok güzel oldu, büyük küçük eller; yere de 'Merhaba'mızı yazdık mavi taşlarla, boncuklarla."

"Bizim balık duruyor, renkli bir heykel gibi."

"Bizim anıt da duruyor, görenler söylüyor, çok güzel, yıllardır orada. Kekova'ya da, Phaselis'e bir anıt yaptık. Bozukkale'ye de bir fırıldak diktik. Duruyor mu, uçtu mu bilmem, ama çok çok anıt diktik...

Niçin anıt dikmeye meraklıydı bu iki Eyüboğlu kardeş? Yalnız anıt mı, ikisi de boyalar, kâğıtlar, kalemlerle; makaslar, mukavvalarla durmadan çalıştırırdılar Mavi Yolcuları genç yaşlı. Yemek pişirmek, balık tutmak, tüfekle, gözlükle dalmak, ağları temizlemek, onarmak, dağ taş tırmanmak, örenleri gezmek, köylere gitmek, el yapısı ne taş varsa, kilim, cicim, gaz, araç gereç, hepsini arayıp bulmak, kazılmış kazılmamış yerleri keşfetmek; ağaç, bitki, kabuk, çiçek ot toplamak, arayıp bulmak, bulup çıkarmak, görmek göstermekle geçerdi günlerimiz, iş, iş, hep iş yapardık, hep çalışırdık gün ve gece, hep bir yeni, bir güzel peşine düşerdik karada ve denizde. Ya haritalarımız, koyların, burunların, kıyıların adlarını öğrenmeye, yerlerini saptamaya uğraşılırdı hep; yıldızlardan hangisinin ne saatte doğup ne saatte battığını bulmaya çalışır, her parça toprağın adını olduğu kadar söylencesini ve tarihini öğrenmeye koyulur, kitaplar karıştırırdık, sonra da geceleri rakılar içerek sabahlara dek türkülerle kendimizi dile getirmeye uğraşırdık. Mavi Gezi buydu işte. Görülmemiş rüyayı görülmüş kılmak, yazılmamış kitabı yazılmış kılmak, söylenmemiş masalı söylenmiş kılmak. Buydu Mavi Gezi'nin amacı.

Doğaya karışmak derler ya; Mavi Gezi hem doğaya, hem insana karışmaktır. Eyüboğlu kardeşler bu çifte amacı gerçekleştirmek için didinip durdular ve gerçekleştirdiler de. Görmek, söylemek, yazmak, bu üçlü sürecin kendileri sağ oldukça hep birlikte yaşanması, kendileri öldükten sonra da yaşatılmasıydı asıl erekleri; Rahmi'lerin, Osman'ların bir gün kendi başlarına Mavi Gezi yapmalarını isterler, bunun için de doğalı, insanlı yolculuğun coşkusunu, sevgisini bir daha silinmezcesine aşılarlardı. Söylemeye ve yazmaya kendileri girişmediler, yeni yeni, genç genç Mavi Yolculardan beklediler bunu. Nasıl yaparlarsa yapsınlar, nasıl söylerlerse söylesinler, nasıl yazarlarsa yazsınlar, yeter ki o rüya görülsün, o masal söylensin, o kitap yazılsın.

Cengiz Bektaş bu okuyacağınız kitapta bir Mavi Gezi yapmış, bu Mavi Gezi'yi canının canı Bedri Rahmi ile birlikte yaşayarak söylemiş ve yazmış. Nakışlı Denemesi* Bedri Rahmi'yi de, Sabahattin Eyüboğlu'nu da sürdüren, yaşatan bir girişimdir. İnsanla doğanın kaynaştığı bir betik, bir imece mutluluğunun dile gelmesidir. İkisine seslenen bu "Merhaba", ikisinin ve Halikarnas Balıkçısı'nın da "Merhaba"sı ile birlikte yankılanacak, başka "Merhaba"lara çağrı olacaktır.

* Cengiz Bektaş, *Bedri Rahmi Nakışlı Bir Deneme,* "*Önsöz*", Cem Yayınları, 1976.

PİSLİKLE TURİZM OLMAZ

Mavi Anadolu kitabımın ilk baskısında çıkan, 1958'lerde yazdığım bir yazı "Turizme Bakanların Nazarı Dikkatine" başlığını taşıyor. Aradan yirmi yıl geçmiş, deyim eskimiş ama yazının özünü hiç değiştirmeden Turizm bakanının dikkatine sunabilirim. Yazının konusu Efes kazı yerindeki tuvaletlerin pisliğine ilişkindi. O yazı *Vatan* gazetesinde röportaj olarak çıktığında, kimi kişiler kafalarını sallayıp, kültürlü bir hanım yazarın hela pisliği ile uğraşmasını yadırgamışlardı epey. Aradan, dediğim gibi, tam yirmi yıl sonra, 1978 turizm mevsiminin başında günümüz Turizm ve Tanıtma Bakanı Sayın Alev Coşkun gazetelere bir demeç verdi. Demecin sözcüklerini tam anımsamıyorum, ama Türkiye'de tuvalet sorununu ele alıyor. "Turizmin gelişmesi bu sorunun çözümüne bağlıdır" diye çok doğru bir tanımda (teşhiste) bulunuyor ve tuvaletlerin yurt boyunca temiz tutulması için bir kampanya açılacağından dem vuruyordu. Ne çok sevindiğimi anlatamam, yirmi yıl sonra bir kafadaş buldum diye. Sayın bakanı bir telgrafla kutlamak geçti içimden, ama dur bakalım dedim.

Pembe düşlerle...

1978 Mavi Yolculuğu'na çıktık. *Hürriyet* teknesiyle. Bizim dostların ikinci gezisine katıldım ben. Hastalığımdan sonra ilk kez Mavi Yolculuğa çıktığım için –bir daha çıkabileceğime hiç inanmıyorum– öylesine sevinçliydim ki, tozpembe görüyordum her şeyi. Uçakla Antalya'ya, orada iki gece bir motelde dinlendikten sonra tekneye; sonra da ver elini Akdeniz, masmavi koylar, kıyı boyunca yükselen görkemli dağlar. İçimde bir kuşku: Ah bu yıl bizim ıssız büklerimiz, bir zamanlar Robenson yaşamını neredeyse düşlediğimiz o güzelim koylar; doğayla baş başa kalıp da, S. Eyüboğlu döneminde bugünün insanından da bir anı kalsın diye, ellerimizle yoğurup, kıyıdan topladığımız renkli taşlarla süslediğimiz anıtlar; gezgin yatların kalabalığına boğulmuş olmasın diye geçiriyorum. İnsanları severe çıkmış adımız, ama teknemizin süzülerek yöneldiği deniz kıvrımlarında bizden önce demirlemiş bir tekne gördük mü bozuluruz, her nedense. Phaselis'in üç limanı, ardında kemerli örenler ilk durağımız. Bakıyorum, yok, hiçbir tekne yok, ne yerli, ne yabancı! Oh, derin bir soluk! Hani buraya tatil köyü mü ne kurulacaktı? Bir şey olmamış, mavi taşlı, Eller Anıtımız olduğu gibi duruyor. Akşam olmuş, denize giriyor, dolaşıyoruz, birimiz, defne yaprağından bir çelenk yapmış, başına taç etmiş, kimsecikler yok. Dağılıyor Mavi Yolcular, kimi tiyatroya, kimi tepelere; kimi karaltılarla harelenen denizde yüzüyor. Hey Lap Tapili diye yankılanıyor seslerimiz. Sakın yollarını yitirmesin dostlar, karanlık basmadan tekneye dönmek gerek. Kimse yok mu bu örende derken, bir taşın üstünde oturmuş bekçiye rastlıyoruz. Gülümseyerek bakıyor yüzüme, sizler burayı biliyorsunuz diyor, anıtınız bıraktığınız gibi. Peki ya tatil köyü, ya kazı? Kemer'den gelmiyorlar mı buraya? Belli belirsiz bir şeyler söylüyor bekçi. Kesin bir bilgisi yok besbelli. Kesin bir olgu da yok.

O gece öyle, ertesi günü eski adı Olympos olan Çıralı. Bellerophon söylencesini Klhimaira'nın dillerinden ateş saçtığı Yanartaş'a çıkmak gerek. Kıyıda çardak kurulmuş, botumuzla karaya çıktığımızda eski dost bekçiyi buluyoruz, iki bekçi bile var Olympos'ta. Denize dökülen yemyeşil, suyu buz gibi derenin karşı kıyısında alabildiğine açılan bir kumsalda; üç yıl önce dizi dizi barakalar, çadırlar vardı, köylüler oraya yerleşmişler yazlığına; aileler, çocuklar, kadınlar, kızlar, anımsıyorum; biri kat kat bazlama sunmuştu bize. Halk buralardan yararlanıyor diye sevinmiştik. Bu kez kimsecikler yok. Çardak altı da boş neredeyse. Ramazan diye mi? İyi ama dış ülkelerden akın edeceğine inandığımız yabancı tekneler, yatlar nerede?

Eskiden böyle değildi, yabancı yatlarla ilişki kurardık, onları teknemize çağırır, ikramlarda bulunurduk, aramızda yarışlar düzenlerdik. Koylarda biz bize kalalım dileğimiz fazlasıyla mı yerine geldi? Mavi Yolculuk tutundu, uluslararası düzeyde tutundu diye övünecekken, tam tersi mi oldu?

Bu kadar pislik!

Bu yazıyı çok uzatmadan başlığın konusuna geleyim; Phaselis. Olympos, Arykanda'yı gezdikten sonra Kaş'a geldik. Kaş'ın görülmeye değer bir tiyatrosu vardır, yamaca yaslanmış şirin evleri ile Meis Adası'na bakan bu kuytu liman kentini su almak, kumanyamızı yenilemek, biraz da kıyıda dolaşmak amacıyla özlemiştik bayağı. Büyükada'da rastladığım bir tanıdık ailenin, Kaş'ın bir motelinde iki güzel hafta geçirdiğini duyarak sevinmiştim. Kaş rıhtımında duşlar da vardı anımsadığım kadarınca, geçmiş yolculuklarımızda orada yıkanır, teknenin tuvalet eksiklerini gidermek üzere, çeşmelerin yanı başındaki helalara uğrardık. Bu kez de çıktık: Rıhtım boyu birçok kahveler, gazinolar yapılmış. Kemer tatil köyünden gelme bir yat yabancı yolcularını bir motora bindiriyor, koyları gezecekler, denize girecekler herhalde. Güzel, buna kim sevinmez. Gazinoların birinde bir gazoz içerek serinledikten sonra, tuvalete de uğrayalım dedik. Nerede kalmış tuvaletler, hani ön kapısında bir yaşlı adam, arkada da bir nine durur, giren çıkandan para alırdı? Neyse buldum, bir de içeriye girecek oldum. Aman Allahım, ne manzara, ne pislik, ne koku, taşmış tıkanmış her yanı, kapılara dek. Ne bir damla su, ne de kapıyı bekleyen kadın. Dehşetle dışarıya fırladım, çeşme başındaki bir gence seslendim:

"Ne olmuş burası, kim bakıyor buraya?"

"Belediye" demez mi!

Tepem attı, rıhtımın öbür ucundaki belediye yazılı kapıya doğru koşacak oldum. Ama öfkeyle, deli gibi. Yolda bir arkadaş, "Nereye gidiyorsun, gemi kalkıyor" deyince durakladım. Kafamda bin bir düşünce kaynaşıyor: Bu halimle Belediye Başkanı'nın karşısına çıkamazdım, postaneye gidip bir telgraf mı çeksem? Belediye Başkanı'na, hayır Turizm Bakanı'na; kime ne desem, ne yapsam?.. Hiçbir şey yapamadım. Ah, Sayın Bakan, burayı bir görseydiniz, ne üzülür, ne dövünürdünüz! Temizlik kampanyası ha, turizmin gelişmesine helaların temizliğinden başlamak ha?.. Güzelim Kaş Limanı'nın ortasında nelere karışmıştı bu güzel planlar, projeler?

Bir de yıkıcılıktan söz etmeliyim: Temizlik yapıcılığın ilk koşulu, pislikse yıkıcılığın başlangıcı sayılmalıdır kuşkusuz. Müslüman ülke olduğumuz halde bunu pek bilmiyoruz biz. Mavi Yolculuk boyunca gençlerimiz antik çağlardan kalma anıtlara, dağlara dizilmiş tiyatrolara, kayalara oyulmuş gömütlere, nasıl yapıtlar bunlar diye, yapıcılığa şaştılar da; her adım başı örneklerini gördükleri yıkıcılığa hiç şaşmadılar. Alışmışlar çünkü. Oysa yıkıcılığın son aşamasını simgeleyen korkunç bir örnek gördük: Fethiye yöresindeki Kaya Köyü, Rumlardan boşaltılan bu köy, yağmalanmış dört bin hanesi ile bir hayalet şehir gibi dikiliyor karşınıza. Kaya Köyü'ne biz denizden, Gemile Adası'nın karşısındaki bir koydan tırmandık. Başka bir yazımda bu köyü söz konusu etmek amacıyla, bu yılki Mavi Yolculuğun ne yazık ki gerileme, pislik, orman yangını, yıkıntı ve yıkıcılık izlenimiyle sonuçlandığını bildirmek zorundayım.

Azra Erhat

DİZİN